SPSS를 활용한
사회과학 통계분석

• 이 저서는 2010년도 전북대학교 저술장려 경비지원에 의하여 연구되었음.

• 이 도서의 국립중앙도서관 출판예정도서목록(CIP)은 서지정보유통지원시스템 홈페이지(http://seoji.nl.go.kr)와 국가자료공동
  목록시스템(http://www.nl.go.kr/kolisnet)에서 이용하실 수 있습니다. (CIP제어번호: CIP2015025689)

Statistical Analysis for Social Sciences Using SPSS

SPSS를 활용한
사회과학 통계분석

이상만·김원식·김주안 지음

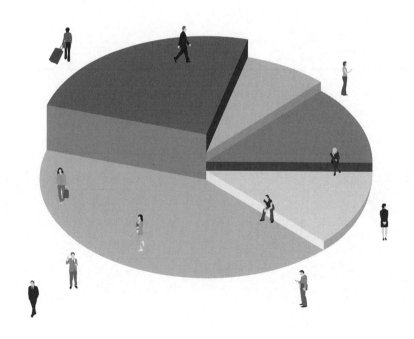

한울
아카데미

머리말

뉴 밀레니엄을 맞아 미래의 불확실성이 커지고 환경의 변화 속도 또한 점점 빨라지고 있다. 정보 전쟁이라 불릴 정도로 유용한 정보의 소유 여부가 모든 분야에서 의사결정의 성패를 좌우하고 있다. 컴퓨터와 정보기술의 비약적 발전은 방대한 자료를 단시간에 유용한 정보로 변환시킬 수 있는 계기가 되었다. 이러한 하드웨어 발전에 발맞추어 더욱 발전하고 있는 학문이 '통계학'이다. 그러나 통계학이 학자들과 연구자들에게서 더욱 갈채를 받게 된 데는 SPSS(Statistical Package for the Social Sciences)와 같은 통계분석 소프트웨어의 등장에 힘입은 바 크다. 통계학 사상 가장 괄목할 만한 사건들 중 하나로 기록될 SPSS의 등장으로 이용자들은 이제 간단한 지식만으로도 방대한 자료를 손쉽고 빠르게 처리할 수 있게 된 것이다. 연구 대상에 관한 통계적 추론이 연구조사의 큰 몫을 차지하는 사회과학의 경우 SPSS는 더욱 큰 역할을 담당하고 있다.

통계학은 특별한 수학적 기초를 필요로 하는 어려운 학문이라는 것이 많은 사람들이 가지는 기본적인 생각이다. 이러한 인식의 대부분은 통계학에 대한 논리적 이해가 부족한 상태에서 사람들이 단순히 암기 위주로 통계학에 접근하려는 데 기인한다. 이 때문에 많은 학생들과 연구자들이 연구조사 시 SPSS를 매뉴얼로 삼아 기계적으로 통계분석을 수행함으로써 자료의 수집, 처리 및 해석에서 잦은 오류를 범하기 쉬웠다. 더욱이 SPSS를 다룬 지금까지의 통계학 교재들이 제한된 범위의 통계분석 기법들만을 취급함으로써 수요자들의 다양한 욕구를 충족시키기에 미흡했던 것이 사실이다.

이와 같은 점을 감안하여 저자들은 다음 세 가지에 역점을 두고 이 책을 집필했다.

첫째, 실제로 통계에 대한 깊은 지식이 없는 사람도 이해하기 쉽도록 책의 전반적 체계를 설계했다. 이를 위해 통계학 공부와 통계분석 시 필수적으로 요구되는 기초 개념들과 이론들을 집약적으로 소개하되 논리적 일관성을 유지하도록 노력했다.

둘째, 사회과학 분야에서 SPSS를 활용하여 연구조사를 수행하는 데 필요한 통계분석 기법들을 가능한 한 빠짐없이 소개함으로써 연구자들이 통계분석을 수행하거나 논문을 작성하는 데 불편함이 없도록 배려했다. 특히 비모수통계(non-parametric statistics) 부분은 기존 교재들과의 차별성을 엿보게 하는 이 책의 특장 중 하나라 자평한다.

셋째, 학생들과 연구자들이 실제로 연구조사를 수행한다는 전제 아래 통계적 추론의 전반적 과정을 사례를 들어 설명하고, 연구조사 시 제기되는 궁금증들을 해소하는 데 주력함으로써, 이들이 논문을 작성할 때 참고할 경우 효과를 거둘 수 있도록 꼼꼼하게 저술했다.

저자들은 주로 심리학, 사회학, 행동과학, 문화인류학, 종교학, 경제학, 경영학 등 사회과학 분야의 교수들과 학생들, 그리고 컨설팅이나 리서치 분야에 종사하는 분들이 필요로 하는 참고서를 만드는 데 일차적인 목적을 두었다. 그러나 교육학, 인문학, 간호학 등 여타의 다양한 학문 분야에서도 이 책이 훌륭하게 활용될 수 있을 것으로 생각한다. 이 책의 저자들은 통계학 관련 분야에서 오랫동안 강의와 연구를 계속해온 사람들이지만, 원래 이들의 주 전공이 통계학은 아니다. 이 때문에 혹시라도 있을지 모를 시행착오에 대비하여 재삼재사 세심한 주의를 기울여 이 책을 완성했음을 고백한다. 앞으로 이 책의 미흡한 부분들이 보완·개선될 수 있도록 독자들의 아낌없는 조언과 질타를 기대한다.

끝으로, 이 책이 결실을 맺게 된 것은 집필 과정에서 도서출판 한울 관계자들의 많은 도움이 있었기에 가능했다. 한울 김종수 대표님을 비롯한 편집부 관계자 여러분에게 감사의 마음을 전한다.

2015년 9월

이상만, 김원식, 김주안

Contents

Contents

Chapter 01 통계분석의 기초

1 확률분포

1.1 확률분포에 관한 주요 개념

확률분포(probability distribution): 확률분포란 확률변수(random variable)가 따르는 분포를 의미한다. 예를 들어 대학생의 신장, 체중, 토익 시험 성적, 가계소득 등과 같은 변수는 보통 정규분포(normal distribution)를 따르는 것으로 가정하는 경우가 많다. 주요 확률분 포에는 정규분포, 이항분포, 포아슨 분포, 베타 분포, 감마 분포, 기하분포, t 분포, 카이 제곱 분포, F 분포 등이 있다. 확률분포가 중요한 이유는 모집단이 어떠한 분포인가 하는 것이 가설검정과 같은 통계적 추론 과정에 큰 영향을 미치기 때문이다.

모수(parameter): 모수란 특정의 확률분포를 대표하는 중요한 특성치를 말한다. 확률분포 에서 모수가 중요한 이유는 모수를 알면 해당 확률분포 전체를 아는 것이나 다름없기 때 문이다. 예를 들어 대학생의 체중을 확률변수 X라 하고 이 변수가 정규분포를 따른다고 할 때, 우리는 X가 취하는 각 값에 해당하는 확률을 모두 알 필요가 없으며, 이 변수의 평균과 분산을 알면 이 변수가 따르는 정규분포 전체에 관한 정보를 다 알고 있는 것이나 마찬가지다. 여기서 평균과 분산은 정규분포의 모수가 된다.

표본분포(sampling distribution): 확률분포에는 두 가지 형태가 있다. 하나는 원래의 확률변수가 따르는 확률분포이고, 다른 하나는 모집단에서 추출된 표본의 통계량이 따르는 확률분포이다. 후자의 경우를 표본분포라고 한다.

예를 들어 모집단이 2, 4, 6, 8의 네 가지 중 하나의 숫자가 표시된 카드로 구성되어 있다고 할 때, 원 변수를 확률변수 X라 하면 X가 이 네 숫자 중 어느 하나의 값을 취할 확률은 모두 1/4이다. 이 경우 원 변수 X의 확률분포는 균등분포(uniform distribution)이다. 만약 이 모집단으로부터 두 개의 숫자를 추출(복원추출)하는 실험을 할 때, 그 평균을 $\bar{X}$ 라 하면 $\bar{X}$는 2, 3, 4, 5, 6, 7, 8 중 어느 하나의 값을 취하게 되고, 확률변수 $\bar{X}$는 다음과 같은 확률분포를 따르게 된다. 이처럼 어떤 표본통계량이 따르는 확률분포를 표본분포라 한다.

여기서 모집단의 평균을 μ, 분산을 σ^2이라고 할 때 만약 표본의 크기가 충분히 크면 (n ≥ 30), 모집단이 어떠한 확률분포이냐에 관계없이 표본통계량 $\bar{X}$의 확률분포(표본분포)는 평균이 μ, 분산이 σ^2 / n인 정규분포에 접근하게 된다. 이를 중심극한정리(central limit theorem)라고 한다.

표 1-1	X의 확률분포(모집단 분포)
X	P(X)
2	1/4
4	1/4
6	1/4
8	1/4
합	1

(평균: 5, 분산: 5)

표 1-2	$\bar{X}$의 확률분포(표본분포)
$\bar{X}$	P($\bar{X}$)
2	1/16
3	2/16
4	3/16
5	4/16
6	3/16
7	2/16
8	1/16
합	1

(평균: 5, 분산: 5/2)

1.2 주요 확률분포

1.2.1 정규분포(normal distribution)

정규분포는 확률분포 중에서 가장 중요하면서도 대표적인 확률분포라 할 수 있다. 이 분포는 다음 그림과 같이 좌우 대칭의 종 모양을 띤다. 만약 모집단이 정규분포를 이루지 않으면 통계적 추론에 상당한 제약을 받게 된다. 특히 다음에 설명하게 될 t 분포(표본분포의 일종)는 모집단이 정규분포일 경우에 한해 정의되는 분포이다. 정규분포의 모수는 평균(μ)과 분산(σ^2)이다.

$$X \sim N(\mu, \sigma^2)$$

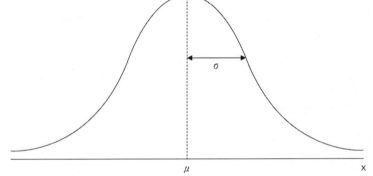

그림 1-1   정규분포

표준정규분포(standardized normal distribution): 정규분포의 특수한 형태로서, 평균과 분산 값에 따라 무수한 형태의 분포가 가능한 정규분포와 달리 이 분포는 다음 식과 같은 선형 변환(linear transformation) 과정을 통해 평균 0, 분산 1이 되도록 표준화된 정규분포이다 (정규분포를 따르는 어떤 확률변수에서 그 평균을 뺀 결과를 다시 그 표준편차로 나눔으로써 생성된 새로운 확률변수는 정규분포를 이룬다). 간단히 Z 분포라고도 한다. 여기서 Z는 표준정규변수(standardized normal variable)라 부른다. 따라서 만약 표본통계량 $\bar{X}$가 정규분포

를 따를 경우 다음과 같은 선형변환에 의해 정의되는 새로운 표본통계량 역시 표준정규
변수가 된다.

$$Z = \frac{\overline{X} - \mu_{\overline{X}}}{\sigma_{\overline{X}}} = \frac{\overline{X} - \mu}{\sigma / \sqrt{n}} \sim N(0, 1)$$

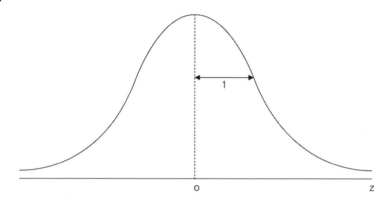

| 그림 1-2 | 표준정규분포(Z 분포) |

- 주요 응용 분야
  - 단일 모집단 평균 구간추정
  - 단일 모집단 비율 구간추정
  - 두 모집단 평균 비교 검정
  - 두 모집단 비율 비교 검정
  - 회귀계수의 유의성 검정

다변량 정규분포(multivariate normal distribution): 단일 변수의 정규분포를 복수 변수의 경
우로 일반화시킨 개념이다. 둘 이상의 변수가 결합되어 있는 연구 상황의 경우 보통 다
변량 정규성(multivariate normality)의 충족이 요구된다. 가령 다변량 분산분석(MANOVA)의
경우 두 변수의 상호작용 효과(interaction effect)가 정규분포를 이루는 것으로 가정하며,

이 가정이 충족되지 않으면 이 분석의 타당성이 상실된다.

1.2.2 t 분포(student's t distribution)

앞에서 설명된 표본통계량 Z는 모집단 분산 σ^2을 알 경우에 정의되는 표준정규변수이다. 그러나 통계적 추론 과정에서 모집단의 분산 σ^2을 알 수 없으면, σ^2 대신 표본의 분산 s^2을 추정량으로 사용해야 한다. 이 경우 다음과 같이 정의되는 표본통계량은 t 분포를 따르게 된다. 이 분포의 모수는 자유도(degree of freedom), 즉 n−1이다. 자유도가 증가함에 따라 t 분포는 정규분포에 접근하게 되며, 특히 대표본(n ≥ 30)일 경우 이 분포는 정규분포와 별 차이가 없게 된다.

$$t = \frac{\overline{X} - \mu}{s/\sqrt{n}} \sim t(n-1)$$

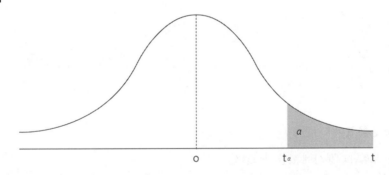

그림 1-3　t 분포

- **주요 응용 분야**
  - 독립된 두 집단 평균 및 비율의 비교 검정(독립표본 t 검정)
  - 짝지은 두 집단 평균 및 비율의 비교 검정(대응표본 t 검정)
  - 회귀분석 시 개별 회귀계수의 유의성 검정

1.2.3 χ^2 분포(chi-square distribution)

일반적으로 모집단의 분산 σ^2과 표본의 분산 s^2의 비율과 관련이 있는 다음과 같은 확률 변수는 자유도가 $n-1$인 카이제곱 분포를 따르는 것으로 알려져 있다. 이 분포는 오른쪽에 꼬리를 가진 비대칭 분포로서 자유도가 그 모수이다. 자유도가 커짐에 따라 이 분포는 정규분포에 접근한다.

$$\chi^2 = \frac{(n-1)s^2}{\sigma^2} \sim \chi^2(n-1)$$

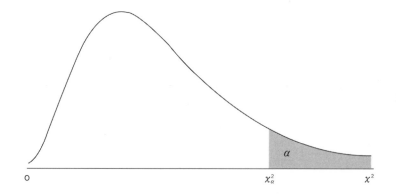

| 그림 1-4 | χ^2 분포 |

- 주요 응용 분야

  • 한 모집단의 분산에 관한 가설검정

  • 두 범주 변수 간의 독립성 여부에 관한 가설검정

  • 예측 모델의 적합성(goodness of fit) 검정

1.2.4 F 분포(F distribution)

일반적으로 하나의 χ^2(카이제곱) 변수를 또 다른 χ^2 변수로 나눔으로써 생성되는 다음과 같은 변수는 F 분포를 따르는 것으로 알려져 있다. 이 확률분포의 모수는 분자의 자유

도(n_1-1)와 분모의 자유도(n_2-1)이다.

$$F = \frac{\chi_1^2/(n_1-1)}{\chi_2^2/(n_2-2)} = \frac{\dfrac{(n_1-1)s_1^2/\sigma_1^2}{n_1-1}}{\dfrac{(n_2-1)s_2^2/\sigma_2^2}{n_2-1}} = \frac{s_1^2/\sigma_1^2}{s_2^2/\sigma_2^2}$$

여기서 만약 두 모집단의 분산 σ_1^2과 σ_2^2이 같다면 확률변수 F는 다음과 같이 정의된다.

$$F = \frac{s_1^2}{s_2^2} \sim F(n_1-1, n_2-1)$$

그림 1-5   F 분포

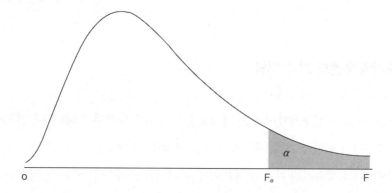

- **주요 응용 분야**

  • 두 모집단에 대한 분산의 동일성 여부 검정

  • 셋 이상 모집단에 대한 평균의 동일성 여부 검정

  • 회귀분석 시 회귀모형의 전체적 유의성 검정

  • 판별분석 시 판별모형의 전체적 유의성 검정

2 통계적 추론

통계적 추론(statistical inference)이란 모집단에서 추출된 표본의 대표적 특성치, 즉 통계량을 바탕으로 모집단의 대표적 특성치, 즉 모수에 관한 추론을 수행하는 것을 말한다. 통계적 추론에는 추정(estimation)과 가설검정(hypothesis testing)이 있다. 이 책은 주로 가설검정을 위한 통계분석에 초점이 맞춰져 있다.

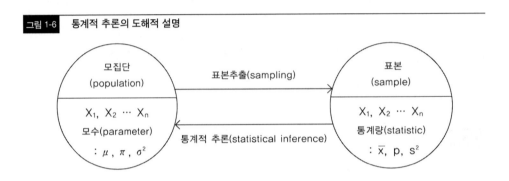

그림 1-6 통계적 추론의 도해적 설명

2.1 통계적 추론의 기초 개념

모집단(population): 연구자가 관심을 가지고 있는 집단을 말한다. 예를 들어 연구자가 우리나라 대도시의 월평균 가계소득이나 A 정당에 대한 유권자들의 지지율을 조사하려고 한다면 우리나라 대도시의 가구 전체와 유권자 전체가 모집단이 된다. 또 연구자가 블루칼라 노동자들의 직무 만족이 생산성에 미치는 영향에 관심이 있다면 블루칼라 노동자 전체가 모집단이 된다. 모집단의 크기는 보통 N으로 표기한다.

모수(parameter): 연구자가 관심을 가지고 있는 모집단을 대표할 수 있는 주요 특성치를 말한다. 연구자가 연구를 수행할 때 관심을 가지는 대표적 모수는 평균, 분산, 표준편차 및 비율이다. 우리나라 대도시의 월평균 가계소득이나 가계소득의 표준편차는 모수의 대표적인 예이다. A 정당에 대한 유권자들의 지지율이나 블루칼라 노동자들의 평균 직무 만족도 및 생산성 역시 모집단을 대표하는 모수들이다. 회귀분석에서는 연구자가 추정하고자 하는 회귀계수가 모수가 된다. 모수는 보통 그리스어로 μ(모집단 평균), σ^2(모집단 분산), σ(모집단 표준편차), π(모집단 비율), β(모집단 회귀계수)와 같이 표기한다.

모수 중 모집단 평균(μ)과 모집단 분산(σ^2)은 다음과 같이 산출된다.

$$\mu = \frac{\sum X_i}{N}, \quad \sigma^2 = \frac{\sum (X_i - \mu)^2}{N}$$

전수조사(census): 모집단 전체를 직접 조사하여 모수를 확인하는 것을 말한다. 유권자 전체를 조사하거나 블루칼라 노동자 전체를 조사하는 것이 이에 해당한다.

표본조사(sampling): 모집단 전체를 조사하는 것이 기술적으로 불가능하거나 너무 많은 시간과 비용이 수반될 경우 모집단으로부터 이를 대표하는 소규모의 집단을 추출하여 이것이 제공하는 정보를 바탕으로 모집단의 모수를 추론하는 것을 말한다. 태평양의 염도(鹽度)를 조사하거나 어느 공장에서 생산되는 전구의 강도를 조사하는 경우는 기술적으로나 경제적으로 표본조사에 의존할 수밖에 없을 것이다.

표본(sample): 모집단에 대응되는 개념으로, 모집단의 모수를 추론하기 위해 모집단에서 추출된 집단을 말한다. 대도시 가구 중 500가구를 무작위(random)로 추출했거나 전체 유권자 중 1000명을 추출했다면 대도시 500가구와 유권자 1000명은 곧 표본이 된다. 표본은 모집단에 대한 대표성(representativeness)을 확보할 수 있도록 그 크기가 충분해야 하고, 추출 시 연구자의 개인적 편의(bias)가 배제되어야 한다. 표본의 크기는 보통 n 으로 표기한다.

통계량(statistic): 모집단의 모수에 대응되는 개념으로, 표본을 대표하는 주요 특성치를 말한다. 대표적 통계량은 표본평균($\bar{X}$), 표본분산(s^2), 표본표준편차(s), 표본비율(p) 및 표본

회귀계수(B)이다. 통계량은 보통 영어의 알파벳으로 표기한다. 통계적 추론에서는 이런 통계량을 특별히 추정량(estimator)이라 하고, 이 추정량의 구체적인 값을 추정치(estimate)라고 한다. 통계량 중 표본평균($\bar{X}$)과 표본분산(s^2)은 다음과 같이 산출된다.

$$\bar{X} = \frac{\sum X_i}{n}, \quad s^2 = \frac{\sum (X_i - \bar{X})^2}{n-1}$$

자유도(degree of freedom): 위에서 제시된 표본분산 산출식의 분자와 분모는 다음과 같이 구성되어 있다. 여기서 분모를 자유도라 한다. 통계학에서 자유도란 무엇을 의미할까?

$$\text{분자: } \sum (X_i - \bar{X})^2, \quad \text{분모: } n-1$$

표본분산 s^2을 계산하기 위해서는 먼저 표본평균 $\bar{X}$를 알아야 한다. 이 $\bar{X}$에 대해서는 $\sum X_i = n\bar{X}$의 관계식이 성립한다. 따라서 n개의 표본 관측치 $X_1, X_2, \cdots X_n$ 중에서 이 관계식을 충족시키면서 자유로이 어떤 값이든 취할 수 있는 관측치의 수는 n−1개이다. 이때 n−1을 자유도라 부른다.

예를 들어 5개의 관측치로 구성된 표본의 평균이 20이라고 하자. 이 경우 관측치의 총합은 다음과 같이 100이 된다. 여기서 우리는 5개의 관측치 중 4개에 대해서는 18, 29, 2, 23과 같이 임의의 값을 부여할 수 있지만, 마지막 1개의 값은 반드시 28이 되어야 한다. 5개의 총합이 100이 되어야 하기 때문이다. 따라서 이 식의 자유도는 5−1, 즉 4이다.

$$\sum_{i=1}^{i=5} X_i = 100$$

일반적으로 표본분산의 산출식에서 자유도는 n−1이 되며, 이 자유도를 분모로 사용한다. 이는 모수 μ의 추론을 위해 통계량 $\bar{X}$를 사용함에 따라 s^2의 산출식을 조정(adjustment)하는 데 목적이 있는 것으로 이해할 수 있다. 분모를 n 대신 n−1을 사용함으로써 표본분산의 값이 일정 부분 커지게 되며, 이는 다음 항에서 볼 수 있는 바와 같이 모평균 (μ)에 대한 구간추정 시 오차의 허용범위(e) 증대와 함께 신뢰구간이 증대되는 결과를 가져온다. 또한 일반적으로 통계적 추론에서 추정해야 할 모수의 수가 하나씩 늘어날 때마다 자유도는 하나씩 줄어들게 된다.

자유도는 통계량의 확률분포인 표본분포(t 분포, χ^2 분포, F 분포 등)의 모수일 뿐만 아니라 분산분석이나 회귀분석, 판별분석 등 통계적 추론을 위한 다양한 통계분석 기법에서 광범위하게 적용되는 중요한 개념이다.

2.2 추정

추정(estimation)이란 연구자가 모집단에서 표본을 추출하여 이를 바탕으로 알려져 있지 않은 모수에 관한 추론을 수행하는 것을 말한다. 추정에는 점추정(point estimation)과 구간추정(interval estimation)이 있다.

2.2.1 점추정

점추정이란 모집단에서 추출된 표본의 특성치 자체를 모수의 추정치로 삼는 방법을 말한다. 우리나라 전체 가구 중 800가구를 표본으로 추출하여 이 표본의 월평균 소득을 조사한 결과 325만 원이었을 때, 우리나라 전체 가구의 월평균 소득이 325만 원이라고 추정하는 경우가 그 예이다. 우리나라 유권자 중 1000명을 추출하여 어느 정당의 지지율을 조사한 결과 37%였을 때, 이 정당에 대한 유권자 전체의 지지율이 37%라고 추정한다면 이 역시 점추정에 해당한다.

2.2.2 구간추정

구간추정이란 모집단에서 추출된 표본의 특성치를 바탕으로 일정한 구간을 설정하여 모수를 추정하는 방법을 말한다. 구간추정에서 모수의 신뢰구간(confidence interval)은 다음과 같은 일반식에 주어져 있는 바와 같이 오차의 허용범위에 따라 달라진다.

• 모수의 신뢰구간

$$\theta = T \pm e$$
$$= T \pm z \times (\text{T의 표준오차})$$

$(\theta = 모수,\ T = 통계량,\ e = 오차의 허용범위,\ z = 신뢰계수)$

오차의 허용범위는 신뢰계수(confidence coefficient), 모집단의 표준편차 및 표본 크기에 의해 영향을 받는다. 특히 신뢰계수는 추정의 신뢰도(degree of confidence)에 의해 결정되며, 모집단의 분산을 알 수 있는지 여부에 따라 상이한 신뢰계수를 사용한다. 여기서는 모집단 평균(population mean)과 모집단 비율(population proportion)에 대한 신뢰구간을 중심으로 설명하려고 한다.

2.2.2.1 모평균(μ)의 신뢰구간

• 모분산(σ^2)을 알 때

$$\mu = \overline{X} \pm z\sigma_{\overline{X}}$$
$$= \overline{X} \pm z\frac{\sigma}{\sqrt{n}}$$

이 식에서 $\sigma_{\overline{X}}$는 표본평균($\overline{X}$)의 표준편차로서 이를 특히 표본평균의 표준오차(standard error)라 한다. 대표적인 신뢰도와 각 신뢰도에 해당하는 신뢰계수는 다음과 같다. 이러한 관계는 표준정규분포의 고유한 속성에 기인한다(부록의 표준정규분포표 참조).

표 1-3 신뢰도와 신뢰계수

신뢰도	90%	95%	99%
신뢰계수(z)	1.64	1.96	2.58

만약 모집단의 분산을 모르면 신뢰계수는 z 대신 t를 사용하며, 이로 인해 오차의 허용범위(e)는 커지게 된다. 그러나 표본 크기가 클 경우(n ≥ 30) t 분포는 정규분포에 접근하

기 때문에 신뢰계수로 t 대신 z를 사용해도 무방하다.

- σ^2을 모를 때

$$\mu = \overline{X} \pm t \frac{s}{\sqrt{n}}$$

- σ^2을 모르고 대표본(n $\geq$ 30)일 때

$$\mu = \overline{X} \pm z \frac{s}{\sqrt{n}}$$

2.2.2.2 모비율(π)의 신뢰구간

모집단의 비율(π)을 추정할 경우도 모집단 평균을 추정할 경우와 신뢰구간의 기본 형태는 동일하다. 즉, 모비율에 대한 신뢰구간은 다음과 같이 정의된다. 여기서 p는 표본비율을 나타내는데, 표본비율은 표본의 크기가 충분히 크고 표본비율의 값이 0이나 1에 너무 가깝지 않으면 정규분포에 접근하기 때문에 (중심극한정리) 신뢰계수로 z를 사용할 수 있다. 그러나 이 경우 np $\geq$ 5, n(1−p) $\geq$ 5의 조건이 충족되어야 한다.

$$\pi = p \pm z\sigma_p$$
$$= p \pm z \sqrt{\frac{\pi(1-\pi)}{n}}$$

여기서 우리는 모집단 비율 π를 알 수 없기 때문에 π 대신 표본비율 p를 사용하게 된다. 따라서 우리가 실제로 이용하는 모비율의 신뢰구간은 다음과 같다.

$$\pi = p \pm z \sqrt{\frac{p(1-p)}{n}}$$

단, np $\geq$ 5, n(1−p) $\geq$ 5

2.3 가설검정

가설검정에는 한 모집단의 평균, 비율 및 분산에 관한 가설을 검정하는 경우도 있고, 둘 또는 그 이상의 모집단의 평균, 비율 및 분산을 비교하는 검정도 있다. 이 책에서 소개되는 거의 모든 통계분석 기법이 가설검정과 직접적인 관련을 갖는다.

2.3.1 가설검정의 절차

여기서는 한 모집단의 평균에 관한 가설의 검정 방법과 절차를 설명하려 한다. 우선 다음과 같은 간단한 예를 들어보기로 하자.

> 우리나라 농촌의 가구당 월평균 소득(μ)이 150만 원이라는 주장이 제기되고 있다. 이 주장
> 의 타당성을 검정하기 위해 이 지역에서 25가구를 무작위로 추출하여 조사해보니, 평균($\bar{X}$)
> 160만 원, 분산(s^2) 576만 원이었다. 지금까지 농촌의 가구당 월간 소득의 분산(σ^2)은 400만
> 원인 것으로 알려져 있다. 농촌의 가구당 월간 소득은 정규분포를 따르는 것으로 가정한다.
> μ = 150만 원이라는 가설을 유의수준 5%로 검정하라.

2.3.1.1 가설의 설정

가설검정은 가설을 설정하는 작업부터 출발한다. 이론상으로 가설(hypothesis)이란 연구자가 관심을 가지고 있는 현상에 존재하는 둘 이상의 변수 간의 관계에 관한 잠정적 주장(tentative argument)을 서술한 문장(statement)을 말한다. 연구자는 과학적 실험 결과로 얻어진 객관적 증거를 토대로 이 가설의 타당성(validity)을 검정하려 한다. 보통 사회과학에서는 표본조사를 통해 산출된 통계량을 근거로 모집단의 모수에 관한 가설의 타당성을 검정하게 된다.

가설에는 지금까지 일반적으로 받아들여지는 내용을 나타내는 귀무가설(null hypothesis)과 연구자가 새로이 주장하여 검정하려는 대립가설(alternative hypothesis)이 있다. 일반적으로 귀무가설은 H_0, 대립가설은 H_1로 표기한다. 연구자는 연구의 목적상 귀무가설

을 기각하고 대립가설을 받아들이려 하는 경우가 많기 때문에 대립가설을 흔히 연구가 설이라고도 한다. 귀무가설이 기각되고 대립가설이 채택되기 위해서는 귀무가설이 잘못 되었음을 입증할 만큼 충분한 증거가 제시되어야 한다.

귀무가설은 '$\mu = \mu_0$'의 형태로 표시하는 것이 보통이며, 대립가설은 '$\mu \neq \mu_0$', '$\mu \geq \mu_0$', '$\mu \leq \mu_0$'의 셋 중 하나의 형태로 표시한다. 특히 대립가설이 어떤 형태인가에 따라 가설검정의 내용이 크게 달라진다. 본 예의 경우는 주어진 문제의 성격상 다음과 같은 형태로 가설을 설정하기로 한다.

$$H_0: \mu = 150$$
$$H_1: \mu \neq 150$$

2.3.1.2 유의수준의 설정

유의수준(significance level)이란 올바른 귀무가설을 기각(rejection)시킬 확률을 의미하며, α로 표기한다. 유의수준은 보통 1%, 5%, 10%의 세 가지를 사용하는데, 주로 1%나 5% 를 사용하는 경우가 많다. 유의수준이 1%라는 것은 귀무가설이 실제로 맞을 경우 이 옳은 귀무가설을 기각시킬 확률이 1%가 되도록 한다는 뜻이다. 즉, 그만큼 귀무가설이 좀처럼 기각되지 않도록 함으로써, 연구자가 선호하는 대립가설이 채택(acceptance)될 가능성을 제한시킨다는 의미를 갖는다. 본 예에서는 귀무가설을 5%로 설정하기로 한다.

$$\alpha = 5\%$$

2.3.1.3 검정통계량의 선정

검정통계량(test statistic)이란 가설검정의 수단으로 이용되는 통계량을 말한다. 가설검정에서는 검정통계량의 값을 표본증거(sample evidence)로 삼아 이 값이 귀무가설을 지지해주는 범위의 값이면 귀무가설을 채택하고, 반대의 경우는 대립가설을 채택한다. 주요 검정통계량과 적용 분야는 다음과 같다.

- z: 단일 모집단의 평균 검정(모집단 분산을 알거나 대표본일 경우), 두 모집단의 평균 비교 검정
- t: 단일 모집단의 평균 검정(모집단 분산을 모르고 소표본일 경우), 두 모집단의 평균 비교 검정
- χ^2: 모집단의 분산 검정, 두 범주 변수 간의 독립성 여부 검정, 연구 모델의 적합성 검정
- F: 두 모집단 분산의 비교 검정, 회귀분석 시 회귀계수들의 전반적 유의성 검정, 판별분석 시 판별계수의 유의성 검정

본 예제는 모집단의 평균에 관한 가설검정이기 때문에 다음과 같이 정의되는 검정통계량 z를 사용한다. 여기서 만약 모집단의 분산 σ^2을 모르면 모집단 분산 대신 표본분산(sample variance) s^2을 사용해야 하며, 이 경우 검정통계량은 t가 된다. 그러나 모집단의 분산을 모르더라도 대표본(n ≥ 30)일 경우 t나 z나 별 차이가 없기 때문에 둘 중 어느 것을 사용해도 상관없다.

$$z = \frac{\overline{X} - \mu_0}{\frac{\sigma}{\sqrt{n}}}$$

2.3.1.4 채택역과 기각역의 설정

채택역(acceptance area)은 귀무가설이 채택되는 영역을 말하고, 반대로 기각역(rejection area)은 귀무가설이 기각되는 영역을 말한다. 채택역과 기각역의 경계선을 임계치(critical value)라고 한다. 따라서 표본을 통해 산출된 검정통계량의 값이 기각역에 포함되지 않으면 귀무가설은 기각될 수 없고, 이는 연구자의 연구가설이 표본증거에 의해 지지받지 못한다는 것을 의미한다.

채택역과 기각역은 유의수준(α)과 대립가설의 유형에 의해 결정된다. 특히 기각역의 크기는 유의수준(α)과 동일하다. 대립가설의 각 유형과 유의수준에 따른 채택역과 기각역의 일반적인 형태는 〈그림 1-7〉과 같다. 여기서 대립가설(H₁)이 '$\mu \neq \mu_0$'의 형태이면

그림 1-7 채택역, 기각역, 임계치

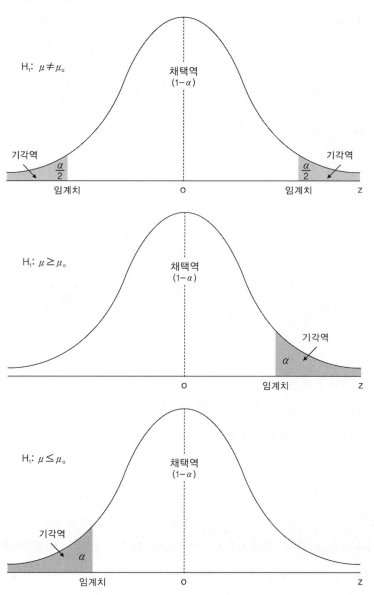

기각역이 양쪽에 형성되므로 양측검정(two-sided test)이라 하고, '$\mu \geq \mu_0$' 또는 '$\mu \leq \mu_0$'의 형태이면 기각역이 오른쪽 또는 왼쪽의 어느 한쪽에 형성되므로 단측검정(one-sided test)이라 한다.

본 예제의 경우 검정통계량이 z로서 표준정규분포를 이루고, $\alpha = 5\%$이며 귀무가설이 '$\mu \neq \mu_0$'이므로 양측검정으로서 기각역과 채택역은 다음과 같이 설정된다. 또한 임계치는 $z_{c1} = -1.96$ 및 $z_{c2} = +1.96$이다(부록의 표준정규분포표 및 앞의 〈표 1-3〉 '신뢰도와 신뢰계수' 참조).

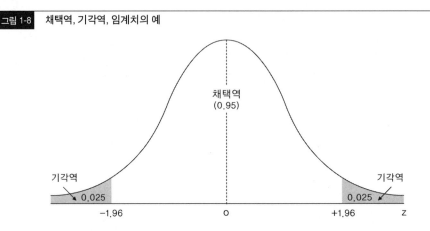

그림 1-8 채택역, 기각역, 임계치의 예

2.3.1.5 의사결정 및 해석

채택역과 기각역이 설정되었으면, 실제로 검정통계량의 값을 계산하여 이것이 어느 영역에 포함되는지를 확인함으로써 귀무가설의 채택 또는 기각 여부에 관한 의사결정(decision making)을 내린다. 본 예제의 경우 검정통계량의 값은 다음과 같이 z = 2.5이고, 이 값은 오른쪽 임계치 $z_{c2} = 1.96$보다 커 기각역에 포함되므로 귀무가설보다는 대립가설을 지지해준다. 따라서 귀무가설은 기각되고 대립가설이 채택될 수 있다.

따라서 본 예제의 경우 우리나라 농촌의 가구당 월평균 소득이 150만 원이라는 주장(가설)은 타당성이 없으며, 150만 원과 차이가 있다는 주장이 타당하다는 결론을 내리게 된다. 이는 모평균(μ)에 대한 가설검정의 증거로 사용되는 표본평균($\bar{x}$)의 값 160만 원과 귀무가설에서 상정된 모평균의 값 150만 원의 차이(10만 원)는 표본증거가 귀무가설을 지지하기에는 너무 큰 차이, 즉 유의적인(significant) 차이임을 시사한다.

$$z = \frac{\overline{X} - \mu_0}{\frac{\sigma}{\sqrt{n}}}$$

$$= \frac{160 - 150}{\frac{20}{\sqrt{25}}} = 2.5$$

$$z = 2.5 \rangle z_{c2} = 1.96$$

| 그림 1-9 | 채택역, 기각역, 임계치 및 검정통계량의 값 |

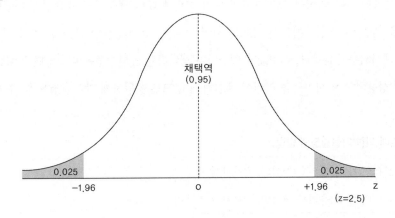

2.3.2 가설검정의 특수 문제

2.3.2.1 P값(P-value)에 의한 연구가설의 검정

가설검정에서 나타나는 문제 중 하나는 유의수준(α)을 얼마로 하느냐에 따라 동일한 표본증거가 귀무가설을 지지하기도 하고 반박하기도 한다는 점이다. 예를 들어 한 통계분석에서 유의수준을 1%로 하면 연구가설이 기각(귀무가설 채택)되지만, 유의수준을 5%로 늘리면 연구가설이 채택되는 경우가 있다. 이와 같이 유의수준에 따라 임계치가 달라지고 동일한 표본통계량하에서 연구가설이 채택되기도 하고 기각되기도 하는 것은 바람직한 일이 아니다. 이러한 문제를 해결할 수 있는 방법이 바로 P값(P-value)을 이용한 가설검정이다. P값은 유의도(significance) 또는 유의확률이라고 한다.

P값이란 '귀무가설이 기각되는 데 필요한 최소한의 유의수준'을 의미한다. 예를 들어 P값이 3.2%이면, 이는 현재의 표본증거하에서 귀무가설이 기각되고 연구가설이 채택되기 위해서는 유의수준이 적어도 3.2% 이상은 되어야 한다는 뜻이다. 이 경우 5%나 10%의 유의수준하에서는 연구가설이 채택될 수 있지만, 1%의 유의수준하에서는 연구가설이 기각될 수밖에 없다. 결국 P값은 표본증거가 귀무가설을 지지하는 수준을 반영하는 것으로서, P값이 클수록 귀무가설이 채택(연구가설 기각)될 가능성이 커지고 이 값이 작을수록 연구가설이 채택될 가능성이 커지게 된다.

P값은 연구자나 데이터 이용자에게 분석 결과에 대한 해석상의 유용성을 제공하지만 이 값을 계산하는 것은 여간 번거로운 일이 아니다. 그러나 SPSS의 경우 출력 결과에서 P값을 제시해주기 때문에, 이 P값과 연구자가 생각하는 유의수준을 비교하면 상이한 유의수준에 상응하는 임계치들을 일일이 계산하지 않고도 수월하게 가설검정을 할 수 있다.

• **P값에 의한 가설검정의 방법**

> 만약 P값 $>$ α (유의수준)이면, 귀무가설 채택
>
> P값 $<$ α (유의수준)이면, 귀무가설 기각

2.3.2.2 매개변수와 매개효과 검증

매개변수(mediator variable)란 독립변수와 종속변수 사이에서 두 변수를 매개해주는 다리의 역할을 수행하는 변수를 말한다. 예를 들어 소비자의 심리는 제품에 대한 그의 태도에 영향을 미치고 다시 태도가 제품의 구매 의도에 영향을 미친다고 할 때 제품에 대한 태도는 매개변수가 된다.

연구자가 연구 모형에 매개변수를 도입했을 경우, 적절한 방법을 통해 그 매개효과의 유무를 검증해야 한다. 매개효과의 검증 방법은 다음과 같다(부록의 예제 참조).

① 독립변수와 매개변수의 관계가 유의적이어야 한다. 이를 검증하기 위해서 주어진 독립변수에 대해 매개변수를 종속변수로 하는 회귀분석을 실시하고, 독립변수의 유의성이 존재

하는지 확인한다.

② 독립변수와 종속변수의 관계도 유의적이어야 한다. 이를 검증하기 위해서 주어진 독립변수와 종속변수에 대해 회귀분석을 실시하고, 독립변수의 유의성이 존재하는지 확인한다.

③ 독립변수와 매개변수를 동시에 독립변수 항에 투입했을 때 매개변수와 종속변수의 관계가 유의적이어야 한다. 일단 ①, ②, ③ 의 세 항이 모두 충족될 경우에 매개효과가 존재하는 것으로 본다.

④ 단, 이 경우 ③항에서(독립변수와 매개변수를 동시에 독립변수 항에 투입했을 때) 독립변수와 종속변수의 관계는 비유의적이고 매개변수와 종속변수의 관계만 유의적이면 매개변수는 '완전매개' 효과가 있는 것으로 결론을 내린다. 그러나 독립변수와 종속변수의 관계 및 매개변수와 종속변수의 관계가 모두 유의적이면 '부분매개' 효과가 있는 것으로 간주한다.

2.3.2.3 조절변수 및 조절효과 검증

조절변수(moderator variable)는 한 변수(예: 독립변수)와 다른 변수(예: 종속변수)의 관계에 영향을 미치는 제3의 변수를 말한다. 일례로 작업자들의 직무 만족이 생산성에 미치는 영향이 작업자들의 학력과 경력에 따라 달라진다면, 학력과 경력은 조절변수가 된다. 지금까지 조절변수의 조절효과 유무를 검증하는 데에는 몇 가지 방법이 개발되어 있다.

가장 보편적인 방법은 2단계로 회귀분석을 실시하고 두 회귀모형에서의 설명력 차이에 유의성이 있는지 확인하여 조절효과를 검증하는 방법이다. 또 하나는 독립변수, 조절변수, 그리고 독립변수와 조절변수의 상호작용항(interaction term)이 모두 포함된 회귀모형에서 조절변수와 상호작용항의 유의성을 확인하여 조절효과를 검증하는 방법이다. 여기서는 독립변수가 하나인 경우를 예로 들어 설명하기로 한다. 단, Y = 종속변수, X = 독립변수, M = 조절변수이다(부록의 예제 참조).

$$Y = b_1 X + b_2 M \qquad (1)$$
$$Y = b_1 X + b_2 M + b_3 XM \qquad (2)$$

제1방식 식 (1)과 식 (2)의 R^2 변화량에 유의성이 있으면 조절효과가 있는 것으로 본다(F 변화량의 유의성에 의해 판단).

제2방식 식 (2)에서 다음 중 어느 하나를 선택한다.

①　XM은 유의적이고 M은 비유의적이면 M은 순수 조절변수(pure moderator)

②　XM과 M이 모두 유의적이면 M은 준조절변수(quasi moderator)

③　XM은 비유의적이고 M은 유의적이면 M은 독립변수

④　XM과 M이 모두 비유의적이면 M은 아무 변수도 아님

3 측정 및 자료수집

3.1 측정의 기초 개념

변수(variable): 변수는 실험 또는 연구의 대상에 관한 특정의 속성을 의미한다. 개인의 체중, 소비자의 구매 행동, 신입사원의 학력 등이 그 예이다. 변수는 연구 대상에 따라, 그리고 동일 대상이라도 시간이 지남에 따라 그 값이 변한다는 특성이 있다. 이처럼 변수의 상이한 값들이 곧 자료(data)가 되는데, 연구자는 이러한 자료를 수집·분석함으로써 의미 있는 결과를 얻으려 한다.

측정(measurement): 측정이란 실험이나 연구 대상에 관한 특정의 속성에 수치를 부여하는 작업을 말한다. 신입사원(연구 대상)의 학력(속성)을 무학(1), 초졸(2), 중졸(3), 고졸(4), 대졸 이상(5)으로 나누어 조사하는 경우가 그 예이다. 측정을 위해서는 측정도구가 필요하다. 연구 대상의 체중을 조사하기 위해 체중계를 사용하고, 소비자들의 구매 행동을 조사하기 위해 설문지를 배포한다면, 체중계와 설문지는 측정도구가 된다.

척도(scale): 연구 대상의 속성을 측정하는 데 사용되는 측정도구는 면밀하게 설계되어야

한다. 척도는 측정도구를 이용하여 특정의 속성을 측정하는 데 적용되는 일정한 규칙을 말한다. 예를 들어 설문지 작성 시 각 문항에 5점 척도를 사용할 것인가, 7점 척도를 사용할 것인가는 설문지 설계의 핵심 요소 중 하나이다. 이처럼 척도는 연구 대상에 관한 특정의 속성에 부여되는 수치 체계라 할 수 있다.

조작적 정의(operational definition): 어느 변수의 측정이 가능하기 위해서는 연구와 관련된 모든 사람들에게 보편적으로 받아들여질 수 있도록 그 의미가 명확하게 정의되어야 한다. 이처럼 어느 변수가 명확한 정의를 통한 보편적 의미를 갖기 위해서는 이론적이고 추상적인 개념에서 벗어나 경험적이고 구체적인 내용으로 이 변수를 정의하는 것이 바람직하다. 변수에 대한 이와 같은 정의를 조작적 정의라 한다. 조작적 정의는 개념적 정의(conceptual definition)에 대응되는 개념이다.

상표 충성도(brand loyalty)라는 변수를 '소비자가 특정 상표를 지속적으로 애용하는 현상'으로 정의한다면 이는 개념적 정의이다. 그러나 이 변수를 '소비자가 특정 상표를 총 구매 횟수 중 80% 이상 구매하는 현상'이라고 정의한다면 이는 조작적 정의에 해당한다. 만약 기업 성과를 '기업이 달성한 연간 매출액'이라고 정의한다면 이는 적절한 조작적 정의라고 할 수 없다. 모든 점포의 연간 매출액을 의미할 수도 있고 점포당 연간 매출액을 의미할 수도 있기 때문이다.

구성개념(construct)과 **측정변수**(indicator 또는 measure): 구성개념은 연구자가 연구의 목적상 연구 모델에 도입하려는 이론적인 개념 또는 변수이다. 일반적으로 연구자는 한 연구 모델에서 구성개념들 사이의 인과관계(causality)를 구명하는 데 목적을 둔다. 예를 들어 '기업의 전략과 이미지의 관계'에 관한 가설에서 전략과 이미지는 구성개념이며, '성취욕과 직무 만족'에 관한 가설에서 성취욕과 직무 만족 또한 구성개념이다.

이러한 구성개념들은 직접적으로는 측정이 불가능하거나, 측정이 가능하더라도 측정오차(measurement error)를 피할 수 없는 경우가 많다. 따라서 구성개념을 측정하기 위해서는 이 개념을 구성하는 것으로 생각되는 몇 개의 변수들을 선택하여 이들을 측정하게 된다. 이처럼 구성개념을 측정하기 위해 사용되는 변수들을 측정변수라 한다. 이 측정치들의 총합이나 평균을 구성개념의 측정치로 삼게 된다.

다변량 측정(multivariate measurement): 복수의 측정변수를 사용하여 구성개념을 측정하는 것을 다변량 측정이라 한다. 이러한 측정의 목적은 측정의 신뢰성을 높이는 데 있다. 연구자는 각 구성개념에 대해 측정변수들의 측정치 총합 또는 평균을 구하여 이들 해당 구성개념의 측정치로 사용한다. 여기서 구성개념의 측정치로 사용되는 다변량 측정치들의 총합이나 평균을 합산척도(summated scale)라 한다. 이러한 의미에서 구성개념을 복합 측정변수(composite measure)라고 부른다.

예를 들어 "기업이 추구하는 전략이 이미지에 영향을 미친다"는 가설에서 배달 속도, 가격, 품질, 광고와 같은 변수들을 사용하여 전략을 측정하고, 기업 이미지, 제품 이미지, 상표 이미지, 판매원 이미지를 사용하여 이미지를 측정할 수 있다.

3.2 자료의 척도

일반적으로 척도(scale)는 '측정 대상에 부여되는 수치의 체계'로 정의된다. 척도가 중요한 이유는 자료의 척도에 따라 통계분석 기법이 달라져야 하기 때문이다. 자료의 척도에는 크게 비계량적 척도(nonmetric scale)와 계량적 척도(metric scale)가 있다.

비계량적 척도는 정성적 척도(qualitative scale)라고도 하는데, 일정한 특성이나 속성의 존재 여부 또는 유형의 차이를 통해 측정 대상을 식별해주는 척도이다. 성(남성 또는 여성) 및 학력(무학, 초졸, 중졸 등)이 그 대표적인 예이다. 비계량적 척도는 다시 명목척도(nominal scale)와 서열척도(ordinal scale)로 나뉜다.

반면에 계량적 척도는 상대적 수량이나 정도에 의해 측정 대상을 식별해주는 척도이다. 이는 측정의 정밀도(precision)가 높고 대부분의 수학적 연산을 가능하게 하는 척도이다. 직무 만족도 및 정당 지지율이 그 대표적인 예이다. 계량적 척도도 다시 등간척도(interval scale)와 비율척도(ratio scale)로 나뉜다.

3.2.1 명목척도

명목척도(nominal scale)는 일정한 속성이나 특성의 존재 여부를 나타냄으로써 측정 대상의 분류나 확인을 목적으로 측정 대상에 수치를 부여하는 척도를 말한다. 범주적 척도(categorical scale)라고도 한다. 이 척도는 측정 대상들 사이의 식별 외에 아무런 계량적 의미를 가지지 않는다. 남성이면 1, 여성이면 2를 부여하는 경우가 그 예이다. 이 외에도 명목척도의 예에는 직업, 종교, 정당, 지역 등이 있다.

3.2.2 서열척도

서열척도(ordinal scale)는 특정 속성에 관한 측정 대상의 서열이나 우선순위의 설정을 목적으로 수치를 부여하는 척도를 말한다. 서열척도는 명목척도처럼 측정 대상을 식별해 주는 정보도 포함한다. 그러나 이 척도는 특정 속성의 상대적 순위만 나타낼 뿐, 각 서열 간 차이의 구체적 크기는 나타내지 못한다.

예를 들어 학력을 나타내기 위해 초졸 이하 1, 중졸 2, 고졸 3, 대졸 이상 4와 같이 수치를 부여할 경우, 이 수치들은 측정 대상들의 학력 순위를 나타낼 뿐 각 학력 수준 간에 어느 정도의 차이가 있는지에 관한 정보는 포함하지 않는다. 또한 A, B, C 세 정당에 대한 유권자들의 선호도 측정을 위해 응답자들이 선호하는 정당의 순서대로 1, 2, 3을 부여할 경우, 이 수치들은 각 정당의 선호도에 대한 상대적 순서를 의미할 뿐 각 정당을 다른 정당보다 얼마나 좋아하거나 싫어하는지는 나타내지 않는다.

3.2.3 등간척도

등간척도(interval scale)는 측정 대상이 특정의 속성을 어느 정도 가지는지를 수치로 측정할 때 수치와 수치 사이의 간격이 동일하면 언제나 동일한 의미를 갖게 되는 척도를 의미한다. 온도와 시험점수는 등간척도의 전형적인 예이다.

가령 온도의 경우 섭씨 −5도와 −2도의 차이든 2도, 5도, 8도 간의 차이든 모두 3도이므로, 두 온도 조합에서의 추위 차이는 완전히 동일하다고 할 수 있다. 마찬가지로 A, B, C, D 네 사람의 통계학 점수가 각각 40점, 45점, 80점, 85점이라고 하면, A와 B 사이의 차이와 C와 D 사이의 차이는 둘 다 5점으로 동일하기 때문에 A와 B의 실력 차이나 C와 D의 실력 차이는 동일하다고 할 수 있다.

연구자가 연구 모형의 검증을 위한 실증 분석 시에 흔히 설문조사를 실시하게 되는데, 이때 설문 문항의 설계 시에 가장 자주 이용하는 척도 중 하나가 등간척도이다. 실례로 "모바일 폰을 이용한 인터넷 뱅킹을 얼마나 선호하십니까?"라는 문항에 대해 응답자는 다음 중 하나에 응답하도록 요구받을 수 있다(이는 이른바 '리커트 5점 척도'의 예이다).•

(1) 매우 선호함   (2) 선호함   (3) 보통임   (4) 싫어함   (5) 매우 싫어함

등간척도는 기본적으로 명목척도와 서열척도가 제공하는 정보를 당연히 제공한다. 또한 측정된 수치들에 대해 더하기나 빼기와 같은 수학적 연산을 통해 의미 있는 결과를 제공한다. 그러나 측정치에 대한 곱하기나 나누기는 의미 있는 결과를 제공하지 못한다. 앞의 예에서 섭씨 −5도가 −2도보다 2.5배 춥다고 말할 수 없으며, 80점 맞은 C 학생의 실력이 40점 맞은 A 학생의 실력의 꼭 2배라고 말할 수는 없을 것이다.

3.2.4 비율척도

비율척도(ratio scale)는 다른 척도들의 특성에 추가해 측정치 간 비율이 의미를 갖는다는 특성을 가지는 척도이다. 따라서 더하기, 빼기, 곱하기, 나누기 등 모든 수학적 연산이 가능한, 측정의 정밀도(precision)가 가장 높은 척도이다. 중량과 금액은 비율척도의 대표적인 예이다. 체중 60kg은 체중 40kg의 1.5배이며, 연봉이 5000만 원인 사람은 4000만 원인 사람에 비해 1.25배의 연봉을 받는다고 할 수 있다. 이 밖에도 비율척도의 예에는 정

• 이러한 형식의 척도가 등간척도인지에 대해서는 논란이 있다. 본래 이 척도는 서열척도에 해당하기 때문에 모수통계 기법을 적용해서는 안 된다는 것이 정설이었으나, 각 순위 간 간격이 동일하다는 전제하에서 등간척도로 간주할 수 있기 때문에 지금은 이러한 척도로 설계된 설문에 의해 수집된 자료에 대해 회귀분석과 같은 모수통계를 적용하는 것이 보편적인 추세이다. 따라서 이 경우 연구자는 각 순위 사이의 간격이 동일하다는 확신이 가능하도록 응답 항목들을 세심하게 설계해야 한다. 가령 '매우 선호함'과 '선호함' 사이의 선호도 차이와 '선호함'과 '보통임' 사이의 선호도 차이가 정말로 동일한지 확인해봐야 한다.

당 지지율, 불량률, TV 시청률 등이 있다.

3.3 자료의 척도와 분석기법

측정의 척도가 중요한 이유 중 하나는 자료의 척도에 따라 통계분석의 기법이 달라져야 한다는 데 있다. 가령 모집단의 모수나 표본의 통계량이 일정한 확률분포를 이룬다는 가정하에서 통계분석을 수행하는 모수통계(parametric statistics)는 자료가 계량척도로 측정된 경우에 적용하는 것이 일반적이다. 반면에 자료가 비계량척도에 의해 측정되었을 경우, 모수나 표본통계량의 확률분포에 관한 일정한 가정이 없이 수행하는 비모수통계(non-parametric statistics)를 적용하게 된다. 두 범주 변수들 사이의 독립성 여부를 검정하는 데 이용되는 카이제곱 검정은 가장 대표적인 비모수통계 기법이다.

한편 모수통계의 주요 기법들인 회귀분석, 분산분석, 판별분석의 가장 중요한 차이점은 독립변수와 종속변수가 어떤 척도인가에 있다. 〈표 1-4〉는 독립변수와 종속변수의 척도를 기준으로 이 세 분석기법을 비교한 것이다.

표 1-4 　자료의 척도를 기준으로 한 주요 통계분석 기법의 비교

변수	회귀분석	분산분석(ANOVA)	판별분석
독립변수	계량척도	비계량척도	계량척도
종속변수	계량척도	계량척도	비계량척도
예	광고비와 가격이 매출액에 미치는 영향을 분석함	주입식, 그룹 토의, 세미나 등 수업 방식이 학생 성적에 미치는 영향을 분석함	IQ, 수면 시간, 가문이 인생의 성공 여부에 미치는 영향을 분석함

3.4 측정의 타당성과 신뢰성

3.4.1 측정오차

실증분석을 통한 통계적 추론의 성패를 좌우하는 요인들 중 하나는 연구자가 측정하고자 하는 개념을 얼마나 정확하게 측정하느냐이다. 연구자가 하나의 개념을 측정하기 위

해 복수의 측정변수를 사용하는 이유도 측정의 정확성을 기하기 위함에 있다고 할 수 있다. 측정오차(measurement error)는 관측치(observed value)가 특정 개념의 진정한 값을 정확하게 대표하는 정도를 의미한다.

측정오차는 체계적 오차(systematic error)와 비체계적 오차(random error)로 나뉜다. 체계적 오차는 측정 대상에 대해 특정의 영향이 체계적으로 미쳐 일정한 방향으로 치우쳐 나타나는 오차를 말한다. 이는 측정방법, 측정도구, 측정절차 등 주로 실험설계가 잘못되어 발생한다. 반면에 비체계적 오차는 무작위적으로 발생하는 오차를 말하며, 주로 측정 대상이나 측정 과정이 원인이 되어 발생한다.

3.4.2 측정오차와 타당성 및 신뢰성

측정의 타당성과 신뢰성은 바로 측정 시 발생 가능한 체계적 오차와 비체계적 오차의 존재 여부 및 그 정도를 나타내는 개념이다. 그중 타당성(validity)은 연구 목적을 위해 연구자가 측정하고자 하는 개념을 얼마나 정확히 측정해주느냐를 의미한다. 연구자가 측정하고자 하는 원래의 개념을 정확하게 측정하여 체계적 오차가 최소화되면 이는 타당성 있는 연구가 된다. 지능지수(IQ)의 측정을 위해 영어로 출제된 테스트의 경우, 영어 실력이 측정 대상자의 IQ 측정에 큰 영향을 미칠 수 있기 때문에, 이 IQ 테스트는 측정의 타당성을 결여한다. 연구자는 가구당 가처분소득에 관심을 가지고 있는데, 실제로는 가구당 총소득을 측정한다면 이 역시 타당성을 상실하게 된다. 이와 같이 타당성은 주로 측정도구 및 측정방법과 관련되어 있다. 측정의 타당성을 높이기 위해서는 우선 관심 대상 변수에 대한 개념적 정의와 조작적 정의를 적합하게 내려야 한다.

한편 신뢰성(reliability)은 측정도구가 측정변수의 실제 값을 얼마나 오차 없이 측정하느냐를 나타낸다. 이는 동일한 측정도구와 측정방법으로 동일한 개념을 반복 측정할 경우 동일하거나 유사한 측정치들이 나와야 한다는 전제에서 출발한다. 즉, 측정 결과로 산출되는 측정치들의 일관성(consistency) 또는 안정성(stability)이 곧 신뢰성인 것이다. 신뢰성은 주로 측정 대상자와 관련된 문제이다. 설문조사에서 응답자가 각 문항에 대한 응답에 몰입하지 않을 경우 각 문항 사이에 앞뒤가 맞지 않는, 일관성이 결여된 결과가 나

그림 1-10 측정의 타당성과 신뢰성의 의미

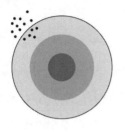 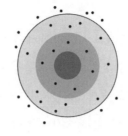 

상황 1
(낮은 타당성, 높은 신뢰성)

상황 2
(낮은 타당성, 낮은 신뢰성)

상황 3
(높은 타당성, 높은 신뢰성)

올 수 있다. 이 경우 측정의 신뢰성은 낮아진다.

　타당성과 신뢰성의 개념은 〈그림 1-10〉과 같이 사수가 목표물을 향해 탄환을 발사할 때와 유사한 상황으로 설명될 수 있다. 먼저 '상황 1'은 탄환이 거의 한곳에 일관성 있게 몰려 있으나 목표물의 정중앙과는 거리가 멀다. 이는 측정의 체계적 오차가 발생하는 경우와 마찬가지로서 연구자가 측정하려는 목표 대상을 정확하게 측정하지 못하는 경우이다. 이 경우 측정의 신뢰성은 있으나 타당성이 없다고 말한다. '상황 2'는 탄환이 목표물의 모든 부분에 광범위하게 퍼져 있으며 목표물을 명중시키지 못하고 있다. 이는 측정의 체계적 오차와 비체계적 오차가 동시에 발생하는 경우와 마찬가지다. 즉, 측정의 타당성과 신뢰성이 모두 없음을 의미한다. 마지막으로 '상황 3'은 탄환들이 일관성 있게 거의 모두 목표물에 명중되고 있다. 이는 측정의 체계적 오차와 비체계적 오차가 거의 없는 경우를 나타내며, 따라서 측정의 타당성과 신뢰성이 모두 확보되고 있음을 의미한다.

3.4.3 타당성

측정의 타당성에는 내용타당성과 개념타당성이 있다.

3.4.3.1 내용타당성

내용타당성(content validity)은 측정도구로서의 측정 문항들이 측정하려는 개념의 본질을 어느 정도로 잘 대표하느냐를 나타낸다. 예를 들어 영어로 출제된 IQ 테스트는 내용타당성에 문제가 있을 수 있다.

실증분석 시 측정의 개념타당성을 확보하기 위해서는 먼저 변수에 대한 조작적 정의를 정확히 내린 다음, 이 정의를 제대로 반영하여 측정변수들을 설계해야 한다. 예를 들어 조직 분위기라는 개념에는 동료 관계, 상사와 부하의 관계, 구성원 연대 의식, 구성원 귀속감, 이기주의, 자율성 등 매우 많은 요소가 포함된다. 따라서 조직 분위기를 측정하기 위해서는 이러한 주요 요소들을 모두 반영하는 설문 문항을 개발해야 한다.

내용타당성을 확보하기 위해서는 다음과 같은 절차를 따르는 것이 바람직하다. 첫째, 광범위한 문헌 조사를 통해 설문지에 포함될 수 있는 모든 문항들을 총망라한다. 둘째, 대학 교수, 연구원, 설문조사 전문 기관 등 관련 전문가들의 조언을 청취한다. 셋째, 대상 모집단을 대표할 수 있는 응답자 표본을 상대로 예비조사를 실시한다. 넷째, 전문가들의 조언과 예비조사 결과를 토대로 원래의 설문 문항을 수정한다.

3.4.3.2 개념타당성

개념타당성(construct validity)은 측정하고자 하는 이론적 개념이 실제로 측정도구에 의해 얼마나 적절하게 측정되는지를 나타낸다. 개념타당성은 두 가지 측면에서 평가되는데, 첫째는 이론적 측면이고, 둘째는 통계적 측면이다.

개념타당성의 이론적 측면을 평가하기 위해서는 변수의 개념 자체에 대한 정당화가 필요하다. 예를 들어 '휴가 선호도'라는 개념을 연구하려고 한다면, 이 변수가 여행 관련 문헌들에서 효과적으로 사용되어왔으며, 이 개념이 '여가 지향성'과 같은 특정 현상의 존재를 설명하는 데 유용하다는 증거를 보여주어야 한다. 그러나 개념타당성의 평가를 위해 좀 더 보편적으로 이용되는 것은 통계적 측면이다. 통계적 측면에서의 개념타당성은 다시 수렴타당성과 판별타당성의 두 가지로 나뉜다.

① 수렴타당성

수렴타당성(convergent validity)은 동일한 개념을 측정하기 위해 서로 다른 문항들을 사용했을 경우 이 문항 측정치들 사이의 상관관계가 높아야 한다는 기준이다. 대학 입학 지원자들의 실력 측정을 위해 수능 성적과 고교 내신 성적을 이용할 경우나, '여가 지향성'이라는 개념을 측정하는 데 '휴가 선호 정도'와 '여가 활동량'을 이용할 경우 이러한 측정은 수렴타당성이 높다고 할 수 있다. 수능 성적과 고교 내신 성적, 그리고 휴가 선호 정도와 여가 활동량 사이에는 일반적으로 높은 상관관계가 존재하기 때문이다.

② 판별타당성

판별타당성(discriminant validity)은 수렴타당성과 정반대의 기준으로서, 서로 다른 개념을 측정하기 위해 상이한 문항들을 사용했을 때 한 개념의 문항 측정치들과 다른 개념의 문항 측정치들 사이에는 상관관계가 낮아야 한다는 기준이다. 예를 들어 '여가 지향성'과 '조직 몰입'의 관계를 연구하기 위해 여가 지향성에 대해서는 휴가 선호 정도와 여가 활동량을 측정변수로 사용하고, 조직 몰입에 대해서는 결근율과 조직 소속감을 측정변수로 사용한다고 하자. 이 경우 휴가 선호 정도와 여가 활동량, 그리고 결근율과 조직 소속감 사이에는 각각 상관관계가 높아 수렴타당성이 클 가능성이 있다. 또 여가 지향성의 측정변수들(휴가 선호 정도, 여가 활동량)과 조직 몰입의 측정변수들(결근율, 조직 소속감) 사이에는 이론상 특별한 상관관계가 존재하지 않아 판별타당성이 클 가능성이 있다.

③ 개념타당성 확보 방법

측정에서 개념타당성은 측정변수들 사이의 상관관계를 기본 개념으로 삼기 때문에 이 타당성의 존재 여부를 확인하기 위해서는 우선 모든 측정변수들 사이의 상관행렬(correlation matrix)을 검토해볼 필요가 있다. 그러나 흔히 이용되는 타당성 검증기법은 요인분석(factor analysis)이다. 요인분석의 기본 논리는 같은 요인에 적재되는 측정변수들끼리는 상관관계가 높고, 다른 요인에 적재되는 측정변수들 사이에는 상관관계가 낮도록 모든 변수들을 그룹핑하는 것이다. 따라서 요인분석을 통해 연구자는 수렴타당성과 판별타당성을 동시에 확보할 수 있게 된다.

3.4.4 신뢰성

측정의 신뢰성은 일반적으로 신뢰성 계수(coefficient of reliability)를 이용하여 평가한다. 이 계수는 0과 1 사이의 값을 가지며, 0은 측정을 전혀 신뢰할 수 없다는 것을 의미하고 1은 완전히 신뢰할 수 있다는 것을 의미한다. 측정의 신뢰성을 평가하기 위해서는 보통 세 가지 방법이 있다.

먼저 실험-재실험법(test-retest method)은 동일한 측정도구로 동일한 응답 집단을 일정한 간격을 두고 두 번 측정하여 각 응답자의 처음 측정치와 나중 측정치 사이의 상관관계가 얼마나 높은지를 분석하는 방법이다. 다음으로 측정양식 변화법(alternative forms method)은 실험-재실험법과 전반적인 내용은 유사하나, 두 번 측정할 때 동일한 측정도구를 양식을 바꾸어 사용한다는 점에서 차이가 있다. 이 두 기법은 실제 적용상에 문제가 있어 자주 사용하지는 않는다. 가장 자주 사용되는 신뢰성 평가방법은 내적 일관성 평가법(internal consistency method)이다. 이 방법에도 여러 가지가 있으나 가장 널리 사용되는 것이 크론바하 알파(Cronbach's α)이다.

크론바하 알파 계수는 측정의 내적 일관성을 평가하는 데 이용되는 신뢰성 척도로서 다음 공식에 의해 산출된다.

$$\alpha = \frac{k}{k-1}(1 - \frac{\sum_{i=1}^{n} \sigma_i^2}{\sigma_y^2})$$

(k : 항목 수, σ_y^2 : 총분산, σ_i^2 : 각 항목의 분산)

보통 실증분석 시 요구되는 α 값의 하한선은 0.7이지만, 탐색적 연구의 경우 0.6 이상이면 되는 것으로 간주한다. 크론바하 알파를 이용하기 위해서는 측정도구(설문지)에 포함된 항목(문항)들이 계량척도(등간척도, 비율척도)여야 한다.

만약 측정의 신뢰성이 문제시되면 두 가지 방법을 통해 이를 개선할 수 있다. 첫째는 신뢰도를 저해하는 항목들을 골라내는 방법이고, 둘째는 신뢰도를 저해하는 응답자를 골라내는 방법이다.

3.5 측정척도의 개발

실증적 연구의 성공을 위해서는 측정오차를 최소화해야 하고, 측정오차의 최소화를 위해서는 올바른 측정도구를 개발해야 한다. 측정도구는 측정의 수단을 의미하며, 측정척도(measurement scale)라고도 한다. 가장 대표적인 측정척도는 설문조사이다.

3.5.1 주요 기법

측정척도를 개발하는 주요 기법에는 크게 평정 척도법과 태도 척도법이 있다.

3.5.1.1 평정 척도법(rating scaling)

평정 척도법은 연속선상에 일정한 수치 체계를 설정하고, 응답자로 하여금 연구 대상이나 현상에 대한 특정의 속성을 어느 한 점에 평가하도록 하는 방법이다. 이는 다시 다음세 가지로 나뉜다.

① 그래픽 평정 척도법(graphic rating scale)

이는 측정자가 측정 대상 속성을 확인한 후 질문 문항을 적절히 개발하여 이를 그래프상에 표시하는 방법이다. 흔히 온도계 차트라는 그래프를 이용한다.

예) "당신이 방금 관람한 영화를 어떻게 평가하는지 0에서 100까지의 눈금에 표시하십시오."

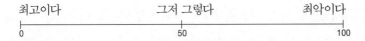

② 항목화 평정 척도법(itemized rating scale)

실증연구에서 가장 자주 이용되는 기법으로서, 여기서는 응답자가 측정 대상인 특정의 속성에 관한 몇 개의 범주 중 하나를 선택하도록 문항을 설계한다. 응답 범주의 수는 2개에서 11개 사이이다.

예) "돌아오는 지방자치단체장 선거에 당신은 얼마나 관심이 많으십니까?"

☐ 매우 관심이 많다   ☐ 약간 관심이 있다   ☐ 관심이 없다

③ 비교 평정 척도법(comparative rating scale)

이는 응답자가 한 측정 대상이나 현상을 주어진 표준 또는 다른 대상이나 현상과 비교해 평가하도록 요구하는 방식이다. 가장 대표적인 예가 서열-순위 척도법(rank-order scale)이다.

예) "다음 자동차들 중 당신이 선호하는 순서를 1에서 5까지 표시하십시오."

☐ 포드   ☐ 크라이슬러   ☐ 벤츠   ☐ 도요타   ☐ 현대

3.5.1.2 태도 척도법(attitude scaling)

태도 척도법은 연구 대상이나 현상에 관한 특정의 속성에 대한 응답자의 태도나 느낌을 측정하는 방법이다. 앞의 평정 척도법과 비교하여 더욱 복잡하고 차원이 깊으며 다항목 척도(multi-item scale)를 사용한다는 점에서 차이가 있다. 이는 다시 리커트 척도법과 어의 차별화 척도법으로 나뉜다.

① 리커트 척도법(Likert scaling)

리커트 척도법은 특정 대상이나 현상에 관한 서술에 대해 응답자가 얼마나 동의하거나 반대하는지를 평가하는 방법이다. 설문조사에서 가장 광범위하게 이용되는 척도법 중 하나이다. 보통 5점 척도 또는 7점 척도를 사용한다. 다음의 예는 리커트 5점 척도의 경우이다.

예) "나는 오래된 낡은 습관을 가지고 있다."

전적으로 동의한다	동의한다	그저 그렇다	반대한다	전적으로 반대한다
(1)	(2)	(3)	(4)	(5)

② 어의 차별화 척도법(semantic differential scaling)

어의 차별화 척도법은 특정 대상이나 현상에 관한 몇 개의 속성에 대해 각각 5점 내지 7점의 척도로 구성된 양극적 표현을 제시하고 응답자가 이를 평가하도록 하는 기법이다.

예) "밀러 맥주의 맛에 관한 다음 속성에 대해 당신은 어떻게 생각하십니까?"

3.5.2 설문지 작성 시 유의사항

설문지(questionaire) 작성은 연구자의 연구 목적 달성을 위한 실험설계의 성패를 좌우하는 매우 중요한 작업이다. 따라서 반드시 모집단을 대표하는 일정한 표본 집단을 상대로 사전 실험(pilot test)을 거쳐 설문지를 확정한 후 구체적인 설문에 들어가야 한다. 연구자가 설문지를 작성할 때 유의해야 할 주요 사항은 다음과 같다.

(1) 연구자가 설문 문항을 작성하기 전에 먼저 연구하고자 하는 문제를 완벽하게 이해할 것.

예) 소비자 태도 측정 시, 예를 들어 '상표 충성도'와 '상표 선호도'는 연구자가 혼동하기 쉬운 개념으로서 올바른 조작적 정의를 바탕으로 설문에 대한 치밀한 설계가 필요하다.

(2) 전문 용어의 사용은 최대한 자제하면서 누구나 이해하기 쉽도록 문항을 작성하고, 이해하기 어려운 어휘는 그 뜻을 명확히 설명할 것.

예) "당신은 WTO가 우리나라 경제에 미친 영향을 어떻게 평가하십니까?"

(WTO에 대한 설명을 붙이거나, 적어도 '세계무역기구, 즉 WTO'와 같이 표현하는 것이 바람직하다.)

(3) 한 문항에 한 가지 문제만을 다룰 것.

예) "당신은 현 정부의 경제정책과 복지정책에 얼마나 만족하십니까?"

(경제정책에 관한 문항과 복지정책에 관한 문항을 별도로 제시하는 것이 바람직하다.)

(4) 각 문항 사이 질문과 답변이 중복되지 않도록 설계할 것.

예) "당신은 현 정부의 복지정책에 얼마나 만족하십니까?"

"당신은 현 정부의 의료보험정책에 얼마나 만족하십니까?"

(의료보험정책은 복지정책의 일부로서 두 개념 사이에 중복이 발생한다.)

(5) 한 문항에 대해 응답 가능한 항목들을 총망라하되, 상호 중복되지 않도록 구성할 것.

예) "당신의 학력은?"

① 무학 ② 초졸 ③ 중졸 ④ 고졸 ⑤ 대졸 ⑥ 대학원 졸

(응답자 중에 대학 중퇴 등의 학력이 있을 수 있다.)

(6) 예상되는 응답자의 이해력에 따라 질문의 유형을 달리할 것. 특히 응답자의 명확한 답변
을 필요로 하는 경우는 자유응답형(open-ended)을 피하고 다자택일형(multiple choice)
질문의 형태를 취할 것.

예 1) 모집단이 대학원 재학생일 경우 정형화된 문장과 고급 학술 용어를 사용할 수 있으
나, 고령의 농촌 거주자일 경우 비정형화된 일상적 언어를 사용하는 것이 좋다.

예 2) "당신은 현 정부가 가장 우선시해야 할 경제정책이 무엇이라고 생각하십니까?"

① 고용창출 ② 물가안정 ③ 경제성장 ④ 지역 간 격차 해소

(응답자의 명확한 답변을 요하고 있어 다자택일이 바람직하다.)

(7) 특정의 속성에 관해 응답자들에 대한 선입관을 갖거나 가정을 하지 않고 중립적 입장에
서 문항을 작성할 것.

예) "당신이 축구 선수 박지성을 좋아하는 가장 큰 이유는 무엇입니까?"

① 성실성　② 열정　③ 개인기　④ 체력　⑤ 팀 정신

(응답자가 박지성 선수를 좋아한다는 것을 전제로 하는 오류를 범하고 있다.)

(8) 응답자에게 너무 자세한 응답을 요구하지 말 것.

예) "당신의 가계소득 중 지출 항목의 비율은 각각 얼마 정도입니까?"

① 식비 (　)%　　② 주거비 (　)%　　③ 피복비 (　)%

④ 문화생활비 (　)%　⑤ 제세공과금 (　)%　⑥ 기타 (　)%

(응답자의 응답 능력에 한계가 있을 수 있고, 자세한 응답은 응답자의 피로를 가중시킬 수 있다.)

(9) 연구자의 의도에 따라 일정한 방향으로 대답을 유도하는 질문은 피할 것.

예) "쓰레기 분리수거는 환경보호와 자원 재활용 차원에서 꼭 필요한 정책입니다. 당신은 이 정책에 얼마나 적극적으로 호응할 계획이십니까?"

(쓰레기 분리수거의 필요성을 설명해 은근히 이 정책에 대한 호응을 유도하고 있다.)

(10) '모르겠다' 또는 '무의견' 답변을 다룰 수 있도록 문항을 설계할 것.

(11) 응답자들의 지각적 오류 가능성에 유의할 것. 응답자들이 범할 수 있는 지각적 오류에는 상동적 태도, 후광효과(halo effect), 관대화 경향 및 중심화 경향 등이 있으며, 특히 중심화 경향에 더욱 유의해야 한다.

예) "우리나라 국민의 스마트폰 소지율은 얼마나 된다고 생각하십니까?"

① 50%　② 60%　③ 70%　④ 80%　⑤ 90%

(정확한 답을 아는 사람이 아니면 중간 정도인 '③ 70%'로 응답할 가능성이 높다.)

(12) 답변하기 곤란한 질문, 생각을 요하는 어려운 질문, 상대적으로 중요하지 않은 질문은 가급적 설문의 종반에 배치할 것.

예) "당신의 월 소득은 얼마입니까?"

"당신은 자신이 높은 사회계층에 속한다고 생각하십니까?"

(13) 원칙적으로 문법에 맞게 문항을 작성하되, 해석상의 혼동이 일어나지 않도록 할 것.

예) "당신은 컴퓨터와 스마트폰을 취급하는 점포들 사이에 경쟁이 치열하다고 생각하십니까?"

(컴퓨터와 스마트폰 두 가지를 모두 취급하는 점포들 사이의 경쟁을 의미하는지, 아니면 컴퓨터를 취급하는 점포와 스마트폰을 취급하는 점포 사이의 경쟁을 의미하는지 분명하지 않다.)

(14) 가급적 질문의 내용이 장황하거나 복잡하지 않고 단순·간결하도록 문항을 작성할 것.

예) "최근 우리나라의 생산 인력이 부족하고 인건비가 상승함에 따라 동남아를 비롯한 여러 나라에서 온 많은 외국인들이 취업을 목적으로 우리나라에 거주하고 있는바, 당신은 이러한 외국인 근로자들이 우리 사회 전반에 미치는 영향을 어떻게 평가하십니까?"

(이 질문은 "당신은 근래에 늘고 있는 외국인 이주 노동자들이 우리 사회에 미치는 영향을 어떻게 평가하십니까?"로 대체할 수 있다.)

(15) 문제의 설명을 위해 예를 제시하는 데 신중을 기할 것. 예의 제시는 응답자의 주의를 문제의 본질에서 벗어나게 할 수 있다.

예) "당신은 제품 구입을 위해 백화점이나 할인 마트와 같은 소매점을 방문할 때 가장 우선적으로 고려하는 요인이 무엇입니까"

(연구자는 소비자들의 소매점 선택 기준을 연구하는 데 목적을 두고 있으나, 백화점과 할인 마트를 소매점의 예로 제시함으로써 응답자의 초점을 이 두 형태의 소매점에 향하도록 하고, 이로 인해 연구 결과가 왜곡될 수 있다.)

(16) 특별히 강조되어야 할 중요한 단어가 있다면 이 단어에 초점을 맞춰 문항을 설계할 것.

(17) 응답자의 비밀, 프라이버시 또는 자존심을 건드리는 문제에 대해서는 직접적인 질문을 피할 것.

    예) "당신은 아내를 심하게 구타한 적이 있습니까?" (직접적 질문)

    "당신은 남이 자기 아내를 심하게 구타하는 것을 목격하거나 들은 적이 있습니까?" (간접적 질문)

(18) 응답자의 업무에 지장을 주지 않고 설문에 적합하지 않은 분위기가 되지 않도록 시간과 공간 문제에 신경을 쓸 것.

    예 1) 설문 문항 수가 너무 많고 어렵거나 복잡한 내용일 경우 응답자로부터 성의 있는 답변을 기대하기 어려울 수 있다.

    예 2) 술집, 야구장 등 자극적이고 소음이 많은 공간을 피하고 사무실처럼 차분하고 조용한 장소에서 설문을 진행하는 것이 바람직하다.

(19) 응답자에게 예절을 다하여 설문에 임할 것.

    예) 최대한 경어를 사용하여 겸손하게 설문하고, 설문의 각 섹션 말미마다 '고맙습니다'를 표시한다.

| Chapter 02 | 평균 및 비율 차이 검정 |

1 차이 검정의 개요

1.1 차이 검정의 의의

연구자는 한 변수에 대한 두 집단의 평균에 차이가 있는지, 혹은 단일 집단 내에서 집단을 구성하는 각 개체들의 변수 값이 짝을 이루고 있을 때 짝지은 값들의 평균에 차이가 있는지 검정하고자 하는 경우가 있다. 또한 두 집단이 어떤 변수의 비율에 차이가 있는지 검정하려는 경우도 있다.

　이와 같이 두 집단 사이의 어떤 차이를 검정하고자 할 때에는 일반적으로 z 나 t 를 검정통계량(test statistic)으로 사용한다. 특히 모집단의 분산(σ^2)을 알면 Z 를, 모르면 t 를 검정통계량으로 사용한다. 전자의 경우를 Z-검정, 후자의 경우를 t-검정이라 한다. 일반적으로는 모집단의 분산을 모르는 경우가 많기 때문에 t-검정이 더욱 보편적인 방법이다. 그러나 표본의 크기가 충분히 커지면($n \geq 30$), t 분포가 Z 분포(표준정규분포)와 거의 일치하기 때문에 사실상 두 방법의 차이가 없어진다.

두 모집단의 평균 차이를 검정하는 경우는 독립표본 t-검정(independent sample t-test), 단일 집단 내에서 짝지은 값들의 평균 차이를 검정하는 경우는 대응표본 t-검정(paired sample t-test) 또는 짝지은 표본 t-검정이라 한다.

모수(parameter)에 대한 차이 검정 중에는 그 외에도 어떤 이항변수(품질, 지지 여부 등)에 관한 두 모집단의 비율을 비교하는 경우도 있다. 여기서 표본 크기가 충분히 크면 비율(불량률, 지지율 등)은 정규분포(Z 분포)에 접근하며, 비율에 관한 가설검정은 기본적으로 충분한 표본 크기를 요하기 때문에, 두 모집단의 비율 차이에 관한 검정은 Z-검정을 사용하는 것이 일반적이다.

차이 검정의 예를 들면 다음과 같다.

- 남녀 대학생 사이의 평균 성적에 차이가 있는가? (독립표본 t-검정)
- 도시와 농촌의 평균 결혼 연령에 차이가 있는가? (독립표본 t-검정)
- S 회사 영업사원들의 평균 영업실적이 작년과 금년에 차이가 있는가? (대응표본 t-검정)
- 대학생들이 특정의 스마트폰에 관한 TV 광고에 노출되기 전과 노출된 후 이 제품에 대한 태도의 평균에 차이가 있는가? (대응표본 t-검정)
- 흡연자와 비흡연자의 호흡기 계통 발병률에 차이가 있는가? (비율 차이 z-검정)

차이 검정은 결국 명목척도의 범주적 변수(지역, 성 등)가 등간척도나 비율척도와 같은 계량적 변수(결혼 연령, 성적 등)에 미치는 영향을 분석하는 기법이다. 이 기법에서는 기본적으로 관측치들이 서로 독립이고, 모집단이 정규분포를 이루는 것으로 가정한다.

1.2 귀무가설 및 검정통계량

1.2.1 두 모집단 독립표본 t-검정

두 모집단의 평균 차이에 관한 독립표본 t-검정에서는 두 모집단이 정규분포를 이루며 두 집단의 분산이 동일하다고 가정한다. 이 검정의 귀무가설과 대립가설은 다음과 같다.

- 귀무가설 H_0: $\mu_1 - \mu_2 = 0$ (두 모집단 사이의 평균은 차이가 없다)
- 대립가설 H_1: $\mu_1 - \mu_2 \neq 0$ (두 모집단 사이의 평균은 차이가 있다)

이 가설에 대한 검정을 위해서는 다음과 같은 검정통계량 t를 사용한다. 여기서 두 집단 평균 차이의 표준오차(t 통계량의 분모)에 비해 두 집단의 표본평균 차이($\overline{X}_1 - \overline{X}_2$)가 클수록 t 값의 절대 값이 커져 귀무가설이 기각될 가능성이 커지며, 반대의 경우 귀무가설이 채택될 가능성이 커진다. 단, S = 통합된 두 표본의 표준편차이다.

$$t = \frac{(\overline{X}_1 - \overline{X}_2) - (\mu_1 - \mu_2)}{S\sqrt{\dfrac{1}{n_1} + \dfrac{1}{n_2}}} = \frac{(\overline{X}_1 - \overline{X}_2)}{S\sqrt{\dfrac{1}{n_1} + \dfrac{1}{n_2}}} \quad (\text{자유도} = n_1 + n_2 - 2)$$

$$\text{단, } S = \sqrt{\frac{\sum_{i=1}^{n_1}(X_i - \overline{X}_1)^2 + \sum_{i=1}^{n_2}(X_i - \overline{X}_2)^2}{n_1 + n_2 - 2}}$$

1.2.2 단일 모집단 대응표본 t-검정

단일 모집단에 대한 대응표본 t-검정에서도 두 모집단에 대한 독립표본 t-검정과 마찬가지로 정규분포성 및 등분산성을 가정한다. 이 검정의 귀무가설과 대립가설은 다음과 같다. 단, $\overline{d}$ = 표본의 각 개체에 대한 변수 값 차이들을 평균한 값, D_0 = 귀무가설에서 설정한 각 개체에 대한 변수 값 차이의 평균(여기서는 0)이다.

- 귀무가설 H_0: D = 0 (짝지은 변수 값들의 평균에 차이가 없다)
- 대립가설 H_1: D ≠ 0 (짝지은 변수 값들의 평균에 차이가 있다)

이 가설에 대한 검정을 위해서는 다음과 같은 검정통계량 t를 사용한다. 여기서 짝지은 변수 값들의 차이(d)의 표준오차(t 통계량의 분모)에 비해 차이의 평균($\overline{d}$)이 클수록 t 값의 절대 값이 커져 귀무가설이 기각될 가능성이 커지며, 반대의 경우 귀무가설이 채택될 가능성이 커진다. 단, S_d = 표본 개체의 차이 값(d)의 표준편차이다.

$$t = \frac{\bar{d} - D_0}{S_d / \sqrt{n}} = \frac{\bar{d}}{S_d / \sqrt{n}} \quad \text{(자유도 = n−1)}$$

$$\text{단, } S_d = \sqrt{\frac{\sum_{i=1}^{n}(d_i - \bar{d})^2}{n-1}}$$

1.2.3 두 모집단 비율 차이 z-검정

두 모집단의 비율 차이에 관한 가설검정에서는 다음과 같은 가설이 설정된다.

- 귀무가설 H_0: $P_1 = P_2$, 즉 $P_1 - P_2 = 0$ (두 집단의 비율에 차이가 없다)
- 대립가설 H_1: $P_1 \neq P_2$, 즉 $P_1 - P_2 \neq 0$ (두 집단의 비율에 차이가 있다)

두 모집단 비율 차이에 관한 검정을 위해선 표본 크기가 충분히 커야 한다(n_1, $n_2 \geq 30$). 여기서 원래의 속성(예: 불량 여부)은 이항분포이지만, 대표본의 경우 표본비율(예: 불량률 $p = X/n$)의 차이는 중심극한정리에 따라 정규분포에 접근한다. 따라서 두 모집단 비율 차이에 관한 검정 시에는 다음과 같은 검정통계량 Z를 이용한다. 단, p_1 = 모집단 1의 비율, p_2 = 모집단 2의 비율, X_1과 X_2 = 각 표본에서 특정의 속성을 갖는 개체의 수, $\hat{p}_1$ = 표본 1의 비율(X_1/n_1), $\hat{p}_2$ = 표본 2의 비율(X_2/n_2), $\hat{p} = (X_1 + X_2)/(n_1 + n_2)$, $\hat{q} = 1 - \hat{p}$이다.

$$Z = \frac{(\hat{p}_1 - \hat{p}_2) - (p_1 - p_2)}{\sqrt{\frac{\hat{p}\hat{q}}{n_1} + \frac{\hat{p}\hat{q}}{n_2}}} = \frac{\hat{p}_1 - \hat{p}_2}{\sqrt{\frac{\hat{p}\hat{q}}{n_1} + \frac{\hat{p}\hat{q}}{n_2}}}$$

여기서 표본비율 차이($\hat{p}_1 - \hat{p}_2$)의 표준오차(Z 통계량의 분모)에 비해 표본비율 차이($\hat{p}_1 - \hat{p}_2$)가 클수록 t 값의 절대 값이 커져 귀무가설이 기각될 가능성이 커지며, 반대의 경우 귀무가설이 채택될 가능성이 커진다.

2 SPSS를 이용한 독립표본 t-검정

연구 문제

여기서는 연구자가 영업사원 50명을 두 집단으로 나누어 두 집단 간 판매실적의 평균에 차이가 있는지 확인하기 위해 t-검정을 실시하고자 한다. 다음 표는 두 집단의 판매실적에 관한 자료이다.

표 2-1 독립표본 t-검정 입력 자료

그룹 1					그룹 2				
37	27	40	40	23	37	40	27	30	27
33	37	40	43	50	27	40	43	37	40
37	47	40	37	43	37	37	33	30	30
30	37	33	40	27	33	43	37	30	33
27	33	43	37	40	37	30	30	33	37

가설검증을 위한 귀무가설과 대립가설은 다음과 같다.

- 귀무가설 H_0: $\mu_1 - \mu_2 = 0$ (두 그룹 간의 판매실적에는 차이가 없다)
- 대립가설 H_1: $\mu_1 - \mu_2 \neq 0$ (두 그룹 간의 판매실적에는 차이가 있다)

2.1 분석 절차

2.1.1 독립표본 t-검정의 실행

① 데이터베이스 작성

먼저 SPSS를 열고 PASW Statistics Data Editor 상에서 변수 보기(V)를 클릭하여 변수 '그룹' 및 '판매실적'을 입력한 다음, 데이터 보기(D)를 클릭하여 변수 값을 입력한다(〈그림 2-1〉). 분석이 끝난 후에는 '독립t검정.sav'로 저장해둔다.

② 다음 절차를 실행함으로써 독립표본 t-검정을 시작한다.

분석(A) → 평균비교(M) → 독립표본 t-검정(T) …

그림 2-1 　독립표본 t-검정 데이터 입력

2.1.2 변수 지정 및 집단의 정의

- 〈그림 2-2〉와 같이 검정변수(T)에는 종속변수인 '판매실적'을, 집단변수(G)에는 독립 변수인 '그룹'을 지정한다.

그림 2-2 　독립표본 t-검정의 변수 지정

- 〈그림 2-2〉에서 집단정의(D)를 클릭해 집단정의 대화상자를 연다. 〈그림 2-3〉과 같이 집단 1은 1로, 집단 2는 2로 입력한다. 집단변수에 사용되는 변수는 반드시 두 집단으로만 구분된 변수를 사용해야 한다(집단이 셋 이상일 경우 독립표본 t-검정이 아닌 ANOVA, 즉 분산분석을 실시한다).

| 그림 2-3 | 독립표본 t-검정의 집단정의 |

2.1.3 옵션 선택

신뢰수준을 바꾸거나 결측값을 통제하기 위해 사용되는 옵션으로, 이 항목들 중 〈그림 2-4〉에서 기본 설정된 항목들을 선택한다.

- 분석별 결측값 제외(A): 특정 분석의 대상이 되는 변수 값이 결측된 케이스만 분석에서 제외한다.
- 목록별 결측값 제외(L): 모든 케이스의 변수 값들 중 어떤 변수 값이라도 결측되면 모든 분석에서 제외한다.

| 그림 2-4 | 옵션 항목 선택 |

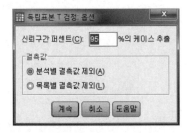

2.2 분석 결과 및 해석

2.2.1 기술통계량

독립표본 t-검정의 출력 내용에는 다음 표와 같이 각 집단의 케이스 수, 평균, 표준편차, 표준오차 등을 나타내는 집단통계량이 제시된다.

표 2-2   집단통계량

	그룹	N	평균	표준편차	평균의 표준오차
판매실적	1	25	36.80	6.560	1.312
	2	25	34.27	4.955	.991

2.2.2 집단 간 평균 차이의 유의성 검정

독립표본 t-검정의 유의성을 검정하기 위해서는 먼저 두 집단 분산의 동일성 여부를 확인해야 한다. 분산의 동일성 여부에 대한 검정은 〈표 2-3〉의 독립표본 t-검정 결과에서 Levene의 등분산 검정에 제시된 F 값을 이용하면 된다. 이 검정의 귀무가설은 "두 집단의 분산이 동일하다"이다. 따라서 F 값의 유의확률이 연구자가 설정한 유의수준(α)보다 크면 귀무가설이 채택되어 두 집단의 분산이 동일하다고 가정할 수 있다. 그러나 유의확률이 유의수준보다 작을 경우 두 집단의 분산이 동일하다고 가정할 수 없다. 여기서는 F 값의 유의확률이 0.05보다 크므로 5%의 유의수준에서 등분산의 가정이 성립함을 알 수 있다.

표 2-3   독립표본 t-검정

		Levene의 등분산 검정		평균의 동일성에 대한 t-검정						
		F	유의확률	t	자유도	유의확률 (양쪽)	평균차	차이의 표준오차	차이의 95% 신뢰구간	
									하한	상한
판매 실적	등분산이 가정됨	.633	.430	1.541	48	.130	2.533	1.644	-.773	5.839
	등분산이 가정되지 않음			1.541	44.661	.130	2.533	1.644	-.779	5.846

본 예에서 t 값은 1.541이고, 양측검정의 유의확률이 0.130으로서 0.05보다 크므로 5%

의 유의수준에서 귀무가설을 채택한다. 그러므로 판매실적의 평균은 두 그룹 간에 유의한 차이가 없다는 결론을 내린다.

3 SPSS를 이용한 대응표본 t-검정

연구 문제

어느 회사 영업사원 50명의 1분기 판매실적과 2분기 판매실적 사이에 평균 차이가 있는지 검증하고자 한다. 하나의 모집단 내에서 표본의 값들이 서로 짝을 이루는 경우이다.

표 2-4 대응표본 t-검정 입력 자료

케이스	1분기 판매실적	2분기 판매실적	케이스	1분기 판매실적	2분기 판매실적
1	35	37	26	33	37
2	33	37	27	30	37
3	24	27	28	25	33
4	33	40	29	23	30
5	21	27	30	23	30
6	33	40	31	23	30
7	23	30	32	26	33
8	21	27	33	33	43
9	33	40	34	31	37
10	16	23	35	21	30
11	26	33	36	27	33
12	21	27	37	25	37
13	33	37	38	31	37
14	33	40	39	26	33
15	34	40	40	23	30
16	37	43	41	34	40
17	38	43	42	25	30
18	43	50	43	27	33
19	30	37	44	25	27
20	33	37	45	22	27
21	43	47	46	28	33
22	33	40	47	31	37
23	31	37	48	35	43
24	37	43	49	32	37
25	32	40	50	32	40

가설검증을 위한 귀무가설과 대립가설은 다음과 같다. 단, D_0는 귀무가설로 설정된 대응표본의 평균 차이를 나타낸다.

- 귀무가설 H_0: $D_0 = 0$ (1분기 판매실적과 2분기 판매실적은 차이가 없다)
- 대립가설 H_1: $D_0 \neq 0$ (1분기 판매실적과 2분기 판매실적은 차이가 있다)

3.1 분석 절차

3.1.1 대응표본 t-검정의 실행

① 데이터베이스 작성

먼저 SPSS를 열고 PASW Statistics Data Editor 상에서 변수 보기(V)를 클릭하여 변수 '판매실적 1분기'와 '판매실적 2분기'를 입력한 다음, 데이터 보기(D)를 클릭하여 변수 값을 입력한다(〈그림 2-5〉). 분석이 끝난 후에는 '대응t검정.sav'로 저장해둔다.

그림 2-5   대응표본 t-검정 데이터 입력

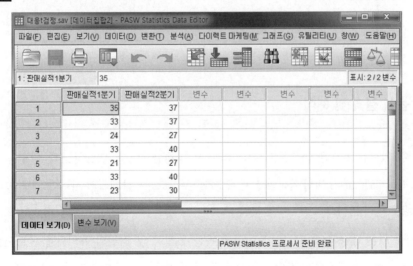

② 다음 절차를 실행함으로써 대응표본 t-검정을 시작한다.

분석(A) → 평균비교(M) → 대응표본 t-검정(T) ···

3.1.2 대응변수 지정

〈그림 2-6〉에서와 같이 왼쪽의 변수 상자에서 차이 검정을 실시하고자 하는 두 변수, 즉 '판매실적 1분기'와 '판매실적 2분기'를 차례로 선택하여 대응변수(V)에 보낸다.

- 옵션(O)을 클릭하여 신뢰구간 퍼센트(C)와 결측값 처리방법을 결정한다.
- 계속을 클릭하고, 이어서 확인을 클릭한다.

그림 2-6   대응표본 t-검정 변수 지정

3.2 분석 결과 및 해석

〈표 2-5〉와 〈표 2-6〉은 대응표본 t-검정의 주요 통계량들이다. 대응하는 두 변수, 즉 1분기 판매실적과 2분기 판매실적의 상관계수가 0.947로, 두 판매실적 사이에 매우 높은 상관관계를 보이고 있다.

〈표 2-7〉은 대응차(짝지은 값의 차이)에 관한 통계량 및 검정의 유의확률을 보여준다. 여기서 t 값은 두 대응표본 간의 차이 평균을 차이 평균의 표준오차로 나눈 값이다. 이 표

를 보면 t 값은 -22.564, 자유도 49로 양측검정의 유의확률이 0.000으로 나타나 0.05보다 작으므로 유의수준 5%에서 귀무가설을 기각한다. 그러므로 1분기 판매실적과 2분기 판매실적의 평균에 차이가 있다고 볼 수 있다.

구체적으로는 2분기 판매실적이 1분기 판매실적보다 더 높으며, 두 영업 기간의 판매실적에는 유의적인 차이가 있다는 결론을 내리게 된다.

표 2-5 대응표본 통계량

		평균	N	표준편차	평균의 표준오차
대응 1	1분기 판매실적	29.39	50	5.919	.837
	2분기 판매실적	35.53	50	5.894	.834

표 2-6 대응표본 상관계수

		N	상관계수	유의확률
대응 1	1분기 판매실적 & 2분기 판매실적	50	.947	.000

표 2-7 대응표본 검정

		대응차					t	자유도	유의확률 (양쪽)
		평균	표준편차	평균의 표준오차	차이의 95% 신뢰구간				
					하한	상한			
대응 1	1분기 판매실적 ~ 2분기 판매실적	-6.147	1.926	.272	-6.694	-5.599	-22.564	49	.000

4 SPSS를 이용한 집단 간 비율 차이 검정

연구 문제

남성과 여성 사이에 A 정당에 대한 지지율에 차이가 있는지를 알아보기 위해 남성 30명과 여성 30명을 표본으로 추출하여 조사한 결과, 남성은 12명, 여성은 9명이 이 정당을 지지한다고 응답했다고 한다. 남성 표본의 지지율은 12 / 30 = 40%, 여성 표본의 지지율은 9 / 30 = 30%, 전체 지지율은 21 / 60 = 35%이다. A 정당에 대한 남성과 여성의 지지율은 차이가 있다고 볼 수 있을까?

4.1 집단 간 비율 차이에 대한 가설검정

먼저 표본조사 결과를 2 × 2 형태의 교차표(crosstabulation)로 정리하면 〈표 2-8〉과 같다. 교차표는 범주형 변수 간의 관계를 파악하는 데 유용한 빈도표이다.

표 2-8 집단별 지지 여부 교차표

		지지 여부		전체
		지지한다	지지하지 않는다	
집단	남성	12	18	30
	여성	9	21	30
전체		21	39	60

이 문제의 귀무가설과 대립가설은 다음과 같다.

- 귀무가설 H_0: $P_1 = P_2$ (두 집단의 지지율에 차이가 없다)
- 대립가설 H_1: $P_1 \neq P_2$ (두 집단의 지지율에 차이가 있다)

연구자는 앞의 1.2.3에서 소개한 Z 통계량을 사용하여 두 집단에 대한 비율 차이 검정을 실시해야 한다. 이를 위해 먼저 유의수준 5%에서의 임계치(Z_c)를 구하면 Z_{c1} = -1.96, Z_{c2} = 1.96이다. 다음으로 Z 통계량의 산출식을 이용하여 이 검정통계량의 값을 구하면 다음과 같이 Z = 0.812이다. 단, $\hat{p}_1$ = 0.4, $\hat{p}_2$ = 0.3, $\hat{p}$ = 0.35, $\hat{q}$ = 0.65, $n_1 = n_2 = 30$ 이다.

$$Z = \frac{(0.4 - 0.3)}{\sqrt{\frac{(0.35)(0.65)}{30} + \frac{(0.35)(0.65)}{30}}}$$

$$= 0.812$$

따라서 $Z_{c1} \langle Z \langle Z_{c2}$이므로 귀무가설을 받아들인다. 그러므로 남성과 여성 사이에 A 정당에 대한 지지율에는 차이가 없다고 볼 수 있다.

4.2 SPSS를 이용한 집단 간 비율 차이 검정

SPSS에는 두 모집단의 비율 차이 검정에 이용할 수 있는 분석기법이 제시되어 있지 않다. 다만 13장 비모수통계에서 다루는 카이제곱(χ^2) 독립성 검정을 이용하면 이 문제에 대한 해결이 가능하다. 이것이 가능한 것은 성별 집단과 지지 여부가 모두 범주형 변수이기 때문이다. 한 가지 중요한 사실은 Z-검정과 카이제곱 검정은 동일한 결과를 산출한다는 점이다. 표준정규 통계량(Z)과 카이제곱 통계량(χ^2) 사이에는 기본적으로 $Z^2 = \chi^2$의 관계가 성립하기 때문이다.

집단 간 비율 차이를 검정하는 데 카이제곱 독립성 검정을 이용하는 경우 다음과 같은 가설이 설정된다.

- H_0: 성별과 지지 여부는 상호 독립이다.
- H_1: 성별과 지지 여부는 상호 독립이 아니다.

① 변수 및 데이터 입력
- PASW Statistics Data Editor 상에서 변수 보기(V)를 클릭하여 두 변수 '집단' 및 '지지 여부'를 입력한다.
- 데이터 보기(D)를 클릭하여 각 변수별로 데이터를 입력한다.

② 분석 절차의 실행

- 다음 절차를 실행하여 교차분석 대화상자를 연다.

분석(A) → 기술통계량(E) → 교차분석(C) …

- 교차분석 대화상자에서 변수 '집단'을 행(W)으로 보내고 변수 '지지 여부'를 열(C)로 보낸다. 오른쪽 옵션에서 **통계량(S)**을 클릭한 후 출력을 원하는 통계량으로 '카이제곱(H)'을 지정한다. 확인을 클릭하여 카이제곱 독립성 검정의 분석 결과를 확인한다.

카이제곱 검정에 의한 집단 간 비율 차이 검정 결과는 〈표 2-9〉와 같다(더욱 자세한 내용은 13장의 카이제곱 독립성 검정을 참조하기 바란다).

표 2-9 카이제곱 검정

	값	자유도	유의확률(양측검정)
Pearson 카이제곱	0.659	1	0.417

이 표를 보면 카이제곱 값 0.659, 유의확률 0.417로서 5% 수준에서 귀무가설을 받아들이게 된다(참고로 이 예에서 $Z^2 = 0.812^2 = 0.659 = \chi^2$임을 확인할 수 있다). 따라서 "성별과 지지 여부는 상호 독립이다", 즉 "남성과 여성 사이에 A 정당에 대한 지지율에 차이가 없다"는 결론을 내릴 수 있다.

Chapter 03 상관관계 분석

1 상관관계 분석의 개요

1.1 상관관계 분석의 의의

상관관계 분석(correlation analysis, 이하 '상관분석'이라 함)은 두 변수 사이의 관련성의 크기를 계량화하는 데 사용되는 분석방법이다. 단순회귀분석이 독립변수와 종속변수의 관계식을 도출하여 독립변수로부터 종속변수의 값을 예측하는 데 초점을 둔 분석방법인 반면, 상관분석은 단지 두 변수 사이의 관련성의 크기를 계량화하는 데 목적을 두기 때문에 어느 것이 원인변수이고 어느 것이 결과변수인지에 대해서는 아무런 정보를 제공하지 않는다. 상관분석을 실시하기 위해서는 한 쌍으로 관측되는 (X, Y)의 조합들이 이변량 정규분포(bivariate normal distribution)를 따른다는 가정이 충족되어야 한다.

상관분석이 이용되는 예를 들면 다음과 같다.

• 경제 상황과 범죄 빈도는 서로 관계가 있는가?

- 기업의 매출액은 광고비 지출과 관계가 있는가?

- 음식 섭취량과 비만은 서로 관계가 있는가?

두 변수 간의 관련성을 나타내기 위해서는 산포도(scatter chart)와 같이 좌표상에 관측된 데이터를 표시하여 데이터 분포의 패턴을 확인하는 방법도 있으나, 정형화된 지표를 산출하여 관련성의 정도를 계량화하는 것이 바람직하다. 상관분석에서 두 변수 간의 상관관계 정도를 나타내는 지표가 곧 상관계수(correlation coefficient)이다.

상관계수는 여러 유형의 변수 관계 중 특히 선형적 관계(linear relationship)와 관련이 있다. 선형적 관계가 아니면 한 변수와 다른 변수 사이에 일대일 대응관계가 존재하지 않아서 한 변수의 변화를 통해 다른 변수의 변화를 제대로 예측할 수 없기 때문이다. 따라서 상관계수는 이차함수적 관계나 원 관계 등, 비선형적 관계와는 아무런 관련이 없다. 보편적으로 이용되는 상관계수가 피어슨(Pearson) 상관계수(r)이다. 이는 등간척도, 비율척도 등의 계량적 변수들 사이의 상관관계를 나타내는 데 이용된다.

1.2 공분산과 상관계수

상관계수의 개념을 이해하기 위해서는 먼저 공분산(covariance)의 개념을 알아야 한다. 공분산은 두 변수 간의 선형종속성(linear dependence)을 나타내는 척도로서, 한 변수가 변화할 때 다른 변수가 얼마나 선형적 종속관계를 유지하면서 같이 변화하느냐를 나타낸다. 따라서 두 변수 간의 관계가 이차함수나 원 등, 비선형적 종속관계일 경우에는 공분산의 값이 0이거나 0에 가까워진다.

만약 n개의 쌍으로 이루어진 관측치 (X_1, Y_1), (X_2, Y_2) ⋯ (X_n, Y_n)가 주어져 있을 때, 두 확률변수 X와 Y 간의 공분산은 다음과 같이 정의된다. 여기서 μ_X, μ_Y는 각각 확률변수 X, Y의 모집단 평균을 나타내고 $\bar{X}$, $\bar{Y}$는 X, Y의 표본평균을 나타낸다. 또한 N은 모집단의 크기이고 n은 표본의 크기이다. 표본의 공분산에서 분모가 n−1인 것은 자유도와 관계가 있다.

$$\text{모집단의 경우: } COV(X,Y) = \frac{\sum(X_i - \mu_X)(Y_i - \mu_Y)}{N}$$

$$\text{표본의 경우: } COV(X,Y) = \frac{\sum(X_i - \overline{X})(Y_i - \overline{Y})}{n-1}$$

만약 공분산의 값이 양(+)이면, 이는 두 변수가 양의 선형종속관계가 있음을 의미하며, 이 경우 한 변수가 증가하면 다른 변수도 같이 증가하게 된다. 반대로 이 값이 음(−)이면, 이는 두 변수 간에 음의 선형종속관계가 있음을 의미하며, 이 경우 한 변수가 증가하면 다른 변수는 감소하게 된다. 공분산의 값이 0이면 두 변수 간에 선형종속관계가 존재하지 않음을 의미한다.

이러한 공분산의 단점은 동일한 자료인데도 측정단위(kg, g, m, cm 등)가 무엇이냐에 따라 그 값이 달라지며, 그 값이 취하는 범위가 무한대라는 점이다. 이 때문에 공분산 값 자체로는 두 변수 간 선형종속성의 존재 여부와 두 변수의 변화 방향은 파악할 수 있어도, 선형종속성의 강도가 어느 정도인지는 자신 있게 말할 수 없다. 이러한 단점을 보완할 수 있는 선형종속성의 지표가 곧 상관계수이다. 상관계수는 이론상 공분산을 두 변수의 표준편차의 곱으로 나눔으로써 공분산을 표준화시킨 선형종속성의 지표로 정의된다. 이러한 표준화의 결과로 상관계수는 언제나 −1과 +1 사이의 값을 취하게 된다.

상관계수의 산출 공식은 다음과 같다. 단, σ_X, σ_Y는 확률변수 X, Y의 모집단 표준편차를 나타내고 S_X, S_Y는 X, Y의 표본 표준편차를 나타낸다.

$$\text{모집단의 경우: } \rho = \frac{COV(X,Y)}{\sigma_X \sigma_Y}$$

$$\text{표본의 경우: } r = \frac{COV(X,Y)}{S_X S_Y}$$

이와 같이 산출되는 표본상관계수(sample correlation coefficient)를 특별히 피어슨 상관계수라고 부른다. 두 변수 간의 선형종속관계가 강할수록 상관계수는 +1 또는 −1에 가까워진다. 또 측정된 데이터가 좌표상에서 양(+)의 기울기를 갖는 직선의 패턴을 보이면 상관계수는 양(+)의 값을 취하게 되고, 음(−)의 기울기를 갖는 직선의 패턴을 보이면 상관계수는 음(−)의 값을 취하게 된다. 만약 한 변수(X)가 다른 변수(Y)와 아무런 오차 없이 정확한 선형종속관계를 갖는다면 상관계수(r)는 1 또는 −1이 된다. 또한 선형종속관계를 전혀 갖지 않는 경우 상관계수는 0이 된다. 이는 한 변수로 다른 한 변수를 전혀 예측할 수 없음을 의미한다. 이러한 내용을 그림으로 설명하면 〈그림 3-1〉과 같다.

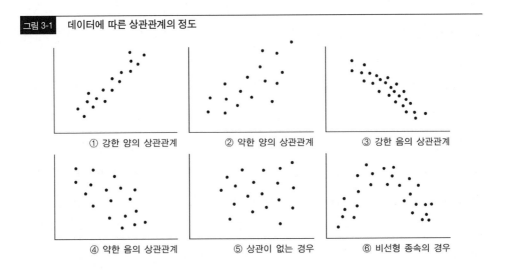

그림 3-1 데이터에 따른 상관관계의 정도

① 강한 양의 상관관계　　② 약한 양의 상관관계　　③ 강한 음의 상관관계

④ 약한 음의 상관관계　　⑤ 상관이 없는 경우　　⑥ 비선형 종속의 경우

1.3 상관분석에서의 가설검정

상관분석에서 귀무가설과 대립가설은 다음과 같다. 즉, 귀무가설은 "두 변수 사이에 상관관계가 존재하지 않는다"이다.

$$H_0: \rho = 0, \quad H_1: \rho \neq 0$$

두 가설 중 어느 것이 타당성이 있는지를 검증하기 위해서는 먼저 유의수준(α)을 설정해야 한다. 유의수준은 주로 $\alpha = 0.05$를 많이 사용한다. 검정통계량은 t이다.

다음에는 자유도와 유의수준에 의해 t 분포의 임계치를 구하여 귀무가설의 채택역과 기각역을 설정한다. 여기서 표본 상관계수에 대한 검정통계량 t 값을 구하고 이 t 값과 임계치를 비교하여 귀무가설의 채택 여부를 결정한다. 산출된 t 값이 임계치보다 작으면 귀무가설을 받아들여 두 변수 간의 상관관계에 유의성이 없다고 결론을 내리고, 반대의 경우, 즉 t 값이 임계치보다 크면 대립가설을 받아들여 두 변수 사이에 유의적 상관관계가 존재한다는 결론을 내린다. 일반적으로 상관계수가 0.40 이상이면 상관관계에 유의성이 있는 것으로 보며, 특히 상관계수가 0.70 이상이면 상관관계가 매우 높은 것으로 본다.

2 SPSS를 이용한 피어슨 상관분석

2.1 분석 절차

여기서는 어느 제품 50개를 대상으로 이 제품의 판촉비, 광고비, 판매실적을 조사한 결과를 토대로 세 변수 간의 상관관계를 분석하고 유의성을 검증하는 예를 들고자 한다.

표 3-1 상관관계 입력 자료

케이스	판촉비	광고비	판매실적	케이스	판촉비	광고비	판매실적
1	18	35	37	26	15	33	37
2	16	33	37	27	17	30	37
3	16	24	27	28	12	25	33
4	17	33	40	29	13	23	30
5	8	21	27	30	11	23	30
6	11	33	40	31	12	23	30
7	10	23	30	32	13	26	33
8	12	21	27	33	19	33	43
9	16	33	40	34	16	31	37
10	8	16	23	35	8	21	30
11	13	26	33	36	12	27	33

12	15	21	27	37	13	25	37
13	16	33	37	38	16	31	37
14	15	33	40	39	13	26	33
15	17	34	40	40	11	23	30
16	18	37	43	41	14	34	40
17	20	38	43	42	13	25	30
18	21	43	50	43	16	27	33
19	15	30	37	44	12	25	27
20	16	33	37	45	11	22	27
21	21	43	47	46	16	28	33
22	14	33	40	47	17	31	37
23	23	31	37	48	11	35	43
24	18	37	43	49	13	32	37
25	15	32	40	50	18	32	40

① 데이터베이스 작성

먼저 SPSS를 열고 PASW Statistics Data Editor 상에서 변수 보기(V)를 클릭하여 변수 '판촉비', '광고비', '판매실적'을 입력한 다음, 데이터 보기(D)를 클릭하여 변수 값을 입력한다 (〈그림 3-2〉). 분석이 끝난 후에는 '상관분석.sav'로 저장해둔다.

그림 3-2 상관분석 데이터 입력

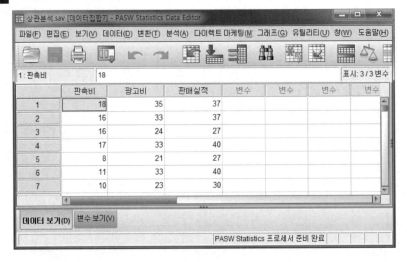

② 다음 절차를 실행함으로써 상관분석을 시작한다.

분석(A) → 상관분석(C) → 이변량 상관계수(B) …

상관분석에 도입되는 변수는 원칙적으로 계량적 변수(등간척도, 비율척도)여야 한다. 그러나 경우에 따라서 비계량적 변수(서열척도 등)에 대한 상관분석도 가능하다(〈표 3-2〉 참조).

③ 변수 지정

이변량 상관계수 대화상자의 왼쪽 변수 창에서 '판촉비', '광고비', '판매실적'의 세 변수를 변수(V) 상자로 보낸다. 이어서 상관계수 중 Pearson을 선택한 다음, 오른쪽에서 **옵션(O)** 을 클릭하여 유의성 검정에 필요한 옵션을 선택한다(본 예는 계량적 변수들 사이의 상관관계를 분석하므로, Kendall의 타우-b나 Spearman의 상관계수는 관계가 없다).

그림 3-3 분석 대상 변수 지정

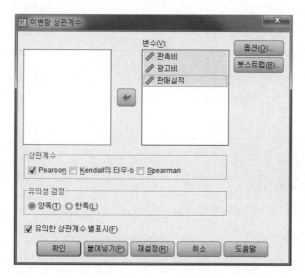

상관계수와 유의성 검정 항목에 대한 설명은 다음의 〈표 3-2〉와 같다.

이변량 상관계수 선택 항목

항목	기능
Pearson	사각형의 상관계수 행렬이 전개된다. 자기변수와의 상관계수는 항상 1이며 행렬의 대각선상에 나타난다. 각 변수는 동일한 계수 값으로 행렬상에서 두 번씩 나타난다.
Kendall의 타우-b	서열척도 간 상관계수로, 아래쪽 삼각형 행렬에서 모든 다른 변수와 변수의 상관관계를 나타낸다. 대각선상의 변수 자체의 상관계수 값과 중복되는 계수 값은 나타나지 않는다.
Spearman	서열척도 간 상관계수로, 스피어만의 로(rho)로 표시한다. 아래쪽 삼각형 행렬만이 나타난다.
유의성 검정 • 양쪽 • 한쪽	유의성 검정 항목으로 다음 중 하나를 선택할 수 있다. • 양측검정 • 단측검정
유의한 상관계수 별 표시	실제 유의수준을 나타낸다. 별표가 붙은 유의수준을 나타내려면 이 항목을 선택한다. 별표의 수는 상관계수의 유의수준으로서, 0.05에서 유의하면 한 개의 별표(*)로, 0.01에서 유의하면 두 개의 별표(**)로 나타난다.

2.2 분석 결과 및 해석

2.2.1 기술통계량

기술통계량에서는 판촉비, 광고비, 판매실적의 세 변수에 대한 평균과 표준편차를 제시하고 있다.

표 3-3 기술통계량

	평균	표준편차	N
판촉비	14.62	3.374	50
광고비	29.39	5.919	50
판매실적	35.53	5.894	50

2.2.2 상관관계의 유의성

다음의 〈표 3-4〉는 세 변수에 대한 피어슨 상관계수와 유의확률을 제시하고 있다. 판촉비와 광고비 간의 상관계수는 0.755이고 유의확률이 0.000으로서 0.01의 유의수준에서 귀무가설이 기각되어 두 변수 간에 매우 유의적인 상관관계가 존재함을 알 수 있다. 같은 방법으로 판촉비와 판매실적, 그리고 광고비와 판매실적 사이에도 매우 유의적인 상관관계가 존재하는 것으로 나타나고 있다.

표 3-4	상관계수			
		판촉비	광고비	판매실적
판촉비	Pearson 상관계수	1	.755**	.683**
	유의확률(양쪽)		.000	.000
	N	50	50	50
광고비	Pearson 상관계수	.755**	1	.947**
	유의확률(양쪽)	.000		.000
	N	50	50	50
판매실적	Pearson 상관계수	.683**	.947**	1
	유의확률(양쪽)	.000	.000	
	N	50	50	50

**. 상관계수는 0.01 수준(양쪽)에서 유의합니다.

3 편상관분석

3.1 개요

편상관분석(partial correlations)은 여러 개의 변수 중 어느 두 변수에 영향을 미칠 수 있는 제3의 변수를 통제한 상태에서 이 두 변수 사이의 순수한 상관관계를 분석하는 기법이다. 이와 같이 제3의 변수를 통제하는 것은 이 변수가 다른 특정의 두 변수와 상관관계가 높아 두 변수 사이의 진정한 상관관계를 알 수 없도록 만들기 때문이다. 앞의 예에서 광고비와 판매실적은 판촉비의 영향을 받을 수 있기 때문에 판촉비를 통제하지 않으면 광고비와 판매실적 사이의 진정한 상관관계를 파악할 수 없을 것이다.

여기서는 SPSS를 이용한 편상관분석의 방법을 설명하되, 앞의 피어슨 상관분석 데이터를 그대로 사용하고자 한다. 특히 판촉비를 통제한 상태에서 광고비와 판매실적 사이의 편상관관계를 분석해보기로 한다.

3.2 분석 절차

① 데이터베이스 작성

먼저 SPSS를 열고 PASW Statistics Data Editor 상에서 **변수보기(V)**를 클릭하여 변수 '판촉비', '광고비', '판매실적'을 입력한 다음, **데이터 보기(D)**를 클릭하여 변수 값을 입력한다(〈그림 3-4〉).

② 다음 절차에 따라 편상관분석을 실행한다.

분석(A) → 상관분석(C) → 편상관계수(R) …

그림 3-4 편상관분석 데이터 입력

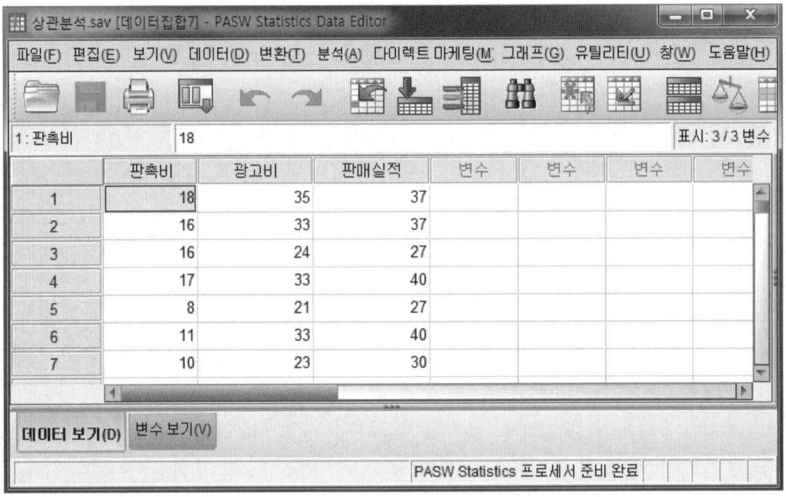

	판촉비	광고비	판매실적	변수	변수	변수	변수
1	18	35	37				
2	16	33	37				
3	16	24	27				
4	17	33	40				
5	8	21	27				
6	11	33	40				
7	10	23	30				

③ 분석 대상 변수 지정

〈그림 3-5〉에서 변수 상자에 '광고비'와 '판매실적'을 보내고, 제어변수(C) 상자에 '판촉비'를 보낸다.

| 그림 3-5 | 분석 대상 변수 지정 |

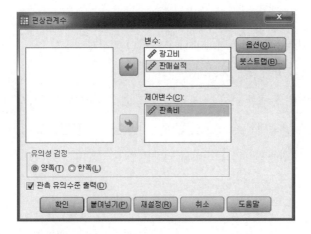

3.3 분석 결과 및 해석

3.3.1 기술통계량

〈표 3-5〉의 기술통계량에는 세 가지 변수, 즉 광고비, 판매실적 및 판촉비에 대한 평균과 표준편차가 제시되어 있다. 여기서 판촉비가 맨 아래 위치해 있는 것은 이 변수가 통제변수(제어변수)로 사용되었다는 것을 나타낸다.

표 3-5	기술통계량		
	평균	표준 편차	N
광고비	29.39	5.919	50
판매실적	35.53	5.894	50
판촉비	14.62	3.374	50

3.3.2 결과 및 해석

다음의 〈표 3-6〉은 통제변수로 사용된 판촉비를 포함한 상관관계를 보여준다. 특히 이 표의 윗부분은 판촉비를 통제변수로 지정하지 않은 상태에서의 단순상관관계를 보여준다. 여기서는 광고비와 판매실적 모두 판촉비와 매우 유의적인 상관관계가 있다는 것을 알 수 있다.

표의 아랫부분은 판촉비를 통제변수로 지정한 상태에서 광고비와 판매실적 간의 순수한 상관관계를 보여준다. 광고비와 판매실적 간의 편상관계수의 값(0.900)은 통제변수가 없는 경우(0.947)에 비해 낮게 나타나고 있다.

이처럼 판촉비를 통제할 때와 통제하지 않을 때 광고비와 판매실적 사이의 상관관계가 달라지는 것은 판촉비가 광고비 및 판매실적과 높은 상관관계를 가지고 있고 이로 인해 두 변수 사이의 상관관계가 판촉비의 영향을 받고 있기 때문이라고 해석할 수 있다.

표 3-6 편상관계수

통제변수			광고비	판매실적	판촉비
지정하지 않음[a]	광고비	상관	1.000	.947	.755
		유의수준(양측)	.	.000	.000
		df	0	48	48
	판매실적	상관	.947	1.000	.683
		유의수준(양측)	.000	.	.000
		df	48	0	48
	판촉비	상관	.755	.683	1.000
		유의수준(양측)	.000	.000	.
		df	48	48	0
판촉비	광고비	상관	1.000	.900	
		유의수준(양측)	.	.000	
		df	0	47	
	판매실적	상관	.900	1.000	
		유의수준(양측)	.000	.	
		df	47	0	

a. 셀에 0차 (Pearson) 상관이 있습니다.

Chapter 04 분산분석

1 분산분석의 개요

1.1 분산분석의 의의

분산분석(ANOVA: Analysis of Variance)은 셋 이상의 집단 사이에 평균의 차이가 있는지를 검증하는 데 이용되는 통계분석 기법이다. 일반적으로 분산분석에서 독립변수는 집단을 구분하는 명목척도로 측정되는 변수여야 하고, 종속변수는 등간척도나 비율척도로 측정되는 변수여야 한다. 특히 독립변수는 처방(prescription) 또는 처리(treatment)라는 의미를 갖는데, 분산분석에서는 이를 요인(factor)이라 부른다.

분산분석이 이용되는 몇 가지 예를 들면 다음과 같다.

- 소비자들을 교육 수준에 따라 고졸 이하, 대졸, 대학원졸의 세 집단으로 구분한 후 각 집단 별로 특정 제품의 매출액에 차이가 나는지 분석하려는 경우
- 감기 환자들을 상대로 양방, 한방, 물리적 처방(수면, 운동, 사우나 등)의 세 가지 처방을 제

시한 후 각 처방의 효력에 차이가 있는지 확인하려는 경우

- 유권자들을 지역에 따라 대도시, 중도시, 소도시, 시골로 분류하고, 각 지역별로 특정 정당
  에 대한 지지도에 차이가 나는지 분석하려는 경우

분산분석에서는 사후분석을 실시한다. 사후분석은 귀무가설이 기각되어 모든 집단의
평균이 같지는 않다는 결론에 이르렀을 때, 어느 집단의 평균이 크고 작은지를 알아보기
위해 모든 집단을 두 개씩 조합하여 각 집단 간의 평균 차이를 비교하는 것을 말한다.

분산분석에서는 각 모집단이 정규분포를 이루며, 각 집단의 분산이 동일하다고 가정
한다.

1.2 분산분석의 종류

분산분석은 독립변수의 수에 따라 일원분산분석(one-way ANOVA)과 다원분산분석(multiple-
way ANOVA)으로 나뉜다. 일원분산분석은 독립변수가 하나인 경우에, 다원분산분석은
독립변수가 두 개 이상인 경우에 사용된다. 다원분산분석을 요인설계(FD: Factorial Design)
라고도 한다. 또 종속변수의 수에 따라 일변량 분산분석(univariate ANOVA)과 다변량 분
산분석(MANOVA: Multivariate Analysis of Variance)으로 나뉜다. 이 중 전자는 종속변수가
단 하나라고 가정하는 경우에 이용되며, 후자는 종속변수가 둘 이상이라고 가정하는 경
우에 이용된다.

이 외에도 분산분석에는 공변량 분산분석(ANCOVA: Analysis of Covariance)이 있다. 이
는 다원분산분석의 특수한 예로서, 두 개의 독립변수 중 어느 하나는 통제변수로 처리하
고, 나머지 하나의 독립변수에 초점을 두어 이것이 종속변수에 미치는 영향을 분석하는
기법이다. 이 장에서는 일원분산분석과 다원분산분석을 다루고, 다변량 분산분석과 공
변량 분산분석은 다음 장에서 다루기로 한다.

1.3 분산분석의 기본 원리

분산분석은 비계량척도(특히 범주형 척도)인 독립변수의 변화가 계량척도(등간척도, 비율척도)인 종속변수의 변화에 영향을 미치는지 여부를 분석하는 데 목적이 있다. 이해를 돕기 위해 여기서는 비교 대상 모집단이 셋인 경우를 예로 들어 설명하고자 한다.

간단한 예로 교수의 강의방법이 학생들의 성적에 영향을 미치는지 검증하고자 한다고 하자. 강의방법은 필기에 의한 방법, 인쇄물 배포, 파워포인트를 통한 프레젠테이션의 세 가지이다. 총 12명의 표본을 세 집단으로 나누어 각기 다른 강의방법을 적용하고 시험을 치른 결과, 아래의 표와 같은 성적이 산출되었다고 한다.

표 4-1 강의방법별 성적

강의방법	필기	인쇄물	프레젠테이션	합계
	40	34	24	
	36	28	20	
	30	26	14	
	22	16	10	
평균	32	26	17	25

1.3.1 귀무가설과 대립가설

먼저 분산분석의 귀무가설과 대립가설은 다음과 같다. 귀무가설에서 세 집단의 평균이 같다는 것은 독립변수(강의방법)가 종속변수(성적)에 영향을 미치지 않음을 의미한다.

- 귀무가설 H_0: 세 집단의 평균이 모두 같다 ($\mu_1 = \mu_2 = \mu_3$).
- 대립가설 H_1: 세 집단의 평균이 모두 같지는 않다.

1.3.2 변동량

분산분석의 핵심 개념 중 하나인 변동량(variation)이란 한 집단 내에서 특정 변수의 값들이 얼마나 변동하고 있느냐를 나타내는 개념이다. 예를 들어 학생들의 성적은 평균 25점을 중심으로 최저 10점에서 최고 40점까지 광범위하게 변동하고 있다. 이를 특별히 총변동량(total variation)이라 하며, 다음과 같은 방식에 의해 산출된다.

$$\text{총변동량: } \sum_{i}^{4} \sum_{j}^{3} (X_{ij} - \overline{X})^2$$

$$= (40-25)^2 + (36-25)^2 + \cdots + (34-25)^2 + (28-25)^2 + \cdots + (10-25)^2$$

$$= 924$$

그런데 이러한 총변동량은 다시 집단들 간의 변동량과 각 집단 내에서의 변동량의 두 부분으로 나뉜다. 즉, 집단 간 변동량(between-group variation)과 집단 내 변동량(within-group variation)의 합이 곧 총변동량이 된다. 이 중 집단 간 변동량은 각 집단의 대표치(집단 평균)들이 총평균을 중심으로 얼마나 변동하고 있는지를 나타내고, 집단 내 변동량은 각 집단 내에서 변수 값들이 그 집단의 평균을 중심으로 얼마나 변동하고 있는지를 나타낸다. 이 두 변동량은 다음과 같이 산출된다.

$$\text{집단 간 변동량: } \sum_{j}^{3} 4(\overline{X}_j - \overline{X})^2$$

$$= 4(32-25)^2 + 4(26-25)^2 + 4(17-25)^2$$

$$= 456$$

$$\text{집단 내 변동량: } \sum_{i}^{4} \sum_{j}^{3} (X_{ij} - \overline{X}_j)^2$$

$$= (40-32)^2 + (36-32)^2 + \cdots + (34-26)^2 + (28-26)^2 + \cdots + (10-17)^2$$

$$= 468$$

1.3.3 검정통계량

집단 간 변동은 처방의 차이에 기인하는 변동량이라 할 수 있는 반면, 집단 내 변동량은 처방과는 관계없이 동일 집단 내에서 우연적 요인으로 발생하는 오차의 일종이다. 따라서 독립변수, 즉 처방변수가 종속변수에 영향을 미치는지 확인하기 위해서는 집단 간 변동량과 집단 내 변동량을 비교하면 된다. 만약 집단 간 변동량이 집단 내 변동량에 비해 훨씬 크면 이는 처방변수가 종속변수에 영향을 미친다는 뜻이고, 그렇지 않으면 처방변수가 종속변수에 영향을 별로 미치지 않는다는 뜻이다.

그러나 두 변동량을 직접 비교하는 대신에, 각 변동량을 자유도로 나눈 조정된 변동량(adjusted variation), 즉 평균 변동량(mean variation)을 각각 구한 다음, 이 두 평균 변동량을 비교해야 한다. 이 두 평균 변동량의 비율, 즉 평균 집단 간 변동량과 평균 집단 내 변동량의 비율은 분자의 자유도와 분모의 자유도를 모수로 하는 F 분포를 따르는 것으로 알려져 있다. 분산분석에서는 F 비율을 검정통계량으로 사용한다(〈표 4-2〉 참조).

- 검정통계량

  F = 평균 집단 간 변동량 / 평균 집단 내 변동량

  분자의 자유도 = g−1, 분모의 자유도 = n−g

  (n = 표본 크기, g = 집단의 수)

1.3.4 채택역과 기각역

만약 검정통계량인 F 값이 크면 이는 평균 집단 간 변동량이 평균 집단 내 변동량보다 더 크다는 뜻으로, 이 경우 "집단 간 평균에 차이가 없다"는 귀무가설이 기각될 가능성이 커지게 된다. 따라서 분산분석에서 기각역은 F 분포의 오른쪽 끝에 형성된다. 본 예에서 자유도는 2(g−1 = 2) 및 9(n−g = 9)이므로, 만약 유의수준(α)을 1%로 하면, 부록의 F 분포표에서 임계치는 F_c = F(2, 9, 0.01) = 8.02가 된다. 따라서 이 예의 채택역과 기각역은 다음의 〈그림 4-1〉과 같이 설정된다.

| 그림 4-1 | 채택역과 기각역 |

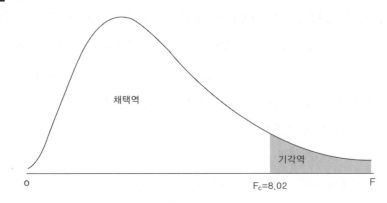

1.3.5 분산분석표(ANOVA table)

분산분석표는 검정통계량의 값인 F 비율이 산출되기까지의 과정을 일목요연하게 정리한 것으로, 여기에는 변수 값 변동의 원천, 변동량, 자유도, 평균 변동량 및 F 비율이 차례로 제시된다. 이 표에서 SSB(Sum of Squares Between groups)는 집단 간 변동량을 나타내고, SSW(Sum of Squares Within groups)는 집단 내 변동량을 나타낸다. 또한 제곱합(Sum of Squares)은 변동량이 $\sum(X_i - \bar{X})^2$, 즉 '제곱의 합' 형태를 띠기 때문에 붙여지는 개념이다.

SPSS를 이용하여 분산분석을 실시할 경우, 출력 결과의 분산분석표 맨 오른쪽 열에 P-value(유의확률)가 제시된다. 여기서 유의확률, 즉 P-value가 연구자가 설정하는 유의수준(α)보다 작으면 귀무가설을 기각시키지만, 반대의 경우는 귀무가설을 받아들인다.

| 표 4-2 | 분산분석표(ANOVA Table) |

변동의 원천	변동량(SS)	자유도	평균 변동량(분산)	F 비율
집단 간 변동	SSB = 456	$c-1 = 2$	MST = 228	F = MST / MSE
집단 내 변동	SSW = 468	$n-c = 9$	MSE = 52	= 4,385
전체 변동	TSS = 924	$n-1 = 11$		

1.3.6 의사결정

위 분산분석표에서 F 비율은 4.385로 임계치인 8.02보다 작다. 따라서 "세 집단의 평균에 차이가 없다"는 귀무가설을 기각시키지 못한다. 따라서 "1%의 유의수준에서 강의방법은 학생들의 성적에 유의적인 영향을 미치지 못한다"는 결론을 내린다.

2 SPSS를 이용한 일원분산분석

연구 문제

제품 50개를 대상으로 제품의 지역별 판매실적을 조사한 결과 〈표 4-3〉과 같이 나타났다. 이 자료를 토대로 지역에 따라 제품의 판매실적이 다른지 여부를 놓고 일원분산분석(one-way ANOVA)을 실시하고자 한다.

표 4-3 분산분석 입력 자료

지역 1					지역 2					지역 3				
					37	37	27	40	27	37	37	33	30	30
43	43	50	37	37	40	30	27	40	23	33	43	37	30	33
47	40	37	43	40	33	27	37	40	40	37	30	30	33	27
					30	37	33	40	43	27	33	37	37	40

가설검증을 위한 귀무가설과 대립가설은 다음과 같다.

- 귀무가설 H_0: 세 지역 간의 판매실적에는 차이가 없다($\mu_1 = \mu_2 = \mu_3$).
- 대립가설 H_1: 세 지역 간의 판매실적에는 차이가 있다($\mu_1 \neq \mu_2 \neq \mu_3$).

〈표 4-3〉의 자료를 입력하여 데이터베이스를 만들기 위해서는 이 자료를 다음의 〈표 4-4〉와 같이 재정리하는 것이 편리하다.

표 4-4	일원분산분석 SPSS 입력 자료				
케이스	지역별	판매실적	케이스	지역별	판매실적
1	1	43	26	3	33
2	1	43	27	3	43
3	1	50	28	3	37
4	1	37	29	3	30
5	1	37	30	3	33
6	1	47	31	3	37
7	1	40	32	3	30
8	1	37	33	3	30
9	1	43	34	3	33
10	1	40	35	3	27
11	2	37	36	3	27
12	2	37	37	3	33
13	2	27	38	3	37
14	2	40	39	3	37
15	2	27	40	3	40
16	2	40	41	2	30
17	2	30	42	2	37
18	2	27	43	2	33
19	2	40	44	2	40
20	2	23	45	2	43
21	2	33	46	3	37
22	2	27	47	3	37
23	2	37	48	3	33
24	2	40	49	3	30
25	2	40	50	3	30

2.1 분석 절차

2.1.1 SPSS의 시작

① 데이터베이스 작성

먼저 SPSS를 열고 PASW Statistics Data Editor 상에서 변수 보기(V)를 클릭하여 변수 '지

역별'과 '판매실적'을 입력한 다음, 데이터 보기(D)를 클릭하여 변수 값을 입력한다(〈그림 4-2〉). 분석이 끝난 후에는 '일원분산.sav'로 저장해둔다.

② 다음 절차를 실행함으로써 일원분산분석을 시작한다.

분석(A) → 평균비교(M) → 일원배치 분산분석(O) ⋯

그림 4-2 일원배치 분산분석의 데이터 입력

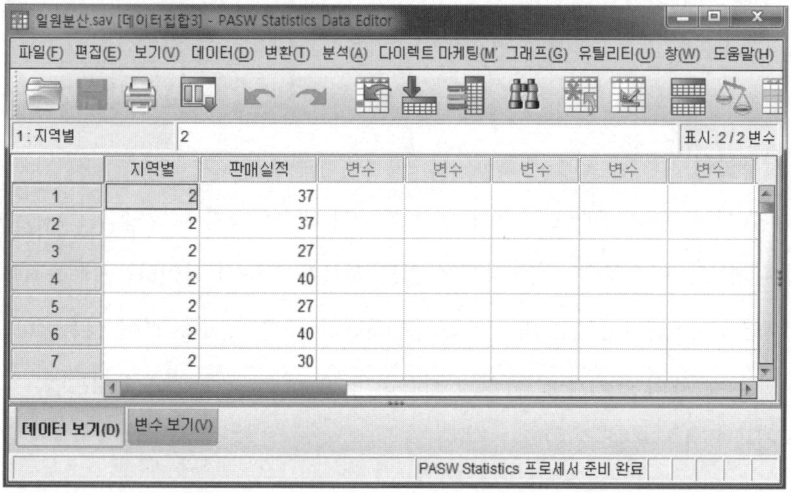

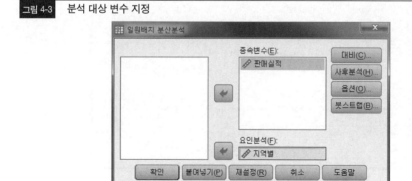

2.1.2 변수 지정

종속변수(E)에는 '판매실적'을, 요인분석(F)에는 독립변수인 '지역별'을 지정한다(〈그림 4-3〉).

그림 4-3 분석 대상 변수 지정

2.1.3 대비(C)

앞의 〈그림 4-3〉에서 대비(C)를 클릭하면 대비 대화상자가 나타난다. 대비(C)는 두 요인수준의 평균 차이를 검정하는 것을 말하며 쌍대 비교라고도 한다. 다항식과 차수는 1차에서 5차까지 선택할 수 있다. 계수는 사전분석에 대비할 집단의 가중치를 말한다(〈그림 4-4〉).

그림 4-4 대비

2.1.4 사후분석

〈그림 4-3〉에서 사후분석(H)을 클릭하면 사후분석 대화상자가 나타난다(〈그림 4-5〉). 사후분석은 어느 요인수준(집단)들 사이에 평균 차이가 있는지 확인하는 데 목적을 둔다. 일반적으로 Bonferroni, Scheffe, Tukey, Duncan 등의 방법을 많이 사용한다. 이 중 Tukey 법은 각 셀의 크기가 같을 때만 사용하며, Bonferroni 법과 Scheffe 법은 각 셀의 크기와 상관없이 사용할 수 있다.

그림 4-5 사후분석

2.1.5 옵션

옵션은 추가적 기술통계량, 분산의 동질성 검정 및
무응답치(결측값) 처리를 위한 것이다(〈그림 4-6〉).

- 기술통계(D): 평균, 표준편차 등을 보여준다.
- 분산 동질성 검정(H): Levene 통계량을 보여준다.
- 평균 도표(M): 종속변수의 평균을 도표로 보여
  준다.

그림 4-6   옵션

2.2 분석 결과 및 해석

2.2.1 기술통계량

〈표 4-5〉는 출력 결과, 각 집단의 케이스 수, 평균, 표준편차, 표준오차, 평균에 대한 95%
신뢰구간 , 최소값 및 최대값을 나타낸다.

표 4-5   기술통계량

판매실적								
	N	평균	표준편차	표준오차	평균에 대한 95% 신뢰구간		최소값	최대값
					하한값	상한값		
지역 1	10	41.67	4.513	1.427	38.44	44.90	37	50
지역 2	20	34.33	6.031	1.349	31.51	37.16	23	43
지역 3	20	33.67	4.312	.964	31.65	35.68	27	43
합계	50	35.53	5.894	.834	33.86	37.21	23	50

2.2.2 분산의 동질성 검정

〈표 4-6〉은 Levene 통계량을 이용한 분산의 동질성(등분산) 검정 결과이다. 이 검정의 귀
무가설은 "각 모집단의 분산이 같다"이며, 이 가설이 타당성이 없을 경우 분산분석 자체
에 문제가 제기된다. 여기서 Levene 통계량에 대한 유의확률은 0.073으로, $\alpha = 5\%$에서
귀무가설이 받아들여지기 때문에 등분산 가정에는 문제가 없다.

표 4-6　분산의 동질성 검정

판매실적			
Levene 통계량	df1	df2	유의확률
2.765	2	47	.073

2.2.3 분산분석 결과

〈표 4-7〉에서 집단 간 변동량의 자유도는 집단 수(3)−1 = 2이며, 집단 내 변동량의 자유도는 케이스 수(50)−집단 수(3) = 47이 된다. 평균제곱은 제곱합을 자유도로 나눈 값이고, F 값은 집단 간 평균제곱을 집단 내 평균제곱으로 나눈 값이다.

그리고 유의확률이 0.000이라는 것은 귀무가설이 기각되기 위해서는 유의수준(α)이 0.000 이상이어야 한다는 것을 의미한다. 이는 유의수준을 0.01, 0.05 또는 0.10 어느 수준으로 설정하든 유의확률(P-value)이 유의수준(α)보다 작기 때문에 귀무가설을 기각하고 대립가설을 채택할 수 있음을 의미한다. 결국 세 지역 간의 판매실적 차이에 유의성이 있음을 알 수 있다.

표 4-7　분산분석표

판매실적					
	제곱합	df	평균 제곱	F	유의확률
집단 간	474.667	2	237.333	9.085	.000
집단 내	1227.778	47	26.123		
합계	1702.444	49			

2.2.4 분산분석의 사후검정: 다중비교

〈표 4-8〉은 사후검정 결과를 나타낸다. 두 집단의 차이가 있는 경우에 별표(*)가 표시되어 있다. 지역 1과 3, 그리고 지역 1과 2 간의 차이가 Scheffe와 Bonferroni 두 가지 방법 모두에서 α = 0.05 기준으로 유의적인 것으로 나타났다. 그러나 지역 2와 3 사이에는 유의적인 차이가 없는 것으로 나타났다.

표 4-8　사후검정: 다중비교

종속변수: 판매실적

지역별 (I)		지역별 (J)	평균차 (I-J)	표준오차	유의확률	95% 신뢰구간	
						하한값	상한값
Scheffe	1	2	7.333*	1.980	.002	2.33	12.34
		3	8.000*	1.980	.001	3.00	13.00
	2	1	-7.333*	1.980	.002	-12.34	-2.33
		3	.667	1.616	.919	-3.42	4.75
	3	1	-8.000*	1.980	.001	-13.00	-3.00
		2	-.667	1.616	.919	-4.75	3.42
Bonferroni	1	2	7.333*	1.980	.002	2.42	12.25
		3	8.000*	1.980	.001	3.09	12.91
	2	1	-7.333*	1.980	.002	-12.25	-2.42
		3	.667	1.616	1.000	-3.35	4.68
	3	1	-8.000*	1.980	.001	-12.91	-3.09
		2	-.667	1.616	1.000	-4.68	3.35

*. 평균차는 0.05 수준에서 유의합니다.

2.2.5 평균도표

그림 4-7　평균도표

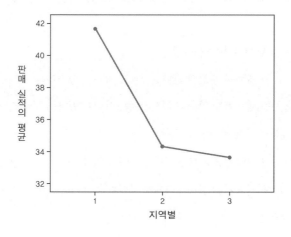

〈그림 4-7〉은 각 지역별 판매실적의 평균값을 도표로 나타낸 것이다. 평균도표를 보면 각 집단별 종속변수 값의 차이를 쉽게 이해할 수 있는 장점이 있다. 지역 1이 압도적으로 평균이 높다는 것을 알 수 있다.

3 다원분산분석: 이원분산분석

분산분석의 종류 중 다원분산분석(multiple-way ANOVA)은 독립변수가 두 개 이상인 경우에 해당한다. 이는 하나의 독립변수로는 종속변수의 변동을 제대로 설명할 수 없다고 판단되어 새로운 독립변수를 추가하는 경우이다. 특히 독립변수가 두 개인 경우를 이원분산분석(two-way ANOVA)이라 한다.

3.1 이원분산분석의 실행 절차

3.1.1 자료 입력

〈표 4-9〉는 앞에서 예시된 일원분산분석 자료에 '제품 유형별'이라는 독립변수를 추가하여 입력한 자료이다. 분석 목적에 따른 귀무가설과 대립가설은 다음과 같이 설정한다.

- 제품 유형에 따라 판매실적이 다른가?
  - 귀무가설 H_0: 두 제품 유형 간의 판매실적에는 차이가 없다($\mu_1 = \mu_1$).
  - 대립가설 H_1: 두 제품 유형 간의 판매실적에는 차이가 있다($\mu_1 \neq \mu_1$).
- 지역에 따라 제품의 판매실적이 다른가?
  - 귀무가설 H_0: 세 지역 간의 판매실적에는 차이가 없다($\mu_1 = \mu_2 = \mu_3$).
  - 대립가설 H_1: 세 지역 간의 판매실적에는 차이가 있다($\mu_1 \neq \mu_2 \neq \mu_3$).
- 제품 유형과 지역 간에는 상호작용 효과가 있는가?
  - 귀무가설 H_0: 제품 유형과 지역 간에 상호작용 효과가 없다.

• 대립가설 H_1: 제품 유형과 지역 간에 상호작용 효과가 있다.

표 4-9 이원분산분석 입력 자료

제품 유형별	지역별		
	1	2	3
1	43 50 37 47 40 37 43	37 27 40 40 23 33 37 40 30 37 33 40 43	27 27 33 37
2	43 37 40 40	37 40 27 30 27 27 40	37 37 33 30 30 33 43 37 30 33 37 30 30 33 37

표 4-10 이원분산분석 SPSS 입력 자료

케이스	제품 유형별	지역별	판매실적	케이스	제품 유형별	지역별	판매실적
1	1	2	37	26	2	1	40
2	2	2	37	27	2	3	37
3	1	2	27	28	2	3	37
4	2	2	40	29	2	3	33
5	2	2	27	30	1	2	30
6	1	2	40	31	2	3	30
7	2	2	30	32	2	3	30
8	2	2	27	33	2	3	33
9	1	2	40	34	2	3	43
10	1	2	23	35	2	3	37
11	1	2	33	36	2	3	30
12	2	2	27	37	2	3	33
13	1	2	37	38	2	3	37
14	2	2	40	39	1	2	37
15	1	2	40	40	1	2	33
16	2	1	43	41	2	3	30
17	1	1	43	42	1	2	40
18	1	1	50	43	2	3	30
19	1	1	37	44	2	3	33
20	2	1	37	45	1	3	27

21	1	1	47	46	1	3	27
22	1	1	40	47	1	3	33
23	1	1	37	48	2	3	37
24	1	1	43	49	1	2	43
25	2	1	40	50	1	3	37

① 데이터베이스 작성

먼저 SPSS를 열고 PASW Statistics Data Editor 상에서 변수 보기(V)를 클릭하여 변수 '제품 유형별', '지역별', '판매실적'을 입력한 다음, 데이터 보기(D)를 클릭하여 변수 값을 입력한다(〈그림 4-8〉). 분석이 끝난 후에는 '이원분산.sav'로 저장해둔다.

그림 4-8   이원분산분석 데이터 입력

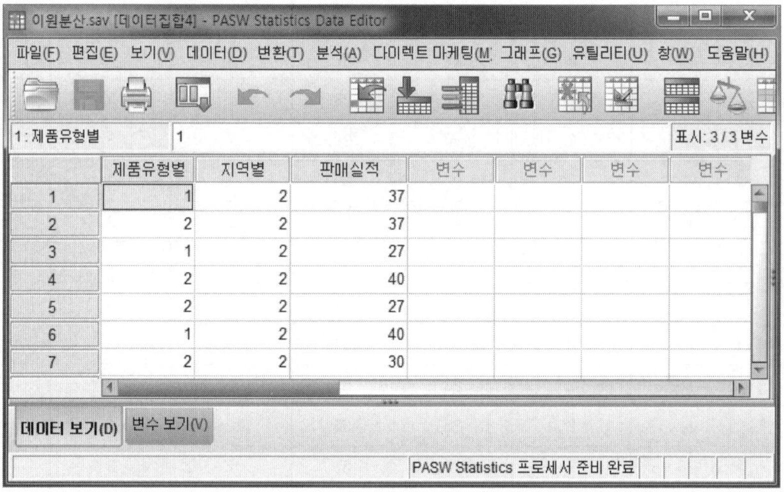

② 다음 절차를 실행함으로써 이원분산분석을 시작한다.

분석(A) → 일반선형모형G) → 일변량(U) …

독립변수인 제품 유형과 지역에 따라 판매실적의 평균 차이가 있는지를 이원분산분석을 통해 분석하고자 한다.

3.1.2 변수 지정

종속변수(D)에는 '판매실적', 모수요인(F)에는 독립변수인 '제품 유형별'과 '지역별'을 지정한다.

그림 4-9 일변량 분석 대상 변수 지정

3.1.3 모형

그림 4-10 모형 대화상자

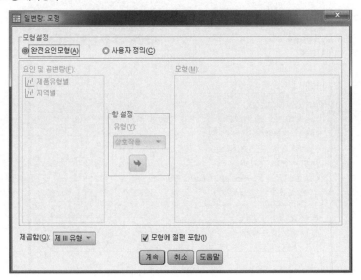

- 완전요인모형(A): 두 독립변수의 주 효과와 상호작용 효과 및 절편이 포함된다.
- 사용자 정의(C): 상호작용을 고려하지 않는 모형을 설정한다.
- 제곱합(Q) – 제III유형: 결측 셀이 없는 모형의 경우 가장 일반적으로 사용된다.
  – 제IV유형: 결측 셀이 있는 경우 사용한다.

3.1.4 프로파일 도표

도표(T) 상자에서 '제품 유형별'을 선구
분 변수(S)로 보내고, '지역별'을 수평축
변수(H)로 보낸 후, 추가(A)를 클릭하
여 〈그림 4-11〉과 같이 프로파일 도표
대화상자를 연다.

그림 4-11 프로파일 도표

3.1.5 사후분석

그림 4-12 사후분석 다중비교

〈그림 4-12〉와 같이 사후분석 다중비교 상자의 요인분석(F) 창에서 '지역별'을 선택하여 사후검정변수(P)로 보내고 사후분석 방법으로 Bonferroni(B), Scheffe(C), Tukey(T) 방법을 선택한다.

3.1.6 옵션

옵션 화면에서는 추가적인 기술통계량(D)과 효과크기 추정값(E)을 클릭한다(〈그림 4-13〉).

그림 4-13 옵션 대화상자

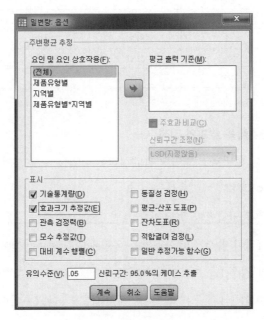

3.2 이원분산분석의 결과 해석

3.2.1 기술통계량

다음의 〈표 4-11〉에 나타난 결과는 제품 유형과 지역에 따른 각 셀들의 평균, 표준편차, 케이스의 수를 나타낸다.

표 4-11 기술통계량

종속변수: 판매실적				
제품 유형별	지역별	평균	표준편차	N
1	1	42.38	4.987	7
	2	35.38	5.859	13
	3	32.67	5.963	5
	합계	36.80	6.560	25
2	1	40.00	3.333	3
	2	32.38	6.299	7
	3	34.00	3.821	15
	합계	34.27	4.955	25
합계	1	41.67	4.513	10
	2	34.33	6.031	20
	3	33.67	4.312	20
	합계	35.53	5.894	50

3.2.2 주 효과 및 상호작용 효과의 검정

〈표 4-12〉에는 제품 유형별과 지역별이 판매실적에 미치는 주 효과와 이 두 변수의 상호작용 효과가 제시되어 있다.

먼저, 제품 유형별과 지역별의 주 효과를 보면 제품 유형별의 경우 F = 0.642, 유의확률 = 0.427로서 유의적이지 않기 때문에 제품 유형에 따라 판매실적이 다르다고 할 수 없다. 반면에 지역별의 경우 F = 7.225, 유의확률 = 0.002로서 유의적이기 때문에 제품에 따라 판매실적이 차이가 난다. 구체적으로는 지역 1(평균 = 41.67)이 지역 2(평균 = 34.33)나 지역 3(평균 = 33.67)보다 판매실적이 높다.

다음, 두 변수의 상호작용(제품 유형별 × 지역별) 효과를 보면 F = 0.785, 유의확률 = 0.463으로서 유의적이지 않기 때문에 두 변수의 상호작용 효과는 없는 것으로 나타났다.

표의 맨 우측에 제시된 부분 에타 제곱은 종속변수의 변동에 대한 각 원인(소스로 표현됨)이 종속변수에 미치는 효과의 크기를 나타낸다. 이는 각 변동 원인(소스)에 의해 집단 간 평균의 차이가 얼마나 크게 발생하는가를 나타내는 척도이다. 일반적으로 이 값이 0.01 미만이면 해당 변동 원인(소스)이 종속변수에 미치는 효과가 작고, 0.01 ~ 0.06이면 중간 정도, 그리고 0.14 이상이면 효과가 큰 것으로 본다.

본 예에서는 지역별의 경우 부분 에타 제곱 값이 0.248로 매우 큰 반면, 제품 유형별과 상호작용 효과의 경우 이 값이 각각 0.014 및 0.034로서 별로 크지 않다. 이는 지역별이 판매실적에 미치는 효과는 유의성이 있으나, 제품 유형별과 상호작용항은 유의성이 없음을 의미한다. 이러한 결과는 F 통계량에 의한 유의성 검정 결과와 일치한다.

표 4-12 개체 간 효과 검증

종속변수: 판매실적						
소스	제III유형 제곱합	자유도	평균 제곱	F	유의확률	부분 에타 제곱
수정 모형	534.288[a]	5	106.858	4.025	.004	.314
절편	48832.468	1	48832.468	1839.333	.000	.977
제품 유형별	17.050	1	17.050	.642	.427	.014
지역별	385.220	2	192.610	7.255	.002	.248
제품 유형별 × 지역별	41.662	2	20.831	.785	.463	.034
오차	1168.156	44	26.549			
합계	64833.333	50				
수정 합계	1702.444	49				

a. R 제곱 = .314 (수정된 R 제곱 = .236)

그림 4-14 프로파일 도표

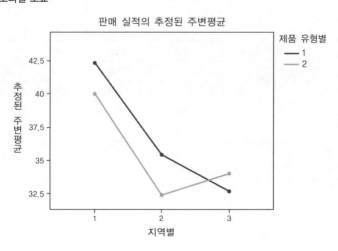

판매 실적의 추정된 주변평균

3.2.3 사후검정: 다중비교

〈표 4-13〉은 세 지역의 판매실적 간의 사후검정 결과를 나타낸다. 두 집단의 차이가 있는 경우에 별표(*)가 표시되어 있다. 지역 1과 3, 그리고 지역 1과 2 간의 차이는 Tukey, Scheffe, Bonferroni 세 가지 방법 모두에서 $\alpha = 0.05$ 수준에서 유의적인 것으로 나타났다. 그러나 지역 2와 3 사이에는 유의적인 차이가 없는 것으로 나타났다.

표 4-13 사후검정: 다중비교

<table>
<tr><th colspan="8">종속변수: 판매실적</th></tr>
<tr><th rowspan="2"></th><th rowspan="2">지역별
(I)</th><th rowspan="2">지역별
(J)</th><th rowspan="2">평균차
(I-J)</th><th rowspan="2">표준오차</th><th rowspan="2">유의확률</th><th colspan="2">95% 신뢰구간</th></tr>
<tr><th>하한값</th><th>상한값</th></tr>
<tr><td rowspan="6">Tukey HSD</td><td rowspan="2">1</td><td>2</td><td>7.33*</td><td>1.996</td><td>.002</td><td>2.49</td><td>12.17</td></tr>
<tr><td>3</td><td>8.00*</td><td>1.996</td><td>.001</td><td>3.16</td><td>12.84</td></tr>
<tr><td rowspan="2">2</td><td>1</td><td>-7.33*</td><td>1.996</td><td>.002</td><td>-12.17</td><td>-2.49</td></tr>
<tr><td>3</td><td>.67</td><td>1.629</td><td>.912</td><td>-3.29</td><td>4.62</td></tr>
<tr><td rowspan="2">3</td><td>1</td><td>-8.00*</td><td>1.996</td><td>.001</td><td>-12.84</td><td>-3.16</td></tr>
<tr><td>2</td><td>-.67</td><td>1.629</td><td>.912</td><td>-4.62</td><td>3.29</td></tr>
<tr><td rowspan="6">Scheffe</td><td rowspan="2">1</td><td>2</td><td>7.33*</td><td>1.996</td><td>.003</td><td>2.28</td><td>12.39</td></tr>
<tr><td>3</td><td>8.00*</td><td>1.996</td><td>.001</td><td>2.94</td><td>13.06</td></tr>
<tr><td rowspan="2">2</td><td>1</td><td>-7.33*</td><td>1.996</td><td>.003</td><td>-12.39</td><td>-2.28</td></tr>
<tr><td>3</td><td>.67</td><td>1.629</td><td>.920</td><td>-3.46</td><td>4.79</td></tr>
<tr><td rowspan="2">3</td><td>1</td><td>-8.00*</td><td>1.996</td><td>.001</td><td>-13.06</td><td>-2.94</td></tr>
<tr><td>2</td><td>-.67</td><td>1.629</td><td>.920</td><td>-4.79</td><td>3.46</td></tr>
<tr><td rowspan="6">Bonferroni</td><td rowspan="2">1</td><td>2</td><td>7.33*</td><td>1.996</td><td>.002</td><td>2.37</td><td>12.30</td></tr>
<tr><td>3</td><td>8.00*</td><td>1.996</td><td>.001</td><td>3.03</td><td>12.97</td></tr>
<tr><td rowspan="2">2</td><td>1</td><td>-7.33*</td><td>1.996</td><td>.002</td><td>-12.30</td><td>-2.37</td></tr>
<tr><td>3</td><td>.67</td><td>1.629</td><td>1.000</td><td>-3.39</td><td>4.72</td></tr>
<tr><td rowspan="2">3</td><td>1</td><td>-8.00*</td><td>1.996</td><td>.001</td><td>-12.97</td><td>-3.03</td></tr>
<tr><td>2</td><td>-.67</td><td>1.629</td><td>1.000</td><td>-4.72</td><td>3.39</td></tr>
</table>

관측평균을 기준으로 합니다.

오류 조건은 평균 제곱(오류) = 26.549입니다.

*. 평균 차는 .05 수준에서 유의합니다.

Chapter 05 공분산분석과 다변량 분산분석

1 공분산분석

1.1 공분산분석의 의의

공분산분석(ANCOVA: Analysis of Covariance)은 두 개의 외생변수(exogenous variable) 중 한 변수가 통제된 상태에서 다른 한 변수가 순수하게 종속변수에 미치는 영향을 분석하는 기법을 말한다. 연구자는 통제변수라고 정의되는 외생변수를 공변량(covariate)으로 처리하여 그 효과를 제거하는 기법을 적용한다. 여기서 외생변수들 중 하나를 통제하는 목적은 이 변수가 실제로 종속변수에 영향을 미치는 상황에서 이 변수를 그대로 두고 다른 외생변수가 종속변수에 미치는 순수한 효과를 파악할 수는 없기 때문이다. 특히 외생변수가 종속변수와 상관관계가 높다고 생각될수록 분산분석 대신 공분산분석을 실시하는 것이 바람직하다.

공분산분석에서도 일반적 분산분석의 경우와 마찬가지로 독립변수는 명목척도인 범주형 척도로 측정되어야 하고, 종속변수는 등간척도나 비율척도로 측정되어야 한다. 공변량으로 처리되는 외생변수 역시 등간척도나 비율척도로 측정되어야 한다.

공분산분석이 이용되는 예를 들면 다음과 같다.

- 제품의 판매실적이 지역별로 달라지는지 알아보기 위해 지역을 독립변수로, 판매실적을 종속변수로 설정하되, 판매실적에 영향을 미치는 광고비를 통제변수로 삼아 공변량으로 처리하여 공분산분석을 실시하는 경우
- 세 가지 광고 대안과 사전 태도가 제품 태도에 영향을 미치는지 알아보기 위해 광고 대안을 독립변수로, 제품 태도를 종속변수로 하고, 사전 태도를 통제변수로 삼아 공변량으로 처리하여 공분산분석을 실시하는 경우

1.2 공분산분석의 실행 절차

1.2.1 자료 입력

제품 50개를 대상으로 제품의 지역별 광고비와 판매실적을 조사한 결과 〈표 5-1〉과 같이 나타났다. 연구자는 지역별로 판매실적이 달라지는지를 조사하는 데 목적을 두고 있다. 여기서는 광고비가 판매실적에 영향을 미칠 것으로 판단됨에 따라 지역별을 독립변수로, 판매실적을 종속변수로, 그리고 광고비를 공변량으로 처리하여 공분산분석을 실시하고 자 한다. 실제로 이 예에서는 광고비와 판매실적 사이에는 매우 높은 상관관계(피어슨 상관계수: 0.947)가 있는 것으로 나타났다.

표 5-1 　공분산분석 입력 자료

케이스	지역별	광고비	판매실적	케이스	지역별	광고비	판매실적
1	1	37	43	26	2	23	30
2	1	38	43	27	2	31	37
3	1	43	50	28	2	26	33
4	1	30	37	29	2	34	40
5	1	33	37	30	2	35	43

6	1	43	47	31	3	33	37
7	1	33	40	32	3	30	37
8	1	31	37	33	3	25	33
9	1	37	43	34	3	23	30
10	1	32	40	35	3	23	30
11	2	35	37	36	3	26	33
12	2	33	37	37	3	33	43
13	2	24	27	38	3	31	37
14	2	33	40	39	3	21	30
15	2	21	27	40	3	27	33
16	2	33	40	41	3	25	37
17	2	23	30	42	3	23	30
18	2	21	27	43	3	25	30
19	2	33	40	44	3	27	33
20	2	16	23	45	3	25	27
21	2	26	33	46	3	22	27
22	2	21	27	47	3	28	33
23	2	33	37	48	3	31	37
24	2	33	40	49	3	32	37
25	2	34	40	50	3	32	40

① 데이터베이스 작성

먼저 SPSS를 열고 PASW Statistics Data Editor 상에서 변수 보기(V)를 클릭하여 변수 '지역별', '광고비', '판매실적'을 입력한 다음, 데이터 보기(D)를 클릭하여 변수 값을 입력한다 (〈그림 5-1〉). 분석이 끝난 후에는 '공분산.sav'로 저장해둔다.

② 다음 절차를 실행함으로써 공분산분석을 시작한다.

분석(A) → 일반선형모형(G) → 일변량(U) …

그림 5-1 　공분산분석 데이터 입력

1.2.2 변수 지정

종속변수(D)에는 '판매실적'을, 모수요인(F)에는 독립변수인 '지역별'을, 공변량(C)에는 '광고비'를 지정한다.

그림 5-2 　분석 대상 변수 지정

1.2.3 모형

완전요인모형(A)은 두 처치변수(독립변수)의 주 효과와 상호작용 효과 및 절편이 포함된다. 제곱합(Q)은 제III유형을 선택하고, 모형에 절편 포함(I)을 그대로 사용한다(〈그림 5-3〉).

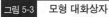 **그림 5-3** 모형 대화상자

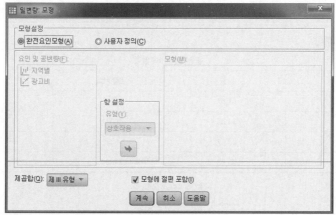

1.2.4 옵션

옵션 대화상자에서 기술통계량(D), 동질성 검정(H), 효과크기 추정값(E)을 클릭한다.

그림 5-4 옵션 대화상자

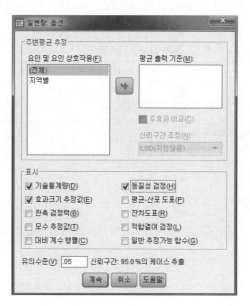

1.3 분석 결과 및 해석

1.3.1 기술통계량

〈표 5-2〉는 세 지역에 대한 판매실적의 평균, 표준편차 및 케이스의 수를 보여준다.

표 5-2   기술통계량

		종속변수: 판매실적	
지역별	평균	표준편차	N
1	41.67	4.513	10
2	34.33	6.031	20
3	33.67	4.312	20
합계	35.53	5.894	50

1.3.2 오차 분산의 동일성에 대한 Levene의 검정

〈표 5-3〉은 각 지역 간 분산의 동질성 가정에 대한 Levene 검정을 실시한 결과를 나타낸 것이다. Levene 통계량에 따른 유의확률은 0.654로서 $\alpha = 0.05$에서 귀무가설을 기각하지 못하므로 등분산 가정에는 문제가 없다.

표 5-3   오차 분산의 동일성에 대한 Levene의 검정(a)

		종속변수: 판매실적	
F	df1	df2	유의확률
.429	2	47	.654

여러 집단에서 종속변수의 오차 분산이 동일한 영가설을 검정합니다.

a. Design: 절편 + 광고비 + 지역별

1.3.3 공분산분석 결과

〈표 5-4〉는 광고비가 공변량으로 처리된 상태에서의 공분산분석 결과이다. 분석 결과, 지역에 따라 판매실적이 다르지 않은 것으로 나타났다(F = 0.416, 유의확률 값 = 0.662). 이는 4장에서 실시한 일원분산분석과는 상반된 결과이다(〈표 4-7〉 참조). 이처럼 일원분산

분석에서 지역에 따라 판매실적이 차이가 있는 것으로 나타난 이유는 실제로 판매실적과 높은 상관관계를 갖는 광고비가 연구 모형에 포함되었기 때문이다.

따라서 공분산분석 결과에 의하면, 판매실적의 차이는 지역의 차이보다는 주로 광고비의 차이에 기인한 것이라고 해석할 수 있다(F = 280.284, 유의확률 값 = 0.000). 특히 종속변수에 대한 독립변수의 효과의 크기를 나타내는 부분 에타 제곱 값을 보면 지역별의 경우 0.018로 판매실적에 미치는 효과의 유의성이 매우 작은 반면, 광고비의 경우 0.859로 판매실적에 미치는 효과의 유의성이 매우 크다.

표 5-4 개체 간 효과 검정

소스	제III유형 제곱합	자유도	평균 제곱	F	유의확률	부분 에타 제곱
수정 모형	1529.350ᵃ	3	509.783	135.476	.000	.898
절편	78.038	1	78.038	20.739	.000	.311
광고비	1054.684	1	1054.684	280.284	.000	.859
지역별	3.130	2	1.565	.416	.662	.018
오차	173.094	46	3.763			
합계	64833.333	50				
수정 합계	1702.444	49				

a. R 제곱 = .898 (수정된 R 제곱 = .892)

2 다변량 분산분석

2.1 다변량 분산분석의 개요

2.1.1 다변량 분산분석의 의의

다변량 분산분석(MANOVA: Multivariate Analysis of Variance)은 하나 또는 둘 이상의 독립변수가 둘 이상의 종속변수에 미치는 영향을 분석하는 기법이다. 종속변수에 있어서의 집단 간 평균 차이를 검정한다는 점에서는 일변량 분산분석(Univariate ANOVA)과 동일하지만 종속변수가 두 개 이상이라는 점이 다르다. 일변량 분산분석과 다변량 분산분석의 차이는 회귀분석에서 독립변수가 하나인 단순회귀분석과 독립변수가 다수인 다중회귀분석의 차이와 유사하다. 또한 독립변수가 명목척도이고 종속변수들이 계량척도여야 한다는 점에서는 다른 분산분석 기법들과 동일하다.

다변량 분산분석에서는 종속변수들에 대해 집단 간 평균의 차이가 있는지 여부를 검정할 뿐만 아니라 종속변수들 중 어느 변수에서 집단 간 평균 차이가 나는지도 검정이 가능하다. 이것이 가능한 것은 MANOVA에서는 종속변수들 간의 상관관계를 고려하기 때문이다. 대부분의 경우 종속변수들은 상호 독립이 아니며 동일한 개체들로부터 측정되기 때문에 일정한 수준의 상관관계가 존재하게 된다.

MANOVA는 여러 변수에 대해 여러 모집단을 동시에 비교할 때 이용되는 것이 보통이다. 그러나 이 기법은 여러 변수에 대해 한 모집단의 여러 상황을 동시에 비교하려는 경우에도 이용될 수 있다. 동일한 실험 대상에 대해 어떤 실험의 효과를 반복 측정하는 경우가 그 좋은 예이다. 다변량 분석이 이용되는 대표적인 예를 들면 다음과 같다.

- A, B, C 세 회사의 경영성과를 부채비율과 자본수익률에 의해 비교하고자 할 때
- 제약회사가 신약을 개발한 후 실험 대상들을 상대로 그 신약의 효과를 1차, 2차, 3차로 나누어 측정하고, 실험 시기별로 약효에 차이가 있는지 분석하고자 할 때

다변량 분산분석을 실행하기 위해서는 다음과 같은 가정이 충족되어야 한다. 첫째, 관측치들은 서로 독립적이다. 둘째, 각 집단의 분산-공분산 행렬이 동일하다. 셋째, 모든 종속변수들은 다변량 정규분포를 따른다.

2.1.2 다변량 분산분석의 기본 원리

다변량 분산분석에서는 종속변수들 간의 상호관계를 동시에 고려해 분산분석을 실시한다. 상호관계를 동시에 고려하는 것은 다수의 변수를 동시에 종속변수로 도입한다는 의미이다. 이 경우 연구자가 고려하는 종속변수들의 확률분포는 각 변수의 독립적 확률분포

가 아니라 다수의 변수들이 결합하여 분포하는 결합확률분포(joint probability distribution)
이다. 다변량 정규분포(multivariate normal distribution)가 그 전형적인 예이다. 결합확률
분포의 개념을 그림으로 나타내면 〈그림 5-5〉와 같다. 이 그림에서 알 수 있는 바와 같이
다변량 분산분석에서는 종속변수들이 결합되어 분포하는 다변량 확률분포에서 두 중심
점 간의 차이를 이용하여 집단 간 평균 차이를 검정하게 된다.

그림 5-5 다변량 확률분포의 차이 검정

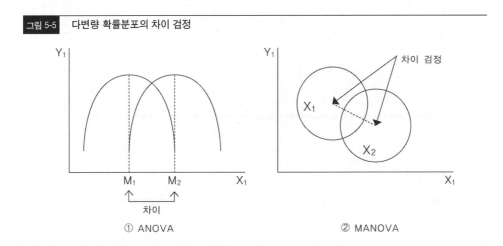

2.2 다변량 분산분석의 실행 절차

2.2.1 다변량 분산분석의 도구 선택

① 데이터베이스 작성

먼저 SPSS를 열고 PASW Statistics Data Editor 상에서 변수 보기(V)를 클릭하여 변수 '지
역별', '광고비', '판매실적'을 입력한 다음, 데이터 보기(D)를 클릭하여 변수 값을 입력한다
(〈그림 5-6〉). 분석이 끝난 후에는 '다변량분산.sav'로 저장해둔다.

② 다음 절차를 실행함으로써 다변량 분산분석을 시작한다.

분석(A) → 일반선형모형(G) → 다변량(M) …

그림 5-6	다변량 분석 데이터 입력

2.2.2 변수 지정

종속변수(D)에는 '광고비'와 '판매실적'을, 모수요인(F)에는 독립변수인 '지역별'을 지정한다.

그림 5-7	분석 대상 변수 지정

2.2.3 다변량 분산분석의 모형

모형 설정을 위해 모형(M)을 클릭하여 모형 대화상자를 연다. 완전요인모형과 사용자 정의를 선택한다.

- 완전요인모형(A): 모든 요인과 공분산의 주 효과 및 각 요인 간의 상호작용 효과를 산출한다.
- 사용자 정의(C): 지정한 요인들만의 상호작용 효과를 산출한다.
- 제곱합(Q): 제I유형, 제II유형, 제III유형, 제IV유형이 있으며, 이 중 일반적으로 제III유형을 가장 많이 사용하지만, 결측값이 있을 경우에는 제IV유형을 사용한다.

그림 5-8 모형 대화상자

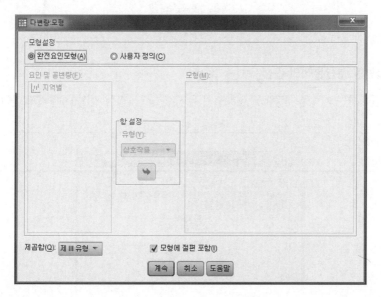

2.2.4 사후분석 다중비교

사후분석을 위해 요인분석(F)에서 '지역별'을 선택하여 사후검정변수(P)로 보내고, 사후분석방법으로 Bonferroni(B) 법을 선택한다. 여기서 주의할 점은 사후분석을 위해서는 집단이 최소 세 개 이상이 되어야 한다는 것이다(〈그림 5-9〉).

그림 5-9   사후분석 다중비교 대화상자

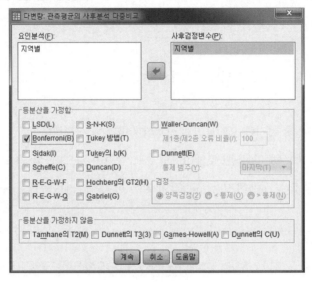

2.2.5 다변량 분산분석의 옵션

옵션 화면에서는 기술통계량(D), 효과크기 추정값(E), 동질성 검정(H)을 클릭한다.

그림 5-10   옵션

2.3 분석 결과 및 해석

2.3.1 기술통계량

기술통계량에는 지역별로 광고비와 판매실적의 평균과 표준편차가 제시되어 있다.

표 5-5 기술통계량

	지역별	평균	표준편차	N
광고비	1	35.77	4.730	10
	2	28.43	6.057	20
	3	27.15	3.925	20
	합계	29.39	5.919	50
판매실적	1	41.67	4.513	10
	2	34.33	6.031	20
	3	33.67	4.312	20
	합계	35.53	5.894	50

2.3.2 공분산 행렬의 동일성 검정

〈표 5-6〉은 세 집단의 공분산 행렬이 동일하다는 가정에 대한 Box의 M 검정 결과를 보여준다. F = 0.951, 유의확률 = 0.457로, 유의수준 0.05에서 귀무가설이 채택된다. 따라서 지역별로 공분산 행렬이 동일하다는 기본 가정이 충족된다. 만약 Box의 M 검정에서 공분산 행렬이 동일하다는 가정이 충족되지 않으면 추후 분석을 계속하기 어려워진다.

표 5-6 공분산 행렬에 대한 Box의 M 동일성 검정

Box의 M	6.144
F	.951
df1	6
df2	9438.692
유의확률	.457

여러 집단에서 종속변수의 관측 공분산 행렬이 동일한 영가설을 검정합니다.

a. Design: 절편 + 지역별

2.3.3 다변량 검정

〈표 5-7〉에는 지역별을 독립변수로 하는 다변량 검정 결과가 제시되어 있다. 지역별로 광고비와 판매실적에 차이가 있는지를 검증한 결과, Pillai의 트레이스, Wilks의 람다, Hotelling의 트레이스, Roy의 최대근 모두가 유의수준 0.05에서 귀무가설을 기각한다. 따라서 지역별로 광고비와 판매실적에 유의적 차이가 있다는 결론을 내리게 된다.

표 5-7 다변량 검정

효과		값	F	가설 자유도	오차 자유도	유의확률	부분 에타 제곱
절편	Pillai의 트레이스	,981	1179.147[a]	2,000	46,000	,000	,981
	Wilks의 람다	,019	1179.147[a]	2,000	46,000	,000	,981
	Hotelling의 트레이스	51,267	1179.147[a]	2,000	46,000	,000	,981
	Roy의 최대근	51,267	1179.147[a]	2,000	46,000	,000	,981
지역별	Pillai의 트레이스	,324	4,539	4,000	94,000	,002	,162
	Wilks의 람다	,682	4,858[a]	4,000	92,000	,001	,174
	Hotelling의 트레이스	,459	5,165	4,000	90,000	,001	,187
	Roy의 최대근	,441	10,365[b]	2,000	47,000	,000	,306

a. 정확한 통계량

b. 해당 유의수준에서 하한값을 발생하는 통계량은 F에서 상한값입니다.

c. Design: 절편 + 지역별

2.3.4 개체 간 효과 검정

〈표 5-8〉에는 광고비와 판매실적에 대해 각각 분석한 결과가 제시되어 있다. 여기서 지역별 광고비의 효과를 보면, F = 10.362, 유의확률 = 0.000으로서 유의성이 있기 때문에 지역에 따라 광고비의 차이가 있음을 알 수 있다. 또한 지역별 판매실적의 효과를 보면, F = 9.085, 유의확률 = 0.000으로서 유의성이 있기 때문에 지역에 따라 판매실적도 차이가 있음을 알 수 있다. 효과의 크기를 나타내는 부분 에타 제곱 값은 광고비 0.306, 판매실적 0.279로서, 판매실적보다는 광고비가 지역별로 더 차이가 나는 것으로 판단된다.

표 5-8 개체 간 효과 검정

소스	종속변수	제 III 유형 제곱합	자유도	평균 제곱	F	유의확률	부분 에타 제곱
수정 모형	광고비	525.274[a]	2	262.637	10.362	.000	.306
	판매실적	474.667[b]	2	237.333	9.085	.000	.279
절편	광고비	41724.113	1	41724.113	1646.198	.000	.972
	판매실적	60133.889	1	60133.889	2301.958	.000	.980
지역별	광고비	525.274	2	262.637	10.362	.000	.306
	판매실적	474.667	2	237.333	9.085	.000	.279
오차	광고비	1191.250	47	25.346			
	판매실적	1227.778	47	26.123			
합계	광고비	44895.333	50				
	판매실적	64833.333	50				
수정 합계	광고비	1716.524	49				
	판매실적	1702.444	49				

a. R 제곱 = .306 (수정된 R 제곱 = .276)

b. R 제곱 = .279 (수정된 R 제곱 = .248)

2.3.5 사후검정 다중비교

〈표 5-9〉는 각 종속변수별로 구체적으로 어느 집단들 간에 차이가 있는지를 사후검정한 결과이다. 이 표에 의하면 광고비와 판매실적 모두에서 지역 1과 지역 3, 그리고 지역 1과 지역 2 사이에 유의적인 차이가 발생하는 것으로 나타났다.

표 5-9 사후검정

						95% 신뢰구간	
종속변수	지역별 (I)	지역별 (J)	평균차 (I-J)	표준오차	유의확률	하한값	상한값
광고비	1	2	7.33*	1.950	.001	2.49	12.17
		3	8.62*	1.950	.000	3.78	13.46
	2	1	-7.33*	1.950	.001	-12.17	-2.49
		3	1.28	1.592	1.000	-2.67	5.24
	3	1	-8.62*	1.950	.000	-13.46	-3.78
		2	-1.28	1.592	1.000	-5.24	2.67

Bonferroni

			2	7.33*	1.980	.002	2.42	12.25
판매실적	1		3	8.00*	1.980	.001	3.09	12.91
	2		1	-7.33*	1.980	.002	-12.25	-2.42
			3	.67	1.616	1.000	-3.35	4.68
	3		1	-8.00*	1.980	.001	-12.91	-3.09
			2	-.67	1.616	1.000	-4.68	3.35

관측 평균을 기준으로 합니다.

오류 조건은 평균 제곱(오류) = 26.123입니다.

*. 평균차는 .05 수준에서 유의합니다.

Chapter **06** 요인분석

1 요인분석의 개요

1.1 요인분석의 의의

요인분석(factor analysis)은 원래의 변수(variable)들을 서로의 유사성 또는 동질성에 따라 소수의 요인(factor)들로 묶어주는 차원 축소 통계기법이다. 즉, 수많은 변수들을 상관관계가 높은 변수들끼리 소수의 집단으로 묶어줌으로써 변수들의 구조를 단순화시키는 기법이다. 요인분석을 실시하고자 하는 변수들은 등간척도나 비율척도로 측정된 것이어야 한다. 표본의 크기는 변수의 수의 4~5배 정도여야 하며, 적어도 50개 이상은 되어야 한다. 요인분석이 이용될 수 있는 예를 들면 다음과 같다.

• 종합주가지수에 영향을 미치는 변수로서 기업의 매출액, 당기순이익, 자본금, 부채비율, 자본회전율, 연구개발비, 물가지수, 법인세, 금리 변동이 있을 때, 이 9개의 변수를 기업 내부적 요인과 기업 외부적 요인의 두 가지로 분류하고자 할 경우

- 기업에서 사원들의 스트레스에 영향을 미치는 변수로서 복잡한 사무실 구조, 타 부서와의 업무 비협조, 업무적 발전 기회 부족, 부서 내에서의 소외감, 비능률적 조직 구조, 경직된 조직 분위기, 경제적 능력 부족, 책임감 결여, 퇴직에 대한 압박, 리더십 부족이라는 10개의 변수가 있다고 할 때 이 변수들을 상호 관련성이 있는 3개의 요인, 즉 근무환경 요인, 조직 문화 요인, 개인 역량으로 분류하고자 할 경우

요인분석의 목적을 좀 더 구체적으로 열거하면 다음과 같다.

① 자료의 복잡성을 줄이고 데이터 구조를 일목요연하게 요약한다.
② 불필요한 변수들을 제거시킴으로써 신뢰도가 낮거나 별로 중요하지 않은 변수들을 선별하여 분석에서 포함되지 않도록 정리한다.
③ 상호 관련이 깊은 변수들끼리 묶어 요인을 구성하고 각 요인들 간에는 최대한 상호 독립성을 유지하도록 함으로써 측정의 타당성(validity)을 확보해준다.
④ 요인분석을 통해 도출된 요인들은 회귀분석, 판별분석, 군집분석과 같은 주요 통계적 기법에 효과적으로 활용된다.

1.2 요인분석의 과정

1.2.1 자료 입력

통계분석을 수행할 때 변수들의 측정단위가 서로 다른 경우가 많다. 이처럼 측정단위가 다른 입력 자료는 표준화 과정을 통해 하나의 자료로 변환되는 작업을 거쳐야 한다. 이를 위해 원래의 자료를 평균 0, 표준편차 1인 표준정규분포의 형태로 바꾸어준다. 자료의 표준화는 측정단위에 따라 최종 해가 달라지는 폐단을 예방하는 데 목적이 있다.

1.2.2 상관관계 산출

요인분석의 구체적인 단계에 들어가기 전에 먼저 변수들 간의 상호 관련성을 파악하기

위해 원 변수들에 관한 상관관계 행렬을 산출하게 된다. 여기서 변수들 간의 상관계수가 높을수록 요인분석의 의미가 커진다. 만일 상관행렬에서 변수들 간의 상관계수가 너무 낮으면 이는 변수들 사이에 특별한 공통요인이 존재하지 않음을 의미하므로 요인분석을 수행하기가 어려워진다.

1.2.3 요인추출 모형의 결정

요인추출(factor extraction)을 위해 이용되는 모형에는 주성분분석(principle component analysis)과 공통요인분석(common factor analysis)이 있다. 주성분분석은 요인의 수를 최소화하면서 정보 손실을 최소화하려 할 때 주로 이용된다. 따라서 첫 번째 성분은 표본의 분산을 가장 잘 설명해주는 선형결합이 되며, 두 번째 성분은 첫 번째 성분에 의해 설명되지 않는 나머지 분산을 가장 잘 설명해주는 선형결합이 된다. 나머지 성분들도 이러한 방식을 반복함으로써 추출된다. 반면에 공통요인분석은 변수들 사이에 존재하는 차원을 규명함으로써 변수들 간의 구조를 파악하는 데 주로 이용된다. 공통분산의 비중이 크고 오차분산이나 고유분산이 적을 때는 주성분분석을 사용하며, 오차분산이나 고유분산이 크거나 이에 대한 정보가 별로 없을 때는 공통요인분석을 이용하는 것이 바람직하다.

1.2.4 요인적재량의 산출

요인적재량(factor loading)은 각 변수와 요인 간의 상관관계 정도를 나타낸다. 이는 특정 요인이 해당 변수를 어느 정도 설명해주는가를 나타내기 때문에 각 변수들은 요인적재량이 가장 큰 요인에 소속되게 된다. 일반적으로 요인적재량의 절대값이 0.4 이상이면 유의성이 있는 것으로 간주한다. 요인적재량은 표본의 수, 변수의 수, 요인의 수에 따라 다르게 나타나며, 요인추출의 중요한 기준으로 작용하는 고유값과 공통성 값은 이 요인적재량에 의해 영향을 받는다.

1.2.5 고유값의 산출

고유값(eigen value)은 특정 요인에 적재된 모든 변수의 요인적재량을 제곱하여 합한 값이다. 이는 특정 요인이 설명해주는 총분산의 양을 의미한다. 고유값이 크면 관련 변수에 대한 해당 요인의 설명력이 크다는 것을 뜻한다.

1.2.6 요인 수의 결정

최초로 요인들을 추출한 뒤에는 회전시키지 않은 요인행렬로부터 몇 개의 요인을 추출해야 할 것인가를 결정한다. 요인의 수를 결정하는 데에는 연구자가 임의로 요인의 수를 미리 정하는 방법도 있지만, 고유값을 기준으로 하거나 스크리 테스트에 의한 방법 등을 이용하기도 한다.

1.2.6.1 고유값 기준

일반적으로 고유값이 1 이상인 요인을 기준으로 요인의 수를 결정한다. 그 이유는 고유값이 1보다 작으면 하나의 요인이 한 개의 변수도 설명해줄 수 없다는 뜻이므로 이러한 요인은 요인으로서의 자격을 갖지 못하기 때문이다. 각 변수의 분산의 합은 1을 넘지 못하기 때문에 고유값을 다 합해도 분석 중인 변수의 개수를 넘지 못한다.

1.2.6.2 전체 요인들의 설명력

이는 원 변수들의 분산에 대해 추출된 요인들의 설명력의 합이 일정한 수준 이상은 되어야 한다는 전제하에 미리 이러한 수준을 정해놓고 이 수준의 설명력에 도달할 때까지 요인을 계속 추출해 나가는 방식이다. 사회과학에서는 도달해야 할 설명력의 수준을 60% 내외로 삼는 것이 보통이다.

1.2.6.3 스크리 테스트

스크리 테스트(scree test)는 각 요인의 고유값을 세로축에, 요인의 개수를 가로축에 나타낸 도표를 작성하고 요인의 수에 따른 고유값의 변화 과정을 그래프로 나타낸 다음, 고유값이 갑자기 떨어지는 점에서 요인의 수를 결정하는 방식을 말한다. 이는 결국 "요인 하나를 추가함으로써 얻게 되는 전체 분산에 대한 설명력의 증가가 그 요인의 추가를 정당화할 만큼 충분한가"의 관점에서 요인의 수를 결정하자는 개념이다(〈그림 6-8〉 참조).

1.2.7 공통성의 산출

공통성(communality)이란 각 변수의 분산 중 추출된 요인들에 의해 설명되는 분산의 비율로, 0과 1 사이의 값을 갖는다. 각 변수의 공통성은 해당 변수의 각 요인에 대한 적재량의 제곱을 합한 값이다. 공통성이 중요성을 띠는 이유는 연구자가 추출된 요인들이 원 변수들의 분산을 얼마나 잘 설명해주는지 관심을 가질 수 있기 때문이다. 따라서 이 값들이 낮으면 추출된 요인들의 타당성이 높지 않다는 의미가 된다. 만약 변수의 수만큼 요인이 추출된다면 각 변수의 공통성은 모두 1이 된다.

1.2.8 요인회전

변수들이 여러 요인에 대해 비슷한 요인적재량을 나타낼 경우, 변수들이 어느 요인에 속하는지를 명확히 분류하기가 어렵다. 요인회전(factor rotation)이란 변수들의 요인적재량이 어느 한 요인에 높게 나타나도록 요인의 축을 회전하는 것을 말한다. 이처럼 요인회전을 통해 요인들을 알기 쉽게 정리함으로써 요인들에 대한 연구자의 해석이 용이해진다.

요인회전의 방식은 직각회전(orthogonal rotation)과 사각회전(oblique rotation)이 있다. 이 중 직각회전은 요인들의 독립성을 유지하면서 회전을 실시하는 기법이다. 요인회전 시에는 주로 이 기법이 사용된다. 직각회전을 실시하면 후술하는 요인점수(factor score)에 의해 회귀분석이나 판별분석을 실시할 때 독립변수들 사이의 독립성이 유지되기 때문에 다중공선성(multicollinearity) 문제가 해결될 수 있다.

직각회전의 방법에도 몇 가지 기법이 개발되어 있는데, 특히 VARIMAX 기법이 자주 이용된다. 이 기법은 추출된 요인행렬(성분행렬)에서 각 열(column)의 분산의 합을 최대화함으로써 이 열의 구조를 단순화시키는 방식이다. 이를 위해 이 기법에서는 각 변수의 요인적재량들이 가급적 +1이나 −1 또는 0에 가깝게 되도록 요인회전을 실시한다. 후술하는 예제의 〈표 6-11〉에 제시된 '회전 후 성분행렬'에서 이를 확인할 수 있다.

1.2.9 요인점수의 산출

요인분석을 실시한 후에는 회귀분석이나 판별분석에 이용할 수 있도록 요인점수를 생성시켜둔다. 변수들의 원 점수보다 요인점수가 연구 목적상 더 바람직할 수 있기 때문이다.

2 SPSS를 이용한 요인분석 실행

연구 문제

〈표 6-1〉은 학생들이 스마트폰을 구입할 때 선호하는 기준을 10가지(X1~X10)로 구분해 Likert 5점 척도로 조사한 결과이다. 이를 토대로 학생들이 스마트폰 구매 시 고려하는 주요 요인을 확인해보기로 한다(단, X1=크기, X2=가격, X3=디자인, X4=브랜드, X5=통화품질, X6=애플리케이션, X7=배터리 수명, X8=요금체계, X9=A/S, X10=부가 서비스).

표 6-1 요인분석 입력 자료

케이스	x1	x2	x3	x4	x5	x6	x7	x8	x9	x10
1	3	3	3	2	3	3	2	3	3	3
2	3	4	4	4	3	4	4	4	4	2
3	3	2	2	3	3	3	3	3	1	5
4	3	3	4	4	4	4	4	4	3	2
5	5	5	5	5	4	4	3	4	3	2
6	3	4	2	3	3	3	2	4	4	3
7	1	2	1	2	2	2	3	4	1	4
8	3	3	3	4	3	3	4	4	3	3
9	4	4	4	4	4	4	4	5	3	2
10	4	4	4	4	4	4	4	4	4	4
11	3	3	3	2	3	4	4	4	3	3
12	2	4	3	3	4	3	2	3	4	3
13	3	2	2	3	3	4	3	4	3	3
14	3	4	3	3	5	5	4	4	4	2
15	3	3	4	3	4	3	4	5	3	3
16	1	2	1	1	1	2	1	5	3	1
17	3	3	3	3	4	4	3	4	3	3
18	2	2	3	2	3	3	3	3	3	2
19	2	2	2	2	4	4	4	4	3	2

20	3	3	3	4	3	4	3	4	4	3
21	2	3	3	3	3	3	3	3	3	2
22	2	3	3	2	2	2	4	4	3	4
23	3	3	2	2	3	3	3	4	4	3
24	4	4	4	4	4	4	4	4	3	3
25	4	4	4	4	2	3	2	4	3	2
26	1	3	3	3	4	3	3	4	3	2
27	3	3	3	2	4	3	5	4	4	2
28	2	3	3	3	3	4	3	3	2	4
29	3	3	3	3	3	2	3	4	4	2
30	2	2	2	2	3	3	4	2	3	4
31	5	5	5	5	4	5	5	5	4	2
32	4	4	4	3	4	4	4	5	4	3
33	4	4	4	5	4	3	4	5	4	1
34	4	4	4	4	4	4	4	4	3	3
35	3	3	4	4	4	3	4	5	4	2
36	2	2	2	3	4	3	3	4	3	4
37	3	4	4	5	3	3	3	4	4	1
38	3	4	4	3	4	4	4	4	3	2
39	4	4	4	4	4	5	4	4	3	2
40	3	3	4	3	5	4	5	4	3	2
41	4	4	4	5	4	4	4	4	3	3
42	2	3	3	3	5	4	4	4	3	3
43	3	3	3	3	4	3	4	3	4	2
44	3	3	3	4	5	5	5	3	2	3
45	4	3	4	4	4	2	4	4	2	3
46	5	5	5	5	5	5	5	5	5	2
47	4	4	4	4	5	4	4	4	4	2
48	3	3	4	4	5	4	4	4	4	3
49	3	5	5	4	5	5	5	5	5	2
50	5	5	5	5	2	3	3	3	3	4

2.1 SPSS 실행

① 데이터베이스 작성

먼저 SPSS를 열고 PASW Statistics Data Editor 상에서 변수 보기(V)를 클릭하여 변수 'x1', 'x2', … 'x10'을 입력한 후, 데이터 보기(D)를 클릭하여 변수 값을 입력한다(〈그림 6-1〉). 분석이 끝난 후에는 '요인분석.sav'로 저장해둔다.

② 다음 절차를 실행함으로써 요인분석을 시작한다.

분석(A) → 차원감소(D) → 요인분석(F) …

요인분석 데이터 입력

	x1	x2	x3	x4	x5	x6	x7	x8	x9	x10
1	3	3	3	2	3	3	2	3	3	3
2	3	4	4	4	3	4	4	4	4	2
3	3	2	2	3	3	3	3	3	1	5
4	3	3	4	4	4	4	4	4	3	2
5	5	5	5	5	4	4	3	4	3	2
6	3	4	2	3	3	3	2	4	4	4
7	1	2	1	2	2	2	3	4	1	4

2.2 분석 변수 지정

화면 왼쪽의 변수 상자에서 분석하고자 하는 10개의 변수를 지정하여 오른쪽 변수(V) 상자로 보낸다.

분석 대상 변수 지정

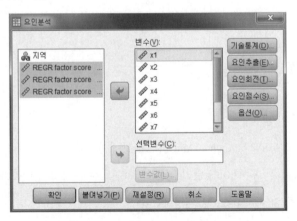

2.3 기술통계

〈그림 6-2〉에서 기술통계(D)를 클릭하고, 〈그림
6-3〉의 기술통계 대화상자에서 원하는 항목을
지정해준다. 각 항목의 내용은 〈표 6-2〉에 설명
되어 있다.

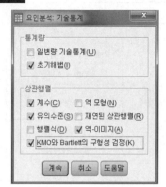

그림 6-3   요인분석: 기술통계

표 6-2   기술통계 항목의 설명

항목	설명
일변량 기술통계	변수의 관측값 수, 평균, 표준편차
초기 해법	초기 공통성, 고유값, 분산 비율
계수	변수 간 상관계수
역모형	상관계수의 역행렬, 공분산 행렬
유의수준	상관계수의 단측검정 유의수준
재연된 상관행렬	요인해로 추정한 상관행렬
행렬식	상관계수의 행렬식
역이미지	역이미지(anti-image) 공분산 행렬 및 역이미지 상관계수 행렬
KMO와 Bartlett의 구형성 검정	KMO(Kaiser-Meyer-Olkin): 변수 간 편상관계수가 작은지 여부, Bartlett의 구형성 검정: 단위행렬 여부

2.4 요인의 추출

요인추출 방법과 요인의 수를
지정하여 통제하기 위해서는
요인추출 항목을 선택해 지정
해준다. 요인추출과 관련된 각
항목의 내용은 다음과 같다.

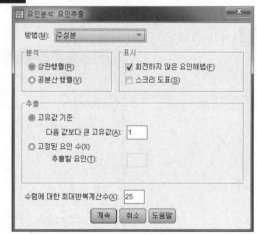

그림 6-4   요인추출 대화상자

표 6-3 요인추출 항목의 설명

항목		설명
방법(M)	주성분	기본 설정, 가장 많이 사용
	가중되지 않은 최소제곱법	측정치와 추정치의 상관관계 차이의 제곱을 최소화(비가중치)
	일반화 최소제곱법	측정치와 추정치의 상관관계 차이의 제곱을 최소화(가중치)
	최대우도	다변량 정규분포에서 표본이 추출된 것으로 가정하여 측정된 상관관계에 가장 유사한 모수 추정값을 생성하는 방법
	주축요인 추출	초기의 공통성의 추정치를 제곱하여 다중상관관계를 사용함
	알파요인 추출	변수들을 가능한 변수 전체에서 얻어진 표본으로 가정함
	이미지요인 추출	Guttman에 의해 개발된 방법으로 변수들의 다중회귀에 근거한 분석
분석	상관행렬	상관행렬을 분석, 측정단위가 다른 변수 관계 분석
	공분산 행렬	공분산 행렬분석
추출	고유값 기준	고유값으로 기본 설정된 1을 지정, 지정한 고유값 이상의 값을 갖는 요인만 추출
	고정된 요인 수	연구자가 요인 수를 고유값과 관계없이 주관적으로 지정할 수 있음
표시	회전하지 않은 요인해법	회전하지 않은 요인적재값, 공통성, 고유값 표시
	스크리 도표	내림차순의 고유값 그래프
반복계산	수렴에 대한 최대반복계산 수	초기 지정값으로 요인추출에 대해 25회의 최대반복계산을 수행함

2.5 요인의 회전

요인회전 창은 요인회전 방식과 출력 방식으로 구성되어 있으며, 일반적으로 베리멕스(V) 직각회전 방식을 사용한다.

그림 6-5 요인회전 대화상자

표 6-4	요인회전 항목의 설명
항목	**설명**
지정하지 않음	회전되지 않은 초기 지정값
베리멕스	직각회전 방식으로 가장 많이 사용, 요인의 단순화
직접 오블리민	사각회전 방식으로 요인들 간의 상관관계가 0이 아니며, 사회과학에서 현실성을 고려하여 분석할 때 사용
쿼티멕스	각 변수를 설명하는 데 필요한 요인 수를 최소화하는 회전방법
이쿼멕스	베리멕스 법과 쿼티멕스 법의 절충형, 변수의 수와 요인의 수는 최소화됨
프로멕스	사각회전 방식으로 직접 오블리민 방법보다 빨리 계산될 수 있으므로 큰 데이터 집합에 유용함
회전해법	직각회전에 대해 회전패턴행렬과 요인변환행렬, 사각회전에 대해 패턴, 구조, 요인상관행렬이 표시됨
적재값 도표	요인별 변수들의 적재값을 보여주는 그래프

2.6 요인점수

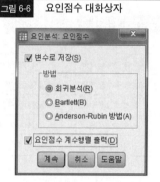

그림 6-6 요인점수 대화상자

요인분석 결과를 토대로 새로운 분석을 실시하기 위해 요인점수를 생성하고 이를 새로운 변수로 지정하여 저장하는 작업이다. 저장된 요인점수는 회귀분석이나 판별분석과 같은 추가 분석에 사용된다.

표 6-5	요인점수 항목의 설명
항목	**설명**
변수로 저장	기존 변수와 더불어 요인이 새로운 변수로서 지정되어 요인점수가 저장됨
회귀분석	추정한 요인점수와 참 요인 값 간의 다중상관관계를 제곱한 것과 같은 분산을 가지며 평균을 0으로 하고 개개의 참 요인값과 추정된 요인 간의 차이를 제곱한 값이 최소화되게 함
Bartlett	작성된 점수의 평균은 0이고 변수 범위에서 고유한 요인의 제곱합이 최소화됨
Anderson-Rubin	추정된 요인의 직각성을 확인하는 Bartlett 방법을 수정한 것
요인점수 계수행렬 출력	요인점수 계수행렬, 요인점수 공분산 행렬 표시

2.7 옵션

옵션은 결측값(무응답이나 잘못된 응답)의 처리방식과 계수들의 표시방식을 지정해주는 도구이다. 각 옵션 항목의 내용은 다음 〈표 6-6〉과 같다.

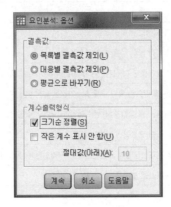

그림 6-7   옵션 대화상자

표 6-6   옵션 항목의 설명

항목	설명
목록별 결측값 제외	변수의 데이터가 유효한 사례만을 사용하고 결측값이 있는 사례는 제외
대응별 결측값 제외	특정 통계량 계산 시 대응변수 중 결측값이 있는 사례는 분석에서 제외
평균으로 바꾸기	무응답치는 평균으로 바꾸어 사용
크기순으로 정렬	적재값의 크기에 따라 내림차순으로 표시
작은 계수 표시 안 함	절대값이 지정한 값보다 작은 계수는 출력되지 않음

3 분석 결과 및 해석

3.1 상관행렬

〈표 6-7〉상관행렬표는 요인분석에 이용되는 변수들 간의 상관계수와 그 계수의 유의성을 표시해준다. 요인분석에서는 상관관계가 높은 변수들끼리 묶어준다. 이 표에서 보면 X1, X2, X3, X4 변수들 간의 상관관계는 모두 0.7 이상이기 때문에 이 변수들이 동일한 요인에 적재될 가능성이 높다.

표 6-7   상관행렬표

		x1	x2	x3	x4	x5	x6	x7	x8	x9	x10
상관 계수	x1	1.000	.746	.768	.749	.302	.440	.366	.283	.304	-.108
	x2	.746	1.000	.818	.721	.316	.481	.270	.339	.518	-.280
	x3	.768	.818	1.000	.785	.461	.477	.499	.332	.409	-.297
	x4	.749	.721	.785	1.000	.370	.429	.336	.265	.267	-.189
	x5	.302	.316	.461	.370	1.000	.654	.675	.208	.330	-.190
	x6	.440	.481	.477	.429	.654	1.000	.547	.185	.284	-.147
	x7	.366	.270	.499	.336	.675	.547	1.000	.249	.218	-.085
	x8	.283	.339	.332	.265	.208	.185	.249	1.000	.398	-.444
	x9	.304	.518	.409	.267	.330	.284	.218	.398	1.000	-.489
	x10	-.108	-.280	-.297	-.189	-.190	-.147	-.085	-.444	-.489	1.000
유의 확률 (단측)	x1		.000	.000	.000	.017	.001	.004	.023	.016	.228
	x2	.000		.000	.000	.013	.000	.029	.008	.000	.024
	x3	.000	.000		.000	.000	.000	.000	.009	.002	.018
	x4	.000	.000	.000		.004	.001	.009	.031	.030	.095
	x5	.017	.013	.000	.004		.000	.000	.073	.010	.094
	x6	.001	.000	.000	.001	.000		.000	.099	.023	.154
	x7	.004	.029	.000	.009	.000	.000		.040	.064	.279
	x8	.023	.008	.009	.031	.073	.099	.040		.002	.001
	x9	.016	.000	.002	.030	.010	.023	.064	.002		.000
	x10	.228	.024	.018	.095	.094	.154	.279	.001	.000	

3.2 KMO와 Bartlett의 검정

표 6-8   KMO와 Bartlett의 검정

표준형성 적절성의 Kaiser-Meyer-Olkin 측도		.806
Bartlett의 구형성 검정	근사 카이제곱	277.378
	자유도	45
	유의확률	.000

〈표 6-8〉에는 표준형성 적절성의 Kaiser-Meyer-Olkin 측도(KMO 측도)와 Bartlett의 구형

성 검정 결과가 제시되어 있다. KMO 측도는 전체 상관관계 행렬이 요인분석에 적합한
지를 나타내는 지표이다. 이 값은 보통 0.50 이상이어야 하는데, 본 예제에서는 0.806으
로 나타나 입력 자료가 요인분석에 적합하다고 할 수 있다.

Bartlett의 구형성 검정은 변수들의 상관관계의 유의성을 평가하기 위한 검정도구로서,
상관관계 행렬의 보조 자료라 할 수 있다. 여기서는 Bartlett의 구형성 검정의 유의확률이
0.000으로서 전반적으로 변수들 간의 상관관계는 유의적이며, 따라서 입력 자료는 요인
분석을 실시하기에 적합한 자료라고 할 수 있다.

3.3 고유값과 설명된 총분산

표 6-9 설명된 총분산

성분	초기 고유값			추출 제곱합 적재값			회전 제곱합 적재값		
	합계	% 분산	% 누적	합계	% 분산	% 누적	합계	% 분산	% 누적
1	4.774	47.745	47.745	4.774	47.745	47.745	3.216	32.165	32.165
2	1.455	14.551	62.296	1.455	14.551	62.296	2.322	23.216	55.380
3	1.310	13.101	75.397	1.310	13.101	75.397	2.002	20.017	75.397
4	.667	6.673	82.070						
5	.508	5.075	87.146						
6	.448	4.476	91.621						
7	.305	3.050	94.672						
8	.222	2.223	96.895						
9	.201	2.013	98.909						
10	.109	1.091	100.000						

추출 방법: 주성분 분석

〈표 6-9〉에서 초기 고유값을 살펴보면 변수가 10개이므로 요인의 최대 수는 각 변수를
하나의 독립된 요인으로 간주할 경우 10개가 될 것이다. 그러나 요인분석의 목적은 변수
의 수를 줄이는 데 있으므로 고유값을 기준으로 요인 수를 줄여야 한다. 표에는 10개의
요인(성분)별 고유값이 나타나 있는데, 요인 1이 4.774, 요인 2가 1.455, 요인 3이 1.310

이며, 요인 4 이하는 고유값이 1 이하이므로 요인에서 탈락한다.

여기서 요인의 고유값은 요인에 속한 각 변수들의 적재량을 제곱하여 더한 것과 같다. 예를 들어 요인 1의 고유값은 다음과 같이 4.774이다. 이는 요인 1이 전체 분산 중 47.74% (4.774 / 10)만큼 설명해준다는 뜻이다(소수점 이하의 약간의 차이는 반올림에 따른 오차임).

$$\text{요인 1의 고유값} = (0.888)^2 + (0.866)^2 + \cdots + (0.246)^2 + (0.178)^2$$
$$= 4.774$$

3.4 스크리 도표

그림 6-8 스크리 도표

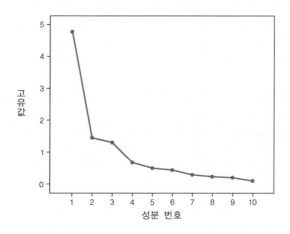

〈그림 6-8〉은 고유값의 변화를 보여주는 스크리 도표(scree chart)이다. 수평축은 요인 수, 수직축은 고유값을 나타내고 있다. 그림을 보면 요인 4부터는 고유값이 뚝 떨어지고 있다. 이처럼 도표상 크게 꺾이는 점에서 요인 수를 결정한다. 따라서 본 예의 경우 요인의 수는 3개로 정한다.

3.5 회전 전 요인행렬

〈표 6-10〉에 나타난 수치는 초기의 요인적재량들이다. 이 표를 보면 요인(성분) 1, 2, 3에 대한 적재량이 모든 변수에서 어느 정도의 차이는 보이지만 뚜렷한 차이를 보이고 있지는 않다. 이는 요인회전을 통해 요인들을 명료하게 구분할 필요가 있음을 암시한다(SPSS에서 '성분'은 요인을 의미한다).

표 6-10 회전 전 성분행렬

	성분		
	1	2	3
x3	.894	.035	.246
x2	.841	-.121	.356
x4	.796	.094	.403
x1	.793	.109	.438
x6	.688	.358	-.298
x5	.648	.347	-.538
x7	.616	.418	-.451
x9	.580	-.499	-.221
x10	-.401	.691	.300
x8	.488	-.519	-.218

요인추출 방법: 주성분 분석
a. 추출된 3 성분

3.6 회전 후 요인행렬

〈표 6-11〉에는 요인회전 후의 요인적재량이 나타나 있다. 요인회전의 이유는 변수의 설명축인 요인들을 회전시킴으로써 요인의 해석을 용이하게 하자는 것이다. 요인회전의 방법 중 여기서는 가장 많이 사용하는 베리멕스 직각회전을 사용했다. 회전 전에 비해 각 변수의 적재량들이 요인별로 뚜렷하게 구분되어 있음을 알 수 있다.

| 표 6-11 | 회전 후 성분행렬 |

	성분		
	1	2	3
x1(크기)	.888	.195	.076
x4(브랜드)	.866	.210	.102
x2(가격)	.852	.147	.318
x3(디자인)	.829	.332	.249
x5(통화품질)	.147	.882	.176
x7(배터리 수명)	.187	.847	.072
x6(애플리케이션)	.338	.753	.095
x10(부가 서비스)	-.046	-.028	-.851
x9(A/S)	.246	.176	.737
x8(요금체계)	.178	.115	.714

요인추출 방법: 주성분 분석
회전 방법: Kaiser 정규화가 있는 베리멕스
a. 5 반복계산에서 요인회전이 수렴되었습니다.

| 표 6-12 | 요인 변환행렬 값 |

성분	1	2	3
1	.742	.529	.413
2	.073	.548	-.833
3	.667	-.648	-.368

요인추출 방법: 주성분 분석
회전 방법: Kaiser 정규화가 있는 베리멕스

〈표 6-12〉는 요인회전 시 사용한 변환행렬 값을 의미한다. 예를 들어 〈표 6-10〉의 X1 값들과 〈표 6-12〉의 요인 1 값들을 곱하여 합하면 〈표 6-11〉에서 X1의 요인 1에 대한 적재량이 된다.

$$0.793 \times (0.742) + 0.109 \times (0.073) + 0.438 \times (0.667) = 0.888$$

연구자는 회전 후의 적재량을 바탕으로 변수를 그룹핑하여 요인을 해석하게 된다. 요인회전의 결과, 요인(성분) 1에는 X1, X4, X2, X3이, 요인 2에는 X5, X7, X6이, 요인 3에는 X10, X9, X8이 높게 적재되고 있음을 알 수 있다.

각 요인에 적재된 이와 같은 변수들의 내용을 토대로 연구자는 각 요인에 대해 '요인 1: 제품 속성', '요인 2: 제품 기능', '요인 3: 구입 조건'과 같은 명칭을 부여할 수 있다.

3.7 공통성

표 6-13 공통성

	초기	추출
x1	1.000	.832
x2	1.000	.849
x3	1.000	.860
x4	1.000	.804
x5	1.000	.830
x6	1.000	.690
x7	1.000	.758
x8	1.000	.555
x9	1.000	.634
x10	1.000	.728

추출 방법: 주성분 분석

공통성(communality)은 각 변수의 분산 중 추출된 요인들에 의해 설명되는 분산의 비율을 나타낸다. 이는 해당 변수에 대한 각 요인들의 요인적재량을 제곱하여 합한 값으로서 0과 1 사이의 값을 갖는다. 예를 들어 X1의 공통성은 다음과 같이 0.832이며, 이는 이 변수가 추출된 세 요인에 의해 83.2%만큼 설명됨을 의미한다.

$$X1의\ 공통성 = (0.888)^2 + (0.195)^2 + (0.076)^2$$
$$= 0.832$$

만약 공통성이 너무 낮으면 그 요인에서의 해당 변수의 중요도가 너무 낮다는 뜻이므로 이 변수는 분석에서 제외하는 것이 바람직하다. 일반적 기준은 0.6이다. 여기서는 변수들의 공통성이 모두 0.6 이상이어서 모든 변수의 중요도가 높다고 할 수 있다.

공통성이 기준치에 미치지 못할 경우 두 가지 방법이 있다. 하나는 해당 변수를 무시하고 나머지 변수들을 중심으로 결과를 해석하는 것이고, 다른 하나는 그 변수를 제외한 후 요인분석을 다시 실시하는 것이다. 그러나 두 번째 방법은 해당 변수를 제외하더라도 연구 목적을 별로 해치지 않을 경우에 한해 적용하는 것이 좋다.

3.8 회전공간의 요인도표

그림 6-9 회전공간의 요인도표

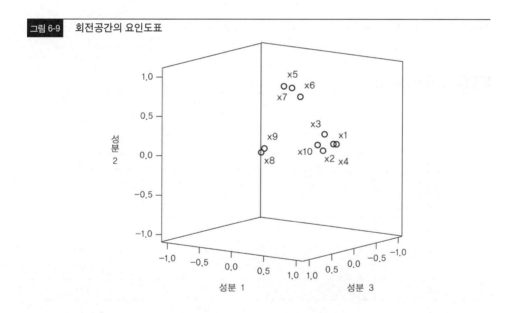

〈그림 6-9〉는 회전공간의 요인도표로서, 회전된 요인상에 각 변수의 위치를 입체적으로 보여준다. 그러나 회전된 요인의 수가 세 개일 경우 해석이 쉽지 않으며, 네 개 이상일 경우 해석이 불가능하다.

3.9 요인점수 계수행렬

〈표 6-14〉는 요인점수 계수행렬표이다. 요인점수는 해당 요인에 대한 각 변수들의 요인점수 계수들과 이 변수들의 표준화 값들의 선형결합을 통해 산출된다. 표준화 값이란 원래의 변수 값들을 평균 0, 분산 1이 되도록 표준화시킨 값을 말한다. 요인점수 계수는 가중치의 개념으로서 해당 요인 내에서 각 변수가 차지하는 상대적 중요도를 의미한다. 요인점수의 산출 공식은 다음과 같다. 단, FC_i = 요인점수, ω_i = 요인점수 계수, X_i = 변수의 표준화 값이다. 예를 들어 요인 1에 대한 케이스 3의 점수는 다음과 같이 산출된다.

$$FC_i = \sum \omega_i X_i$$

케이스 3의 요인 1 점수 = $0.351(X_1$ 표준화 값$) + 0.306(X_2$ 표준화 값$) + \cdots + 0.125(X_{10}$ 표준화 값$)$

표 6-14 요인점수 계수행렬

	성분		
	1	2	3
x1	.351	-.088	-.117
x2	.306	-.129	.042
x3	.266	-.009	-.012
x4	.334	-.076	-.098
x5	-.156	.469	.008
x6	-.027	.358	-.062
x7	-.113	.449	-.059
x8	-.062	-.033	.400
x9	-.048	-.014	.398
x10	.125	.067	-.514

3.10 요인점수 공분산 행렬

〈표 6-15〉는 요인점수 공분산 행렬을 나타낸 것으로, 각 요인 간의 공분산이 0임을 알 수

있다. 이는 베리멕스 직각회전 방식으로 요인들을 회전함으로써, 각 요인들이 서로 독립을 유지하기 때문이다.

표 6-15 요인점수 공분산 행렬

성분	1	2	3
1	1.000	.000	.000
2	.000	1.000	.000
3	.000	.000	1.000

요인추출 방법: 주성분 분석
회전 방법: Kaiser 정규화가 있는 베리멕스
요인점수

3.11 요인점수를 이용한 추가적 분석

10개의 변수에 대한 요인분석을 실행하고 나면 데이터 편집기 창에 〈그림 6-10〉과 같이 3개의 새로운 요인(FAC1_1, FAC2_1, FAC3_1)이 변수란에 추가되어 나타난다. 이 요인점수는 회귀분석, 판별분석 등의 추가적 분석을 위한 독립변수의 값으로 사용될 수 있다.

그림 6-10 요인분석 결과로 얻어진 요인점수 변수

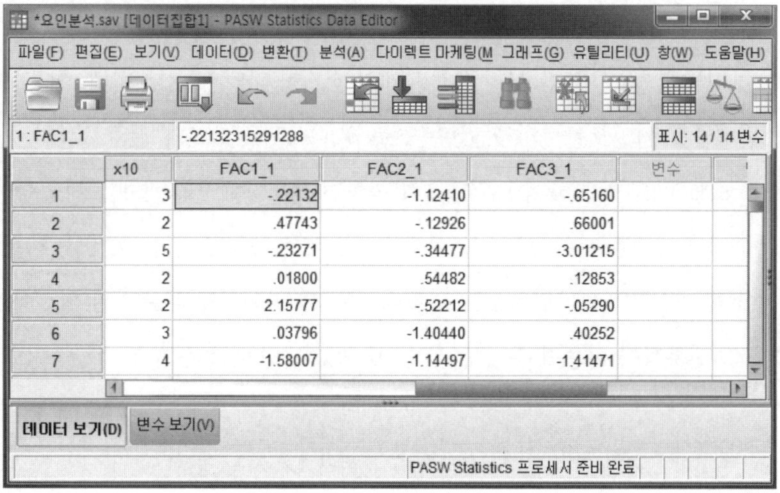

Chapter 07 회귀분석

1 회귀분석의 개요

1.1 회귀분석의 의의

회귀분석(regression analysis)은 독립변수가 종속변수에 미치는 영향을 확인함으로써 한 변수의 변화를 통해 다른 변수의 변화를 예측하기 위한 통계적 분석기법이다. 상관관계 분석에서는 단순히 두 변수 간 선형종속 관계의 정도를 파악하는 데 비해, 회귀분석에서는 관련 변수들을 원인으로서의 독립변수(independent variable)와 결과로서의 종속변수(dependent variable)로 구분하여 독립변수와 종속변수의 구체적인 관계를 확인한다.

회귀분석에서 독립변수와 종속변수는 원칙적으로 계량척도(등간척도 또는 비율척도)로 측정되어야 한다. 그러나 독립변수는 경우에 따라서 명목척도로 측정된 자료가 사용될 수도 있다. 회귀분석이 이용될 수 있는 몇 가지 예를 들면 다음과 같다.

• 자동차 엔진의 크기가 연비에 미치는 영향을 분석하고자 하는 경우

- 영업사원의 수와 광고비 지출액이 매출액에 미치는 영향을 추정하고자 하는 경우
- 학생들의 학업성적이 학부모의 소득수준, 과외비 지출액, 학생들의 집중도, 강의 방식에 따라 영향을 받는지 분석하고자 하는 경우

회귀분석의 유형은 독립변수의 개수에 따라 단순회귀분석(simple regression analysis)과 다중회귀분석(multiple regression analysis)으로 나뉜다. 이 중 단순회귀분석은 독립변수가 단 하나인 경우로서 종속변수의 변화를 설명하는 데 하나의 독립변수로 충분하다고 가정할 수 있는 경우에 이용된다. 반면에 다중회귀분석은 여러 개의 독립변수를 사용하여 독립변수의 변화를 설명하고자 하는 경우에 이용된다. 회귀분석의 모형은 일반적으로 다음과 같이 표시된다.

$$\text{단순회귀분석: } Y = \alpha + \beta X + \varepsilon$$
$$\text{다중회귀분석: } Y = \alpha + \beta_1 X_1 + \beta_2 X_2 + \cdots + \beta_n X_n + \varepsilon$$

이 두 함수에서 Y는 종속변수, $X_1, X_2, \cdots X_n$은 독립변수를 나타낸다. α는 상수항이고 $\beta_1, \beta_2, \cdots \beta_n$은 독립변수의 계수로서 이들을 회귀계수(regression coefficient)라 한다. 또한 ε은 오차항(error term), 즉 예측오차를 의미한다.

1.2 회귀분석의 가정

회귀분석의 기본 가정은 다음과 같다. 먼저 단순회귀분석 모형 $Y = \alpha + \beta X + \varepsilon$에서는 다음과 같이 가정한다.

① X와 Y는 선형종속 관계이다.
② 독립변수인 X는 비확률변수로서 이미 알려져 있다.
③ 오차항 ε의 기대값은 0이다.

④ 모든 Y 값에 대해 오차항 ε 은 동일한 분산을 갖는다.

⑤ 오차항 ε 은 정규분포를 따르며, 모든 Y 값에 대해 서로 독립이다.

만약에 오차항들이 서로 독립이 아니면 자기상관(autocorrelation) 또는 계열상관(serial correlation)의 문제가 발생한다. 다중회귀분석 모형에서는 다음 가정이 하나 더 추가된다. 이 가정이 충족되지 않으면 이른바 다중공선성(multicollinearity)의 문제가 발생한다.

⑥ 독립변수들은 서로 독립이다. 즉, 이들 사이의 상관관계는 0이다.

회귀분석에서는 이 같은 기본 가정들이 지켜지느냐 여부가 매우 중요한 의미를 갖는데, 이 가정들 하나하나를 제거해가면서 여러 가지 복잡한 회귀분석 모형이 개발되어 있다. 이런 기본 가정들을 고려하지 않은 단순한 회귀분석 기법을 OLS(Ordinary Least Square)라 한다. 반대로 기본 가정들이 모두 고려된 상태에서의 회귀분석을 GLS(Generalized Least Square)라 한다.

2 단순회귀분석

2.1 회귀함수의 추정

회귀분석에서 가장 기본적인 작업은 주어진 자료를 이용하여 회귀함수의 계수와 상수항을 추정하는 일이다. 추정된 회귀함수는 보통 다음과 같이 표시된다. 여기서 e는 Y의 실제 값과 추정된 회귀직선 (Y = a + bX) 상의 점과의 차이로서 이를 특히 잔차(residual)라 한다.

$$Y = a + bX + e$$

회귀함수를 추정할 때에는 잔차 제곱의 합(sum of squared residuals)을 최소화해주는 회귀계수를 찾는다. 이를 최소제곱법(least square method)이라 한다. 최소제곱법에 의한 회귀함수의 추정 공식은 다음과 같다. $\overline{X}, \overline{Y}$는 각각 X, Y의 표본평균을 나타낸다.

$$b = \frac{\sum(X_i - \overline{X})(Y_i - \overline{Y})}{\sum(X_i - \overline{X})^2} = \frac{\sum X_i Y_i - n\overline{X}\,\overline{Y}}{\sum X_i^2 - n\overline{X}^2}$$

$$a = \overline{Y} - b\overline{X}$$

2.2 회귀모형의 설명력

설명력은 추정된 회귀직선이 관측치를 어느 정도로 잘 설명하는지를 의미한다. 이는 회귀모형의 적합도(goodness of fit)와 관련이 있는데, 추정의 표준오차 또는 결정계수(coefficient of determination)를 통해 알 수 있다. 추정의 표준오차는 다음과 같이 산출된다.

$$\text{추정의 표준오차: } S_{y,x} = \sqrt{\frac{\sum e_i^2}{n-2}} = \sqrt{\frac{\sum(Y_i - a - bX_i)^2}{n-2}}$$

현실적으로 회귀모형의 설명력을 평가하는 데 더욱 중요시되는 것은 결정계수이다. 결정계수란 Y의 변동량 중 추정된 회귀직선에 의해 설명되는 변동량의 비율을 말한다. 즉, X의 변화가 Y의 변화를 얼마나 결정해주느냐를 나타내는 통계량이다. 상관계수는 결정계수의 제곱근과 같다. 즉, $r = \sqrt{R^2}$ 이다. 결정계수의 산출식은 다음과 같다.

$$\text{결정계수: } R^2 = \frac{\text{회귀모형에 의해 설명되는 변동량}}{Y \text{의 총변동량}}$$

$$= \frac{SSR}{SST} = 1 - \frac{SSE}{SST}$$

$$R^2 = \frac{\sum(Y^c - \overline{Y})^2}{\sum(Y - \overline{Y})^2}$$

$$= \frac{b\sum(X_i - \overline{Y})(Y_i - \overline{Y})}{\sum(Y_i - \overline{Y})^2}$$

만약 결정계수(R^2)가 너무 작으면 추정된 회귀모형의 적합성에 문제가 생긴다. 일반적으로 결정계수 값이 0.4 이하이면 추정된 회귀모형의 타당성을 받아들이기 어려운 것으로 본다.

2.2.1 회귀모형의 유의성 검정

추정된 회귀모형이 통계적 유의성을 갖는지를 검증하기 위해서는 분산분석을 실시해야 한다. 이 검정의 귀무가설과 대립가설은 다음과 같다. 여기서 귀무가설은 독립변수의 유의성이 없다는 의미로서 이 가설이 채택되면 회귀분석이 의의를 상실하게 된다.

- 귀무가설 H_0: $\beta = 0$
- 대립가설 H_1: $\beta \neq 0$

회귀모형의 유의성을 검증하기 위해서는 다음과 같은 분산분석표(ANOVA table)를 작성하고, 검정통계량인 F 비율을 구한다. 이는 4장에서 설명한 분산분석표와 그 형태가 동일하다. 여기서 SST = Y의 총변동량(Total Sum of Squares), SSR = 회귀모형에 의해 설명되는 변동량(Sum of Squares due to Regression)이고, SSE = 회귀모형에 의해 설명이 안 되는 변동량(Sum of Squares due to Errors), 즉 잔차에 의한 변동량이다. 평균제곱합(Mean Sum of Squares)은 제곱합(Sum of Squares)을 각각의 자유도로 나눈 값이다.

분산분석에서 F 비율은 회귀모형에 의한 평균제곱합(MSR)을 잔차에 의한 평균제곱합(MSE)로 나눔으로써 산출된다. 이 비율이 크면, Y의 총분산 중 회귀모형에 의한 분산 부분이 잔차에 의한 분산 부분보다 크다는, 즉 독립변수의 변화가 종속변수의 변화를 잘 설명해준다는 의미가 된다. 따라서 이 F 비율이 임계치보다 크면 귀무가설을 기각하고 독립변수의 유의성이 있는 것으로 결론을 내린다.

표 7-1	분산분석표			
변동의 원천	**제곱합**	**자유도**	**평균제곱합**	**F 비율**
회귀모형	SSR	1	$MSR = \dfrac{SSR}{1}$	$F = \dfrac{MSR}{MSE}$
잔차	SSE	$n-2$	$MSE = \dfrac{SSE}{n-2}$	
총변동량	SST	$n-1$		

2.2.2 회귀계수의 유의성 검정

회귀모형이 통계적 유의성이 있다고 판단되면, 회귀계수(β)에 대해 유의성 검정을 실시한다. 귀무가설과 대립가설은 다음과 같다.

- 귀무가설 H_0: $\beta = 0$
- 대립가설 H_1: $\beta \neq 0$

검정통계량은 다음과 같이 정의되는 t이다. 여기서 β_0는 귀무가설에서 설정된 β 값이고, s_b는 b의 표준오차이다. t 통계량의 자유도는 $n-2$이다.

$$검정통계량: t = \frac{b - \beta_0}{s_b}$$

$$= \frac{b - 0}{s_b} \quad (\beta_0 = 0)$$

$$= \frac{b}{s_b}$$

분석 결과, 만약 t의 절대값이 임계치의 절대값보다 크면 귀무가설을 기각하고 이 독립변수가 종속변수에 유의적 영향을 미치는 것으로 판단한다.

2.3 SPSS를 이용한 단순회귀분석

연구 문제

소비자 50명을 대상으로 제품의 품질수준이 고객만족도에 영향을 미치는가를 파악하기 위해 〈표 7-2〉와 같은 자료를 얻었다고 한다. 이 자료를 토대로 고객만족(Y)이 품질수준 (X)에 의해 어떠한 영향을 받을 것인지 회귀분석을 실시하고자 한다.

표 7-2 단순회귀분석 입력 자료

케이스	품질수준	고객만족도	케이스	품질수준	고객만족도
1	2	2	26	2	4
2	4	5	27	3	5
3	5	5	28	1	3
4	4	4	29	4	4
5	3	4	30	1	4
6	2	4	31	1	3
7	3	4	32	4	5
8	1	4	33	4	4
9	4	5	34	5	5
10	1	4	35	4	4
11	1	3	36	4	5
12	4	5	37	2	5
13	4	5	38	2	4
14	5	5	39	3	5
15	4	4	40	2	4
16	4	5	41	2	4
17	2	5	42	4	5
18	2	4	43	5	5
19	3	5	44	4	5
20	2	4	45	3	4
21	2	3	46	2	4
22	4	5	47	3	4
23	5	5	48	1	4
24	4	4	49	4	4
25	3	4	50	3	4

2.3.1 분석 절차

① 데이터베이스 작성

먼저 SPSS를 열고 PASW Statistics Data Editor 상에서 변수 보기(V)를 클릭하여 변수 '품질수준'과 '고객만족도'를 입력한 다음, 데이터 보기(D)를 클릭하여 변수 값을 입력한다 (〈그림 7-1〉). 분석이 끝난 후에는 '단순회귀.sav'로 저장해둔다.

② 다음 절차를 실행함으로써 단순회귀분석을 시작한다.

분석(A) → 회귀분석(R) → 선형(L) …

그림 7-1   단순회귀분석 데이터 입력

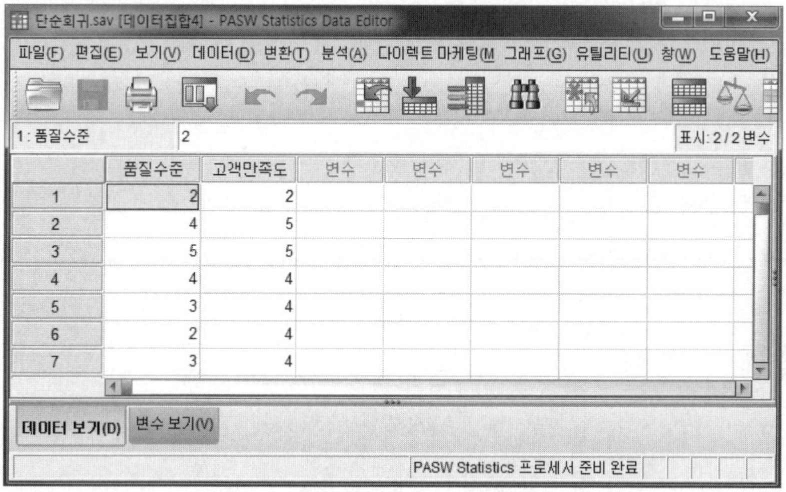

③ 분석 대상 변수 지정

〈그림 7-2〉와 같이 왼쪽의 변수 상자로부터 종속변수(D)에 고객만족도를, 독립변수(I)에 품질수준을 클릭하여 보낸다. 방법(M)은 기본 설정과 같이 '입력'을 유지한다.

- 입력: 모든 변수들이 동시에 투입된다.
- 단계 선택: 유의성이 있는 변수들부터 순서대로 투입된다.

그림 7-2   독립변수와 종속변수 지정

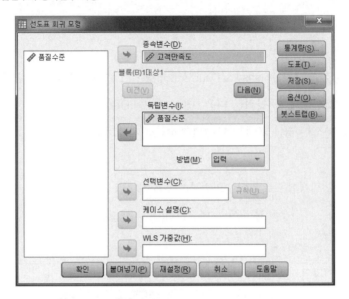

〈그림 7-2〉 화면 우측에는 통계량, 도표, 저장, 옵션 등 선택 버튼이 있다.

④ 통계량의 선택

출력하고자 하는 통계량(S)을 선택한다. 각 통계량의 내용은 다음 〈표 7-3〉과 같다.

그림 7-3   통계량 대화상자

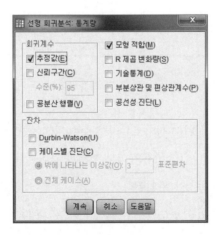

표 7-3   통계량 항목의 설명

항목	설명
추정값	회귀계수, 베타, t 값, 표준오차, 유의수준
신뢰구간	회귀계수에 대한 95% 신뢰구간
공분산 행렬	비표준회귀계수에 대한 분산-공분산 행렬
모형 적합	R, R 제곱, 수정된 R 제곱, 추정값의 표준오차
R 제곱 변화량	R 제곱 변화량, F 변화량
기술통계	평균과 표준편차
부분상관 및 편상관계수	변수들의 부분상관계수나 편상관계수
공선성 진단	변수들 간의 공선성, 개별 변수에 대한 공차한계
Durbin-Watson	자기상관
케이스별 진단	표준잔차에 대한 통계처

⑤ 옵션의 지정

〈그림 7-4〉와 같이 분석에 사용하고자 하는 옵션(O)을 지정한다. 각 옵션의 내용은 〈표 7-4〉와 같다.

  〈그림 7-4〉에서 계속을 클릭하고 〈그림 7-2〉로 돌아가 확인을 클릭하면 회귀분석 결과가 출력된다.

그림 7-4   옵션 지정 대화상자

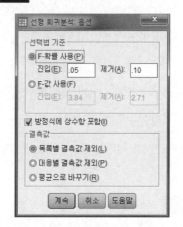

표 7-4   옵션 항목의 설명

항목	설명
F 확률 사용	모형에 변수를 더 많이 입력하려면 진입값을 높이고, 변수를 더 많이 제거하려면 제거값을 낮춘다. 진입 0.05, 제거 0.10
F 값 사용	모형에 변수를 더 많이 입력하려면 진입값을 낮추고, 변수를 더 많이 제거하려면 제거값을 높인다. 진입 3.84, 제거 2.71
결측값	결측값을 어떻게 처리할 것인가? 목록별ㆍ대응별로 제외할 것인가, 아니면 평균으로 바꿀 것인가?

2.3.2 분석 결과 및 해석

① 변수 입력의 방법

⟨표 7-5⟩에서는 종속변수에 고객만족도, 독립변수에 품질수준을 도입했고, '입력'의 방법을 사용했음을 나타내고 있다. '입력'은 동시 입력(enter), 즉 모든 변수를 동시에 입력하는 경우를 말한다. 이 외에도 변수 입력에는 단계적 입력(stepwise enter)의 방법이 있다.

표 7-5 진입 / 제거된 변수(b)

모형	진입된 변수	제거된 변수	방법
1	품질수준[a]	.	입력

a. 요청된 모든 변수가 입력되었습니다.
b. 종속변수: 고객만족도

② 결정계수

이 회귀모형에서는 결정계수인 R 제곱이 0.434로서 종속변수인 고객만족도의 변동량(variation) 중 43.4%가 독립변수인 품질수준에 의해 설명됨을 알 수 있다. R 제곱 값이 1에 가까울수록 회귀모형이 표본 관측치들을 잘 설명해주며, 독립변수와 종속변수 간의 상관관계가 높다는 뜻이 된다. 본 예제에서 상관계수는 $r = \sqrt{R^2} = 0.659$가 된다.

표 7-6 모형 요약

모형	R	R 제곱	수정된 R 제곱	추정값의 표준오차
1	.659[a]	.434	.422	.554

a. 예측값: (상수), 품질수준

③ 회귀모형의 유의성

⟨표 7-7⟩의 분산분석표에 의하면 검정통계량인 F 값은 36.826이고 유의확률 0.000으로서 유의수준(α) 0.01보다 작다. 따라서 이 회귀모형은 매우 유의적이라고 해석된다.

표 7-7   분산분석표

모형		제곱합	자유도	평균 제곱	F	유의확률
	회귀모형	11.322	1	11.322	36.826	.000[a]
1	잔차	14.758	48	.307		
	합계	26.080	49			

a. 예측값: (상수), 품질수준
b. 종속변수: 고객만족도

④ 회귀계수의 추정 및 유의성 검정

〈표 7-8〉에 제시된 회귀계수(β)와 상수 값에 의하면 추정된 회귀직선은 다음과 같다.

$$\hat{Y} = 3.166 + 0.374\,X_1$$

이 식은 품질수준이 1 증가할 때마다 고객만족도가 0.374만큼씩 증가한다는 것을 의미한다. 예를 들어 품질수준이 5라고 하면 예상 고객만족도는 5.036이 된다.

$$\hat{Y}(고객만족도) = 3.166 + 0.374\,(5) = 5.036$$

이 회귀직선의 회귀계수(β)는 0.374, t 값은 6.068로서 유의확률이 0.000이므로 유의수준 $\alpha = 0.01$에서 회귀계수는 통계적으로 매우 유의적이라고 할 수 있다. 따라서 품질수준은 고객만족도에 정(+)의 유의적인 영향을 미친다고 할 수 있다(참고로 〈표 7-7〉의 F 값은 〈표 7-8〉의 t 값의 제곱과 같다).

표 7-8   회귀계수의 추정

모형		비표준화 계수		표준화 계수		
		B	표준오차	베타	t	유의확률
1	(상수)	3.166	.200		15.855	.000
	품질수준	.374	.062	.659	6.068	.000

a. 종속변수: 고객만족도

3 다중회귀분석

3.1 다중회귀분석의 개요

다중회귀분석(multiple regression analysis)은 두 개 이상의 독립변수들이 종속변수에 영향을 미치는 것으로 가정하여 독립변수들과 종속변수의 구체적인 관계를 분석하는 기법이다. 다중회귀모형과 추정된 회귀함수는 보통 다음과 같이 표시된다.

$$\text{다중회귀모형: } Y = \alpha + \beta_1 X_1 + \beta_2 X_2 + \cdots + \beta_n X_n + \varepsilon$$
$$\text{추정된 회귀함수: } Y = a + b_1 X_1 + b_2 X_2 + \cdots + b_n X_n + e$$

다중회귀분석의 기본 논리는 단순회귀분석과 동일하다. 다만 회귀분석의 기본 가정에서 독립변수들 사이의 상관이 낮아야 한다는 가정이 추가된다. 만약 이 가정이 지켜지지 않으면 이른바 다중공선성(multicollinearity)의 문제가 발생한다.

또한 회귀모형의 유의성 검정을 위한 분산분석(ANOVA)에서 단순회귀분석과 차이가 있다. 단순회귀분석에서는 독립변수가 하나이기 때문에 F 통계량에 의한 회귀모형의 유의성 검정은 t 통계량에 의한 회귀계수(β)의 유의성 검정과 차이가 없지만, 다중회귀분석은 그렇지 않다. 우선 다음과 같은 가설이 설정된다.

- 귀무가설 H_0: $\beta_1 = \beta_2 = \cdots = \beta_n = 0$
- 대립가설 H_1: 모든 회귀계수가 0은 아니다.

분석 결과, F 비율이 임계치보다 크면 귀무가설을 기각하고 회귀모형의 유의성이 있다고 판단한다. 이어서 t 검정을 통해 각 독립변수에 대한 유의성 검정을 실시한다. 독립변수의 투입 방법은 모든 변수를 동시에 투입하는 '동시 입력(enter)'과 '단계적 입력(stepwise enter)'이 있다.

3.2 SPSS를 이용한 다중회귀분석

연구 문제

소비자 50명을 대상으로 제품의 가격적정성, 품질수준, 디자인, 포장이 고객만족도에 미치는 영향을 연구하고자 한다. 회귀모형은 다음과 같다. 단, X_1 = 가격적정성, X_2 = 품질수준, X_3 = 디자인, X_4 = 포장, Y = 고객만족도이다. 입수된 자료는 〈표 7-9〉와 같다.

$$Y = \alpha + \beta_1 X_1 + \beta_2 X_2 + \beta_3 X_3 + \beta_4 X_4 + \varepsilon$$

표 7-9 다중회귀분석 입력 자료

케이스	가격적정성	품질수준	디자인	포장	고객만족도
1	1	2	2	1	2
2	2	4	3	5	5
3	3	5	2	3	5
4	2	4	4	4	4
5	2	3	3	4	4
6	2	2	3	4	4
7	3	3	3	4	4
8	2	1	2	3	4
9	1	4	2	2	5
10	1	1	2	3	4
11	1	1	2	3	3
12	2	4	4	3	5
13	2	4	2	1	5
14	1	5	2	3	5
15	4	4	2	3	4
16	5	4	4	2	5
17	5	2	3	2	5
18	4	2	3	1	4
19	3	3	3	4	5
20	2	2	2	4	4

21	1	2	2	1	3
22	2	4	3	5	5
23	3	5	2	3	5
24	2	4	4	4	4
25	2	3	3	4	4
26	2	2	3	4	4
27	3	3	3	4	5
28	2	1	2	3	3
29	1	4	2	2	4
30	1	1	2	3	4
31	1	1	2	3	3
32	2	4	4	3	5
33	2	4	2	1	4
34	1	5	2	3	5
35	4	4	2	3	4
36	5	4	4	2	5
37	5	2	3	2	5
38	4	2	3	1	4
39	3	3	3	4	5
40	2	2	2	4	4
41	1	2	2	1	4
42	2	4	3	5	5
43	3	5	2	3	5
44	2	4	4	4	5
45	2	3	3	4	4
46	2	2	3	4	4
47	3	3	3	4	4
48	2	1	2	3	4
49	1	4	2	2	5
50	1	1	2	3	3

3.2.1 분석 절차: 동시 입력 방식

① 데이터베이스 작성

먼저 SPSS를 열고 PASW Statistics Data Editor 상에서 변수 보기(V)를 클릭하여 변수 '가격적정성', '품질수준', '디자인', '포장', '고객만족도'를 입력한 다음, 데이터 보기(D)를 클릭하여 변수 값을 입력한다(〈그림 7-5〉). 분석이 끝난 후 '다중회귀.sav'로 저장해둔다.

② 다음 절차를 실행함으로써 다중회귀분석을 시작한다.

분석(A) → 회귀분석(R) → 선형(L) …

그림 7-5   다중회귀분석 데이터 입력

③ 분석 대상 변수 지정

종속변수(D) 상자에 고객만족도를 보내고, **독립변수(I)** 상자에 가격적정성, 품질수준, 디자인, 포장을 선택하여 보낸다. **방법(M)**으로는 기본 설정된 '입력'을 유지한다. '입력' 방식은 동시 입력, 즉 모든 독립변수들이 동시에 입력되는 방식이다.

그림 7-6　독립변수와 종속변수 지정

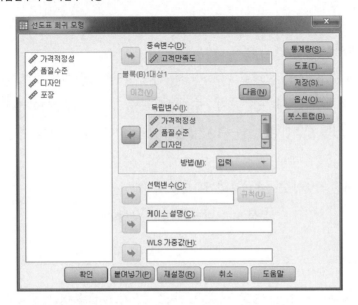

④ 출력 통계량 지정

그림 7-7　통계량 대화상자

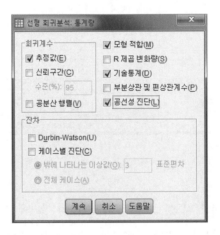

〈그림 7-6〉에서 **통계량(S)**을 클릭한다. 통계량 대화상자에서는 여러 선택사항들 중 회귀
계수의 추정값(E), 모형 적합(M), 기술통계(D), 공선성 진단(L)을 지정한다.

3.2.2 분석 결과: 동시 입력 방식

① 기술통계량 및 상관관계

〈표 7-10〉과 〈표 7-11〉은 변수들의 평균, 표준편차 및 각 변수들 간의 상관관계를 보여준다. 〈표 7-11〉에 의하면 종속변수인 고객만족도는 가격적정성, 품질수준, 디자인과는 유의적 상관관계가 있으나, 포장과의 상관관계는 유의성이 없음을 알 수 있다.

표 7-10 기술통계량

	평균	표준편차	N
고객만족도	4.28	.730	50
가격적정성	2.30	1.182	50
품질수준	2.98	1.286	50
디자인	2.64	.722	50
포장	3.02	1.134	50

표 7-11 상관계수

		고객만족도	가격적정성	품질수준	디자인	포장
Pearson 상관	고객만족도	1.000	.374	.659	.350	.190
	가격적정성	.374	1.000	.165	.416	-.096
	품질수준	.659	.165	1.000	.234	.098
	디자인	.350	.416	.234	1.000	.308
	포장	.190	-.096	.098	.308	1.000
유의확률 (단측)	고객만족도	.	.004	.000	.006	.093
	가격적정성	.004	.	.126	.001	.254
	품질수준	.000	.126	.	.051	.249
	디자인	.006	.001	.051	.	.015
	포장	.093	.254	.249	.015	.
N	고객만족도	50	50	50	50	50
	가격적정성	50	50	50	50	50
	품질수준	50	50	50	50	50
	디자인	50	50	50	50	50
	포장	50	50	50	50	50

② 회귀모형의 유의성 검정

표 7-12 모형 요약

모형	R	R 제곱	수정된 R 제곱	추정값의 표준오차
1	.731[a]	.534	.492	.520

a. 예측값: (상수), 포장, 가격적정성, 품질수준, 디자인

〈표 7-12〉는 가격적정성, 품질수준, 디자인, 포장의 4개 독립변수들이 투입된 결과 도출된 R 제곱(결정계수) 값을 보여준다. R 제곱은 0.534로서 독립변수들이 종속변수의 변동량 중 53.4%를 설명하고 있다. 일반적으로 독립변수의 수가 증가하면 R 제곱 값이 증가한다. 본 예에서도 독립변수가 한 개(43.4%)일 때(〈표 7-6〉)보다 네 개일 때 회귀함수의 설명력이 10%만큼 높다.

독립변수가 여러 개인 다중회귀분석의 설명력을 표현할 때에는 단순회귀분석에서 사용된 R 제곱 대신 수정된 R 제곱(adjusted R^2)을 사용한다. 수정된 R 제곱은 독립변수 수의 증가에 따른 R 제곱 값의 증가를 반영한 수정된 결정계수이다.

표 7-13 분산분석표

모형		제곱합	자유도	평균 제곱	F	유의확률
1	회귀모형	13.920	4	3.480	12.878	.000[a]
	잔차	12.160	45	.270		
	합계	26.080	49			

a. 예측값: (상수), 포장, 가격적정성, 품질수준, 디자인
b. 종속변수: 고객만족도

〈표 7-13〉은 회귀모형의 유의성 검정을 위한 분산분석 결과이다. 검정통계량은 F로서, Y의 분산 중 회귀모형에 의해 설명되는 분산 대 설명되지 않는 분산의 비율을 나타낸다. 본 예에서는 F 통계량 12.878, 유의확률 0.000으로 회귀모형이 매우 유의적이다.

③ 추정된 회귀계수 및 회귀함수

〈표 7-14〉는 다중회귀분석 결과 추정된 회귀계수이다. 추정된 회귀함수는 다음과 같다. 단, Y = 고객만족도, X_1 = 가격적정성, X_2 = 품질수준, X_3 = 디자인, X_4 = 포장이다.

$$Y = 2.480 + 0.164X_1 + 0.333X_2 + 0.060X_3 + 0.090X_4$$

표 7-14 회귀계수

모형		비표준화 계수		표준화 계수		유의확률	공선성 통계량	
		B	표준오차	베타	t		공차	VIF
1	(상수)	2.480	.330		7.519	.000		
	가격적정성	.164	.072	.266	2.283	.027	.765	1.306
	품질수준	.333	.060	.587	5.587	.000	.937	1.067
	디자인	.060	.124	.059	.483	.632	.688	1.453
	포장	.090	.071	.140	1.262	.214	.842	1.188

a. 종속변수: 고객만족도

④ 개별 회귀계수의 유의성 검정

〈표 7-14〉에 의하면 가격적정성($p = 0.027$)과 품질수준($p = 0.000$)은 통계적으로 유의적이다. 그러나 디자인과 포장은 유의적이지 않다.

각 독립변수의 유의성과 관련하여 어느 독립변수가 종속변수에 상대적으로 더 영향력이 큰지 확인하기 위해서는 표준화계수를 보아야 한다. 독립변수들의 측정단위가 각기 다르기 때문에 원래의 계수로는 독립변수들의 상대적 중요도를 평가할 수 없기 때문이다. 표준화 계수는 입력 자료를 평균 = 0, 표준편차 = 1로 표준화시킨 값이다. 〈표 7-14〉에 나타난 표준화 계수를 비교하면, 네 개의 독립변수 중 고객만족도에 가장 영향력이 큰 변수는 품질수준이며, 그다음은 가격적정성, 포장, 디자인의 순이다.

⑤ 공선성 진단

회귀분석의 기본 전제는 독립변수들 간 상관관계가 낮아야 한다는 것이다. 독립변수들 사이에 존재하는 상관관계의 수준이 곧 공선성(collinearity)이다. 독립변수가 셋 이상이면 다중공선성(multicollinearity)이라 한다. 공선성 진단의 주요 지표는 공차한계와 분산팽창 요인이다.

공차한계(tolerance)는 한 독립변수의 전체 변동량 중 다른 독립변수들에 의해 설명되지 않는 부분의 비율로서 '$1-R^2$'로 정의된다. 따라서 공차한계가 작을수록 공선성이 강하고 클수록 공선성이 약한 것으로 본다. 공선성이 문제시되는 공차한계의 일반적 기준은 0.10 이하이다. 분산팽창요인(VIF: Variance Inflation Factor)은 공차한계의 역수로서, 이 값이 클수록 공선성이 강함을 의미한다. 공선성이 문제시되는 VIF의 일반적 기준은 10 이상이다. 〈표 7-14〉를 보면, 공차한계는 0.10보다 훨씬 크고 VIF는 10보다 훨씬 작으므로 공선성의 문제는 없다고 할 수 있다(161쪽 '공선성 2단계 진단법' 참조).

3.2.3 분석 절차: 단계적 입력 방식

단계적 입력 방식은 독립변수들 중 설명력(R^2 또는 편상관)이 높고 회귀계수의 통계적 유의성이 높은 변수부터 단계적으로 투입하다가 계수의 유의확률이 일정한 유의수준(예: 0.05)보다 낮게 되면 이 변수를 제외하고 추가적 변수 입력을 중지하는 방법이다.

① 〈그림 7-5〉에서 저장해놓은 자료를 사용하기 위해 파일을 연다(다중회귀.sav).

② 다음 절차를 실행함으로써 다중회귀분석을 시작한다.

분석(A) → 회귀분석(R) → 선형(L) …

③ 분석 대상 변수를 지정한다. 즉, 종속변수(D) 상자에 고객만족도를 보내고, 독립변수(I) 상자에 가격적정성, 품질수준, 디자인, 포장을 선택하여 보낸다.

④ 〈그림 7-8〉과 같이 **방법(M)**에서 입력 방식 중 '단계 선택'을 선택한다. SPSS에서의 '단계 선택'은 단계적 입력 방식을 의미한다.

| 그림 7-8 | 독립변수 투입방법 선정 |

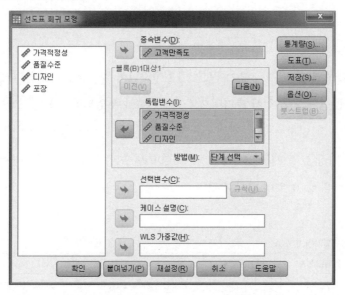

| 그림 7-9 | 통계량의 선택 |

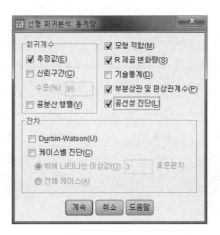

〈그림 7-8〉에서 **통계량(S)**을 클릭한 후, 〈그림 7-9〉의 통계량 대화상자에서 회귀계수 추정값(E), 모형 적합(M), R 제곱 변화량(S), 부분상관 및 편상관계수(P), 공선성 진단(L)을 선택한다. R 제곱 변화량(S)은 단계 선택 방식에서만 유효하다.

3.2.4 분석 결과: 단계적 입력 방식

① 독립변수의 확정

〈표 7-15〉를 보면 제1단계(모형 1)에서는 품질수준만이 독립변수로 투입되었고, 제2단계(모형 2)에서는 가격적정성이 추가적으로 독립변수로 투입되었음을 알 수 있다. 여기서 품질수준이 가장 먼저 투입된 것은 〈표 7-11〉에서 볼 수 있는 바와 같이 종속변수와의 상관관계가 가장 높기 때문이다(상관계수 0.659). 변수의 진입 및 제거 기준은 각각 유의확률 값 0.050와 0.100임이 나타나 있다.

표 7-15	진입 / 제거된 변수(a)		
모형	진입된 변수	제거된 변수	방법
1	품질수준	.	단계 선택 (기준: 입력할 F의 확률 〈 = .050, 제거할 F의 확률 〉 = .100)
2	가격적정성	.	단계 선택 (기준: 입력할 F의 확률 〈 = .050, 제거할 F의 확률 〉 = .100)

a. 종속변수: 고객만족도

표 7-16	분석에서 제외된 변수							
모형		베타 입력	t	유의확률	편상관계수	공선성 통계량		
						공차	VIF	최소공차한계
1	가격적정성	$.272^a$	2.622	.012	.357	.973	1.028	.973
	디자인	$.208^a$	1.909	.062	.268	.945	1.058	.945
	포장	$.127^a$	1.168	.249	.168	.990	1.010	.990
2	디자인	$.117^b$	1.020	.313	.149	.799	1.252	.799
	포장	$.160^b$	1.566	.124	.225	.977	1.023	.960

a. 모형 내의 예측값: (상수), 품질수준
b. 모형 내의 예측값: (상수), 품질수준, 가격적정성
c. 종속변수: 고객만족도

〈표 7-16〉은 각 단계별 모형에서 제외된 변수들을 나타내고 있다. 여기서 베타 입력은 해당 변수가 독립변수로 추가 투입된 새로운 모형에서의 표준화 계수를 의미하며, 유의확률은 이 계수의 P-value를 의미한다. 모형 1에서 가격적정성은 유의적이므로(유의확

률 〈 0.05) 독립변수로 진입하여 모형 2를 구성한다. 만약 유의적인 변수가 둘 이상이면 편상관계수가 진입 우선순위의 기준이 된다. 품질수준과 가격적정성이 포함된 모형 2에서 디자인과 포장은 비유의적이므로 더 이상 독립변수의 추가 투입을 계속하지 않는다.

② 회귀모형의 설명력

표 7-17 모형 요약

모형	R	R 제곱	수정된 R 제곱	추정값의 표준오차	통계량 변화량				
					R 제곱 변화량	F 변화량	df1	df2	유의확률 F 변화량
1	.659[a]	.434	.422	.554	.434	36.826	1	48	.000
2	.712[b]	.506	.485	.523	.072	6.873	1	47	.012

a. 예측값: (상수), 품질수준
b. 예측값: (상수), 품질수준, 가격적정성

〈표 7-17〉의 모형 1에서 품질수준만 투입되어 회귀분석한 결과 R^2이 0.434로 나타났다. 가격적정성이 추가적으로 투입된 모형 2에서는 R^2이 0.506으로 0.072만큼 증가했으며, 이 R^2 증가량은 유의적임을 알 수 있다(F 변화량 = 6.873, 유의확률 = 0.012).

③ 회귀모형의 유의성 검정

표 7-18 분산분석

모형		제곱합	자유도	평균 제곱	F	유의확률
1	회귀모형	11.322	1	11.322	36.826	.000[a]
	잔차	14.758	48	.307		
	합계	26.080	49			
2	회귀모형	13.205	2	6.603	24.103	.000[b]
	잔차	12.875	47	.274		
	합계	26.080	49			

a. 예측값: (상수), 품질수준
b. 예측값: (상수), 품질수준, 가격적정성
c. 종속변수: 고객만족도

〈표 7-18〉 분산분석에서는 각 단계별 회귀모형의 유의성을 보여준다. 품질수준만을 투

입한 회귀모형 1과 가격적정성을 추가적으로 투입한 회귀모형 2는 모두 유의성이 있는 것으로 나타나고 있다.

④ 추정된 회귀계수 및 회귀함수

〈표 7-19〉에는 각 모형별 회귀계수 추정치들이 나타나 있다. 단계 선택(단계적 입력) 방식에 의해 독립변수를 투입한 결과, 추정된 회귀함수는 다음과 같다(모형 2).

$$고객만족도(Y) = 2.855 + 0.348X_1(품질수준) + 0.168X_2(가격적정성)$$

표 7-19 회귀계수

모형		비표준화 계수		표준화 계수	t	유의 확률	상관계수			공선성 통계량	
		B	표준 오차	베타			0차	편상관	부분 상관	공차	VIF
1	(상수)	3.166	.200		15.855	.000					
	품질수준	.374	.062	.659	6.068	.000	.659	.659	.659	1.000	1.000
2	(상수)	2.855	.223		12.827	.000					
	품질수준	.348	.059	.614	5.908	.000	.659	.653	.605	.973	1.028
	가격적정성	.168	.064	.272	2.622	.012	.374	.357	.269	.973	1.028

a. 종속변수: 고객만족도

여기서 모형 1의 경우 0차 상관, 편상관, 부분상관이 모두 0.659이다. 이는 품질수준과 고객만족도 간의 상관계수가 0.659이기 때문이다. 세 값이 동일한 것은 모형 1에 다른 변수가 포함되어 있지 않기 때문이다. 다음으로 모형 2의 0차 상관은 그대로 0.659인데, 편상관과 부분상관의 값은 달라졌다. 이는 모형에 다른 변수인 가격적정성이 투입되었기 때문이다.

다중공선성의 경우 〈표 7-19〉의 모형 2에서 두 변수의 공차한계는 0.10보다 훨씬 크고 VIF 또한 10보다 훨씬 작으므로, 공선성은 극히 낮다고 할 수 있다.

3.2.5 공선성 2단계 진단법

공차한계나 VIF에 의한 다중공선성 진단 방법을 보완하기 위한 수단으로 개발된 것이
2단계 진단법(two-part diagnostics)이다. 여기서는 독립변수들 사이의 공선성 존재 여부
를 2단계로 나누어 진단한다(〈표 7-20〉 참조). 제1단계는 상태지수(condition index)의 점
검이다. 상태지수는 가장 큰 고유값을 그 차원의 고유값으로 나눈 값의 제곱근으로서, 이
값이 클수록 공선성의 가능성이 커진다. 공선성 진단을 위한 상태지수의 임계치는 보통
15~30의 범위에서 결정되지만, 가장 자주 이용되는 임계치는 30이다. 따라서 상태지수
가 30 이상인 차원이 있으면 이 차원은 공선성의 가능성이 있는 것으로 보고 제2단계로
넘어가고, 이러한 차원이 없으면 공선성 문제가 없는 것으로 판단한다. 〈표 7-20〉을 보
면 본 예에서 단계적 입력 방식에 의한 회귀분석의 경우 모형 2의 상태지수들이 모두 15
미만이기 때문에 다중공선성의 가능성은 없는 것으로 보인다.

표 7-20 공선성 진단

모형	차원	고유값	상태지수	분산 비율		
				(상수)	품질수준	가격적정성
1	1	1.920	1.000	.04	.04	
	2	.080	4.888	.96	.96	
2	1	2.774	1.000	.01	.02	.02
	2	.154	4.240	.02	.36	.79
	3	.072	6.201	.97	.62	.19

a. 종속변수: 고객만족도

두 번째 단계는 계수분산 비율(proportion of variance of coefficient) 점검이다. 계수분산
비율(SPSS에서는 분산 비율)은 각 회귀계수 추정치의 분산 중 해당 차원에 의해 설명되는
분산의 비율을 말한다. 제1단계에서 상태지수가 30 이상인 각 차원별로 만약 계수분산
비율이 높은(보통은 0.9 이상) 회귀계수가 둘 이상 존재하면, 이 계수들의 독립변수들 사
이에 다중공선성이 존재하는 것으로 판단한다. 본 예에서는 제1단계에서 상태지수들이

매우 낮아 독립변수들 간 다중공선성 문제는 없는 것으로 보인다. 이는 앞서의 공차한계나 VIF 기준에 의한 공선성 진단에서 이 값들이 임계치(0.10 이하 및 10 이상)와 워낙 큰 차이가 나서 다중공선성 문제는 없다는 결론을 내린 결과와 일치한다.

Chapter 08 로지스틱 회귀분석

1 로지스틱 회귀분석의 개요

1.1 의의

로지스틱 회귀분석(logistic regression)은 앞 장에서 설명한 회귀분석의 특수한 형태로서, 비선형 회귀분석 기법에 해당한다. 로짓 분석(logit analysis)이라고도 한다. 이 기법은 독립변수가 등간척도, 비율척도와 같은 계량척도(metric scale)로 측정되는 변수이고, 종속변수가 0, 1과 같은 두 범주의 값으로 측정되는 이분형 변수(binary variable)인 경우에 이용된다.

로지스틱 회귀분석의 목적은 조사 대상을 두 집단, 즉 특정 사건이 발생하는 집단과 발생하지 않는 집단으로 분류하는 데 있다. 이 기법이 적용 가능한 대표적 예는 다음과 같다.

• 특정 제품의 가격, 품질, 디자인, 서비스 수준에 따라 이 제품을 구입한 소비자들을 만족 집단과 불만족 집단으로 분류하고자 할 때

- 기업의 재무구조, 리더십 수준, 조직문화의 유형, 종업원의 사기 수준이 기업의 성공 여부에 영향을 미치는지 분석하고자 할 때
- 학생들의 건강, 가정환경, 학교생활 만족도에 따라 학생들을 성적 우수 집단과 성적 불량 집단으로 분류하고자 할 때

1.2 기본 원리 및 타 기법과의 비교

앞의 선형 회귀분석에서는 독립변수와 종속변수의 선형적 관계를 가정하여 최소자승법, 즉 종속변수의 실제 값들과 추정치들 사이의 잔차 제곱의 합을 최소화하는 방법으로 회귀계수를 추정했다. 반면에 로지스틱 회귀분석에서는 최우추정법(maximum likelihood estimation), 즉 주어진 표본의 발생 가능성을 최대화하는 방법으로 회귀계수를 추정한다.

로지스틱 회귀분석의 회귀함수는 〈그림 8-1〉과 같이 S 자 형태를 띤다. 여기서 종속변수는 특정 사건의 발생 확률(p)이고 독립변수는 이 사건의 발생에 영향을 미치는 변수들이다. 따라서 종속변수 p는 0과 1 사이의 값을 가지며, 만약 p가 0.5보다 크면 이 사건이 발생하는 것으로 보고, 그렇지 않으면 이 사건이 발생하지 않는 것으로 본다.

그림 8-1   로지스틱 회귀함수

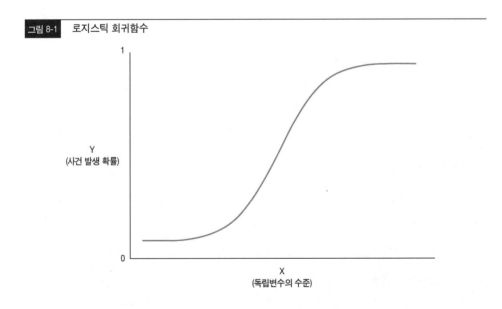

로지스틱 회귀분석의 일반 모형은 다음과 같다. 이 함수를 로짓 함수(logit function)라 한다. 단, p = 특정 사건의 발생 확률, ln = 자연로그(natural logarithm)이다.

$$\frac{p}{1-p} = e^{\beta_0 + \beta_1 X_1 + \beta_2 X_2 + \cdots + \beta_n X_n}$$

$$즉, \ \ln\left(\frac{p}{1-p}\right) = \beta_0 + \beta_1 X_1 + \beta_2 X_2 + \cdots + \beta_n X_n$$

로지스틱 회귀분석에서는 모집단을 특정의 사건이 발생하는 집단(예: 만족 집단)과 발생하지 않는 집단(예: 불만족 집단)의 두 집단으로 구분하고, 입수된 자료를 이용하여 이 로짓 함수의 회귀계수를 추정한다. 다음으로, 추정된 로짓 함수에 조사 대상의 독립변수 값들을 대입하여 사건의 발생 확률 p를 산출한다. 만약 p가 0.5 미만이면 제1집단으로 분류하고, 0.5 이상이면 제2집단으로 분류한다.

로지스틱 회귀분석은 조사 대상을 상이한 집단으로 분류하는 데 목적을 둔다는 점에서 판별분석과 유사하다. 그러나 판별분석에서는 독립변수들이 다변량 정규분포(multivariate normal distribution)를 따르며 집단 간 분산-공분산 구조(variance-covariance structure)가 동일하다고 가정하는 반면, 로지스틱 회귀분석에서는 이러한 가정을 엄격히 요구하지 않는다. 또한 독립변수들 중 명목척도로 측정되는 변수가 있으면 일반적 회귀분석에서처럼 이를 더미 변수로 처리하면 된다. 이런 점에서 로지스틱 회귀분석은 판별분석보다 유용한 기법이라 할 수 있다. 다만 종속변수의 범주가 셋 이상이면 이 기법을 적용할 수 없으며, 이 경우 판별분석을 이용해야 한다.

2 SPSS를 이용한 로지스틱 회귀분석

2.1 연구 문제 및 입력 데이터

로지스틱 회귀분석의 예로서 여기서는 특정의 제품을 구매한 50명의 소비자들을 상대로 설문조사를 실시하여 그 결과를 바탕으로 이 제품에 대한 소비자들의 재구매 여부에 영향을 미치는 요인을 파악하고자 한다.

종속변수는 제품의 재구매 여부이며, 독립변수로서 가격적정성, 품질, 디자인, 포장의 네 가지를 선정했다. 이러한 변수들을 토대로 소비자 집단을 제품의 재구매 집단과 비재구매 집단으로 분류하는 것이 연구의 목적이다. 독립변수의 투입은 동시 입력 방식을 적용했다. 단, 1 = 비재구매 집단, 2 = 재구매 집단이다.

표 8-1 로지스틱 회귀분석 입력 데이터

케이스	가격적정성	품질	디자인	포장	재구매 여부
1	1	2	2	1	1
2	2	4	3	5	2
3	3	5	2	3	2
4	2	4	4	4	2
5	2	3	3	4	2
6	2	2	3	4	2
7	3	3	3	4	2
8	2	1	2	3	1
9	1	4	2	2	2
10	1	1	2	3	2
11	1	1	2	3	1
12	2	4	4	3	1
13	2	4	2	1	1
14	1	5	2	3	2
15	4	4	2	3	2
16	5	4	4	2	1
17	5	2	3	2	2
18	4	2	3	1	1
19	3	3	3	4	2
20	2	2	2	4	1
21	1	2	2	1	1
22	2	4	3	5	2
23	3	5	2	3	2
24	2	4	4	4	2
25	2	3	3	4	2

26	2	2	3	4	2
27	3	3	3	4	2
28	2	1	2	3	1
29	1	4	2	2	2
30	1	1	2	3	2
31	1	1	2	3	1
32	2	4	4	3	1
33	2	4	2	1	1
34	1	5	2	3	2
35	4	4	2	3	2
36	5	4	4	3	1
37	5	2	3	2	2
38	4	2	3	1	1
39	3	3	3	4	2
40	2	2	2	4	1
41	1	2	2	1	1
42	2	4	3	5	2
43	3	5	2	3	2
44	2	4	4	4	2
45	2	3	3	4	2
46	2	2	3	4	2
47	3	3	3	4	2
48	2	1	2	3	1
49	1	4	2	2	2
50	1	1	2	3	2

2.2 분석 절차

① 데이터베이스 작성

먼저 SPSS를 열고 PASW Statistics Data Editor 상에서 변수 보기(V)를 클릭하여 변수 '가격적정성', '품질', '디자인', '포장', '재구매 여부'를 입력한 다음, 데이터 보기(D)를 클릭하여 변수 값을 입력한다(〈그림 8-2〉). 분석이 끝난 후에는 '로지스틱회귀.sav'로 저장해 둔다.

② 다음 절차를 실행함으로써 로지스틱 회귀분석을 시작한다.

분석(A) → 회귀분석(R) → 이분형 로지스틱(G) …

그림 8-2 로지스틱 회귀분석 데이터 입력

---

③ 분석 대상 변수 지정

로지스틱 회귀모형의 대화상자가 나타나면 〈그림 8-3〉과 같이 종속변수(D)에 재구매 여부

그림 8-3 분석 대상 변수 지정

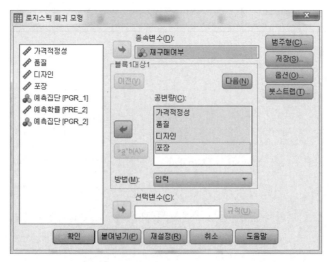

를, 공변량(C)에 독립변수인 가격적정성, 품질, 디자인, 포장을 보낸다. 방법(M)은 기본 설정된 '입력' 상태를 유지한다.

④ 기타 옵션

- 범주형(C)을 클릭하여 공변량에 입력된 변수들을 범주형으로 처리한다.
- 저장(S)을 클릭하여 확률(P)과 소속집단 (G)을 선정한다.
  - 확률(P): 각 케이스에 대한 사건의 예측 발생 확률을 산출한다.
  - 소속집단(G): 예측 확률에 기초하여 각 케이스가 할당될 집단이 표시된다.
- 옵션(O)을 클릭하여 분류도표(C)와 Hosmer-Lemeshow 적합도(H)를 선택한다.
  - 분류도표(C): 각 집단에 속한 케이스의 예측집단을 히스토그램으로 나타낸다. 나머지 선택사항들은 기본 설정대로 둔다.

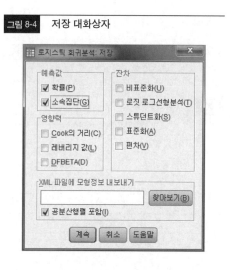

그림 8-4 저장 대화상자

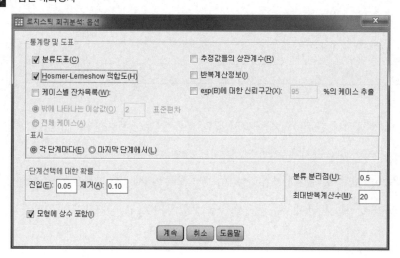

그림 8-5 옵션 대화상자

2.3 분석 결과 및 해석

〈그림 8-3〉에서 확인을 클릭하면 로지스틱 회귀분석의 결과가 출력된다. 본 예에서는 〈표 8-2〉와 같이 결측 자료(missing)가 없기 때문에 모든 케이스가 분석에 포함된다.

표 8-2 케이스 처리 요약

가중되지 않은 케이스[a]		N	퍼센트
선택 케이스	분석에 포함	50	100.0
	결측 케이스	0	0.0
	합계	50	100.0
비선택 케이스		0	0.0
합계		50	100.0

a. 가중값을 사용하는 경우에는 전체 케이스 수의 분류표를 참조하십시오.

2.3.1 분석의 시작

SPSS에서는 〈표 8-3〉과 같이 자체적으로 종속변수의 원래 값들 중 작은 값은 '0', 큰 값은 '1'로 자동 변환시킨다. 따라서 데이터 입력 시 1로 코딩된 자료는 0으로 처리되고, 2로 코딩된 자료는 1로 처리된다.

표 8-3 종속변수 코딩

원래 값	내부 값
1	0
2	1

〈표 8-4〉는 시작 단계(0 단계)에서의 집단 분류 결과를 보여준다. 시작 단계에서는 일단 모든 케이스들을 크기가 큰 집단(여기서는 집단 2)에 분류한다. 즉, 집단 1의 18명과 집단 2의 32명 모두 집단 2에 분류되며, 따라서 분류의 전체적 정확도는 64.0%(32 / 50)가 된다. 그리고 시작 단계에서는 독립변수를 포함하지 않고 상수항만으로 회귀식을 구성한다.

표 8-4   시작 블록 - 분류표

감시됨			예측		
			재구매 여부		
			1	2	분류정확 %
0단계	재구매 여부	1	0	18	0.0
		2	0	32	100.0
	전체 퍼센트				64.0

a. 모형에 상수항이 있습니다.

b. 절단값은 .500입니다.

2.3.2 회귀모형의 적합도 검정

회귀모형의 적합성을 검정하는 방법에는 여러 가지가 있으나 가장 대표적인 것이 -2 log 우도(-2 log of likelihood: -2LL이라 함) 검정과 카이제곱 검정이다. 귀무가설은 "모든 독립변수들의 회귀계수가 0이다"이다.

먼저 〈표 8-5〉에 제시된 -2LL은 일반 회귀분석의 잔차 제곱합(sum of squared residuals)과 같이 회귀모형의 적합도가 높을수록 그 값이 작아진다. 이 값이 0이면 모형의 적합도가 완벽함을 의미한다. 모형의 적합도는 Cox와 Snell의 R-제곱과 Nagelkerke R-제곱에 의해서도 평가될 수 있는데, 둘 다 일반적 회귀분석에서의 결정계수와 유사한 척도이다. 둘 중 Nagelkerke R-제곱이 더 자주 이용된다. 본 예에서 이 값은 0.526이기 때문에 회귀모형의 적합도가 매우 높다고 할 수 있다.

표 8-5   모형 요약

단계	-2 Log 우도	Cox와 Snell의 R-제곱	Nagelkerke R-제곱
1	41.166[a]	.383	.526

a. 모수 추정값이 .001보다 작게 변경되어 계산반복수 6에서 추정을 종료했습니다.

〈표 8-6〉의 카이제곱 값은 상수항만으로 구성된 모형(0 단계)의 -2LL 값과 모든 독립변수가 포함된 모형(1단계)의 -2LL 값의 차이를 나타낸다. 이 표에서는 모든 독립변수가 포함된 회귀모형이 상수항만 포함된 모형보다 24.176의 -2LL 만큼 모형의 적합도가 향상되

었음을 의미한다(역으로, 0 단계의 -2LL 값은 41.166 + 24.176, 즉 65.342임). 자유도는 독립변수의 수와 같다.

〈표 8-6〉의 카이제곱 검정에서 '블록'은 "모형에 마지막으로 투입된 변수의 회귀계수가 0"이라는 귀무가설의 검정 결과를 보여준다. 본 예에서는 동시 입력 방식을 사용했기 때문에 별 의미가 없다. 또한 '모형'은 "모든 독립변수들의 회귀계수가 0"이라는 귀무가설의 검정 결과를 보여준다. 여기서는 유의확률이 0.000으로서 귀무가설이 기각되며, 네 가지 독립변수로 구성된 회귀모형의 적합도가 높아 모형이 유용하다는 결론을 내릴 수 있다.

표 8-6   모형 계수 전체 테스트

		카이제곱	자유도	유의확률
1단계	단계	24.176	4	.000
	블록	24.176	4	.000
	모형	24.176	4	.000

〈표 8-7〉은 Hosmer와 Lemeshow 검정에 의한 모형의 전체적 적합도 분석 결과이다. 이 검정에서 카이제곱 값은 종속변수의 실제 값과 모형에 의한 예측 값의 일치 정도를 나타낸다. 카이제곱 값이 작을수록 모형의 적합도가 높다는 것을 뜻한다. 귀무가설은 "회귀모형이 적합하다"이며, 따라서 유의확률이 주어진 유의수준(α)보다 크면 귀무가설을 받아들여 모형이 적합하다는 결론을 내린다. 본 예의 경우 카이제곱 값이 13.238이고, 유의확률이 0.104로서 $\alpha = 0.05$보다 크기 때문에 네 가지 독립변수로 구성된 회귀모형의 적합도에는 문제가 없는 것으로 판단된다.

표 8-7   Hosmer와 Lemeshow 검정

단계	카이제곱	자유도	유의확률
1	13.238	8	.104

2.3.3 회귀함수의 추정 및 유의성 검정

〈표 8-8〉은 동시 입력 방식에 의한 로지스틱 회귀계수들의 추정 결과이다. B의 부호가 양(+)이면 케이스의 변수 값이 클수록 내부 값이 1인 집단(여기서는 집단 2)에 분류될 가능성이 크고, 음(−)이면 변수 값이 클수록 내부 값이 0인 집단(여기서는 집단 1)에 분류될 가능성이 크다. 예를 들면 품질이 좋을수록 집단 2에, 디자인이 좋을수록 집단 1에 분류될 가능성이 크다.

Wald는 추정된 회귀계수(B)를 이 추정치의 표준오차(S.E.)로 나눈 값의 제곱, 즉 $(B/S.E.)^2$으로서, 각 독립변수의 유의성을 검증하는 데 이용되는 통계량이다. 이 값이 클수록 해당 독립변수의 유의성이 커진다. 본 예에서는 유의수준 $\alpha = 0.05$에서 품질과 포장은 유의한 것으로 나타났으나, 가격적정성과 디자인은 유의하지 않은 것으로 나타났다.

마지막 열의 Exp(B)는 e^B(e는 자연로그의 밑으로서 e = 2.71828…)를 뜻하며, 각 독립변수의 값이 1만큼 증가할 때 내부 값이 1인 집단(여기서는 집단 2)에 속할 확률이 0인 집단(여기서는 집단 1)에 속할 확률의 몇 배인가를 나타낸다. 따라서 이 값이 클수록 해당 독립변수의 값이 증가함에 따라 집단 2에 속할 가능성이 높다. e^B는 회귀계수의 부호와도 관련이 있는데, 이 값이 1 이상이면 B의 부호는 양(+), 1 미만이면 B의 부호는 음(−)이 된다.

이 표의 B 열로부터 다음과 같은 로지스틱 회귀식이 도출된다. 단, p = 케이스가 집단 2에 소속될 확률이다. 참고로 이 식에서 p / (1−p)를 로짓(logit)이라 한다.

$$\ln\left(\frac{p}{1-p}\right) = -4.382 + 0.398(가격적정성) + 0.878(품질) - 1.205(디자인) + 1.658(포장)$$

표 8-8 방정식에 포함된 변수

		B	S.E.	Wald	자유도	유의확률	Exp(B)
1단계[a]	가격적정성	.398	.412	.933	1	.334	1.489
	품질	.878	.375	5.492	1	.019	2.406
	디자인	-1.205	.791	2.320	1	.128	.300
	포장	1.658	.520	10.188	1	.001	5.251
	상수항	-4.382	1.785	6.023	1	.014	.013

a. 변수가 1단계에 진입했습니다. 가격적정성, 품질, 디자인, 포장.

2.3.4 표본 케이스의 분류

추정된 로지스틱 회귀함수에 각 케이스의 독립변수 값을 대입하면 이 케이스에 대한 p 값이 도출된다. 여기서 만약 $p \geq 0.5$이면 이 케이스를 집단 2로, 그렇지 않으면 집단 1로 분류한다. 〈표 8-9〉는 이처럼 로지스틱 회귀함수를 이용하여 표본의 각 케이스를 두 집단으로 분류한 결과이다. 이 표에서 '감시됨(observed)'은 실제 소속집단, '예측(predicted)'은 추정된 회귀함수에 의해 예측된 집단을 의미한다. 집단 1은 제품 비재구매 집단, 집단 2는 제품 재구매 집단이다. 분류 결과, 집단 1에 소속된 28명 중 14명이 제대로 분류되었고, 집단 2에 소속된 32명 중 27명이 제대로 분류되었다. 분류의 정확도는 82.0%(41 / 50)이다.

표 8-9 분류표

감시됨			예측		
			재구매 여부		분류정확 %
			1	2	
1단계	재구매 여부	1	14	4	77.8
		2	5	27	84.4
	전체 퍼센트				82.0

a. 절단값은 .500입니다.

집단 분류 히스토그램: 〈그림 8-6〉은 〈표 8-9〉의 분류표를 히스토그램으로 나타낸 것이다. 횡축에서 확률 0.5를 기준으로 왼쪽은 집단 1로 분류된 케이스, 오른쪽은 집단 2로 분류된 케이스들이다. 그림 속의 숫자 1과 2는 원래의 소속집단을 의미하며, 숫자 하나당 0.5개의 케이스를 나타낸다. 즉, 숫자 2개가 하나의 케이스를 구성한다. 예로서 분류표를 보면 실제로 집단 1에 소속된 18명 중 4명이 집단 2로 잘못 분류되고 있는데, 이로인해 히스토그램 오른쪽(예측집단 2)에 8개의 1(실제집단 1)이 나타난다($8 \times 0.5 = 4$).

〈그림 8-7〉은 추정된 로지스틱 회귀식에 의해 표본의 각 케이스들이 집단 2로 예측(분류)될 확률 및 예측(분류)된 집단을 보여준다. PRE는 집단 2로 예측될 확률을, PGR은 예

그림 8-6   집단 분류 히스토그램

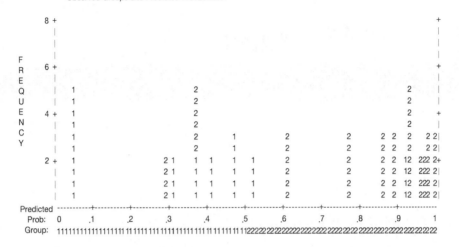

Observed Groups and Predicted Probabilities

```
         8 +                                                                          +
           |                                                                          |
           |                                                                          |
  F        |                                                                          |
  R        6 +                                                                          +
  E        |                                                                          |
  Q        |    1                   2                              2                 |
  U        |    1                   2                              2                 |
  E        4 +    1                   2                              2                 +
  N        |    1                   2                              2                 |
  C        |    1                   2     1         2        2   2  2  2    2 2|
  Y        |    1                   2     1         2        2   2  2  2    2 2|
         2 +    1         2 1   1  1   1  1    2        2   2  2 12  222 2+
           |    1         2 1   1  1   1  1    2        2   2  2 12  222 2|
           |    1         2 1   1  1   1  1    2        2   2  2 12  222 2|
           |    1         2 1   1  1   1  1    2        2   2  2 12  222 2|
Predicted ----------+---------+---------+---------+---------+---------+---------+---------+---------+----------
    Prob:  0      .1       .2       .3       .4       .5       .6       .7       .8       .9        1
   Group:  11111111111111111 11111111 11111111111 11 111111 11 11222222 222222222222 2222222 222222222222222222 22222222
```

Predicted Probability is of Membership for 2
The Cut Value is .50
Symbols: 1 - 1
         2 - 2
Each Symbol Represents .5 Cases.

그림 8-7   새로운 변수로 예측 값 저장 결과

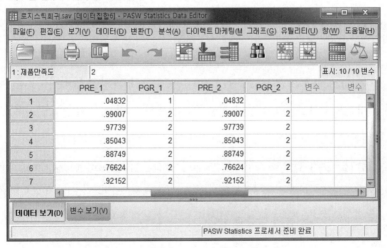

측된 집단을 의미한다. 예를 들어 케이스 1의 예측확률은 0.04832로서 0.5보다 작으므로 집단 1로 예측되고 있다. 그러나 케이스 2는 예측확률이 0.99007로서 0.5보다 크므로 집단 2로 예측되고 있다.

 판별분석

1 판별분석의 개요

1.1 판별분석의 의의

판별분석(discriminant analysis)은 등간척도나 비율척도로 측정된 독립변수들을 이용하여 조사 대상 집단을 둘 또는 그 이상의 집단으로 분류하는 데 이용되는 기법이다. 즉, 계량 척도인 독립변수들이 명목척도인 종속변수에 미치는 영향을 분석하는 기법이다. 만약 종 속변수가 취하는 값의 범주가 2개이면 두 집단 판별분석(two-group discriminant analysis), 3개 이상이면 다중판별분석(multiple discriminant analysis)이라고 한다. 판별분석이 이용 될 수 있는 몇 가지 예를 들면 다음과 같다.

- 은행의 새로운 고객이 신용카드 발급을 신청했을 때, 이 은행 신용카드 담당자가 고객의 정보를 이용하여 신용 우량 또는 신용 불량 상태를 판별함으로써 카드의 발급 여부를 결정 하고자 할 경우

- 환자가 치료를 받기 위해 특정 병원에 가려고 할 때 그 병원의 특성들을 이용하여 우수 병원인지 아닌지 구분하고자 할 경우
- 기업의 재무제표 자료에 의해 장차 이 기업의 파산 여부를 판별하고자 할 경우
- 투표자의 속성들에 따라 어느 정당의 후보자를 지지할 것인지 여부를 예측하고자 할 경우

1.2 판별분석의 기본 논리

판별분석에서 각 관찰 대상이 어느 집단에 속하는지 파악하기 위해서는 판별함수를 도출해야 한다. 판별함수는 회귀함수와 마찬가지로 독립변수들의 선형결합(linear combination)으로 이루어진다. 선형결합이란 다음과 같이 일정한 가중치가 부여된 독립변수들의 결합을 의미한다. 단, Z = 판별점수, W_i = 판별계수(가중치), X_i = 독립변수이다.

$$판별함수: \ Z = \alpha + W_1 X_1 + W_2 X_2 + \cdots + W_n X_n$$

분석자는 입수된 자료를 통해 판별함수를 추정한 다음, 추정된 판별함수를 이용하여 특정의 조사 대상에 대한 판별점수를 구하고 이 판별점수에 의해 조사 대상을 특정의 집단으로 분류한다. 판별함수에 의한 조사 대상의 분류 방법은 두 가지이다. 정준판별함수(cannonical discriminant function)에 의한 방법과 Fisher의 선형판별함수(linear discriminant function)에 의한 방법이 그것이다.

정준판별함수의 경우 일단 판별함수를 추정한 다음, 각 대상의 독립변수 값들을 이 함수에 대입하여 판별점수를 구하고, 이 점수에 따라 해당 대상을 특정의 집단으로 분류한다. 반면에 Fisher의 선형판별함수의 경우는 각 집단별로 상이한 판별함수를 도출한 다음, 각 대상의 독립변수 값들을 각 집단의 판별함수에 대입하여 판별점수를 구하고, 이 판별점수가 큰 집단으로 해당 대상을 분류하는 방식을 취한다.

〈그림 9-1〉은 판별분석의 논리를 그림으로 설명한 것이다. 그림에서 만약 조사 대상을 두 개의 집단으로 판별하고자 할 경우 변수 X_1만으로 판별한다면 60% 정도는 판별이

불가능하고, X_2만으로 판별한다면 50% 정도는 판별이 불가능해진다. 그러나 X_1과 X_2를 선형결합한 Z를 이용하면 거의 완벽한 판별이 가능해진다.

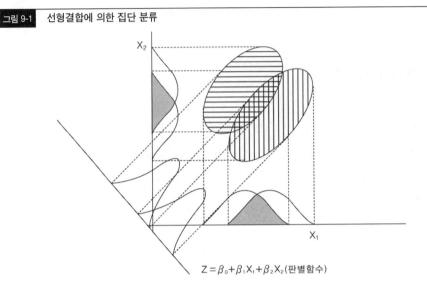

그림 9-1 선형결합에 의한 집단 분류

$$Z = \beta_0 + \beta_1 X_1 + \beta_2 X_2 \text{(판별함수)}$$

1.3 판별분석의 가정

판별분석을 효과적으로 수행하기 위해서는 다음 가정이 충족되어야 한다.

① 독립변수들이 다변량 정규분포(multivariate normal distribution)를 따른다. 이는 각 변수들이 정규분포를 따를 뿐만 아니라 둘 이상 변수들의 선형결합 역시 정규분포를 따라야 한다는 가정이다.

② 각 집단의 분산-공분산 행렬(variance-covariance matrix)이 동일하다. 이를 등분산성 (homoscedasticity)의 가정이라고도 한다.

이 두 가정은 상호 밀접한 관련이 있는 가정들이다. 즉, 등분산성의 가정이 충족되면 다변량 정규분포성의 문제는 크지 않게 되며, 다변량 정규분포성의 가정이 충족되면 등분산성의 문제도 크게 완화될 수 있다.

만약 비계량척도(명목척도나 서열척도)로 측정된 변수의 경우에서 볼 수 있듯이, 자료가 다변량 정규분포성의 가정을 충족시킬 수 없을 경우 판별분석의 이용은 곤란하다. 이 경우에는 로지스틱 회귀분석을 이용하는 것이 바람직하다. 다변량 정규분포성의 가정은 Shapiro-Wilks 검정이나 수정된 콜모고로프-스머노프 검정(modified Kormogorov-Smirnov test)을 통해 그 충족 여부를 검정할 수 있다.

분산-공분산 행렬의 동일성 가정의 충족 여부에 대해서는 Box의 M 검정을 통해 검정할 수 있다. 만약 이 가정이 충족되지 않으면 조사 대상들이 분산-공분산 행렬이 큰 집단으로 분류될 가능성이 커진다는 문제가 발생한다.

다변량 정규분포성이나 등분산성의 문제를 개선하는 데는 몇 가지 방법이 있다. 우선 표본의 크기를 증대시킴으로써 이들 문제를 어느 정도 해소할 수 있다. 또 하나의 방법은 자료의 변환(transformation)이다. 특히 자료가 일양분포(uniform distribution)인 경우는 변수의 역수($1/X$, $1/Y$)를 취하고, 비대칭 분포인 경우는 변수의 제곱근($\sqrt{X}$, $\sqrt{Y}$) 혹은 로그(Log X, Log Y)를 취하거나 역수($1/X$, $1/Y$)를 취하여 입력하면 효과를 볼 수 있다.

2 SPSS를 이용한 판별분석(두 집단)

2.1 연구 문제 및 입력 데이터

S 지역에 살고 있는 50명의 주민들을 상대로 문화생활, 가족 수, 연령, 소득수준, 행복 여부에 대해 설문조사를 했다. 종속변수는 행복 여부로서 '행복' 또는 '불행'의 두 범주로 측정되며, 독립변수는 문화생활, 가족 수, 연령, 소득수준이다. 조사 결과 〈표 9-1〉과 같은 자료가 수집되었다. 이 자료를 토대로 4개의 독립변수에 따라 행복 여부가 달라지는지 알아보기 위해 판별분석을 실시하고자 한다. 집단 1은 행복, 집단 2는 불행을 의미한다.

표 9-1 두 집단 판별분석 입력 데이터

케이스	문화생활	가족 수	연령	소득수준	집단
1	7	1	61	22	1
2	4	2	35	59	1
3	5	2	26	48	1
4	6	8	46	34	1
5	1	1	44	65	1
6	5	2	67	28	1
7	6	7	59	40	1
8	7	4	77	36	1
9	4	2	22	49	1
10	1	3	44	52	1
11	5	1	56	51	1
12	6	2	37	42	1
13	7	3	60	36	1
14	6	1	30	46	1
15	5	1	57	75	1
16	5	7	45	33	1
17	1	2	42	63	1
18	4	3	64	30	1
19	5	5	55	42	1
20	6	3	70	37	1
21	3	2	25	46	1
22	2	3	43	51	1
23	5	1	56	50	1
24	6	2	37	42	1
25	7	3	60	36	1
26	2	2	24	48	2
27	3	4	62	33	2
28	4	8	42	50	2
29	1	5	71	38	2
30	6	3	55	61	2
31	2	2	23	49	2
32	2	7	33	50	2
33	1	6	32	75	2
34	3	4	60	32	2
35	1	4	25	42	2
36	3	5	90	60	2
37	4	9	45	50	2
38	2	7	57	40	2
39	7	1	64	38	2
40	2	6	35	30	2
41	1	6	72	36	2

42	1	3	33	65	2
43	2	5	28	42	2
44	2	1	75	66	2
45	7	4	58	60	2
46	3	6	44	50	2
47	7	1	65	38	2
48	2	3	33	66	2
49	2	4	28	41	2
50	2	5	37	35	2

2.2 분석 절차

① 데이터베이스 작성

먼저 SPSS를 열고 PASW Statistics Data Editor 상에서 변수 보기(V)를 클릭하여 변수 '문화생활', '가족 수', '연령', '소득수준', '집단'을 입력한 다음, 데이터 보기(D)를 클릭하여 변수 값을 입력한다(〈그림 9-2〉). 분석이 끝나면 '판별두집단.sav'로 저장해둔다.

그림 9-2 판별분석 데이터 입력

② 다음 절차를 실행함으로써 판별분석을 시작한다.

분석(A) → 분류분석(Y) → 판별분석(D) …

③ 변수 및 범위 지정

〈그림 9-3〉에서 **집단변수(G)**로 집단을 지정하고, **독립변수(I)**로 문화생활, 가족 수, 연령, 소득수준을 지정하여 판별분석을 실행한다. 독립변수를 투입하는 방법은 선택된 독립변수를 한꺼번에 투입하는 방식인 '독립변수를 모두 진입'과 단계적으로 투입하는 '단계선택법'이 있다. 여기에서는 '독립변수를 모두 진입(E)'을 선택하기로 한다. 범위 지정(D)을 클릭한 후 〈그림 9-4〉에서 행복(1)과 불행(2)으로 최소값에 1, 최대값에 2를 입력한다.

| 그림 9-3 | 변수 지정 | 그림 9-4 | 범위 지정 |

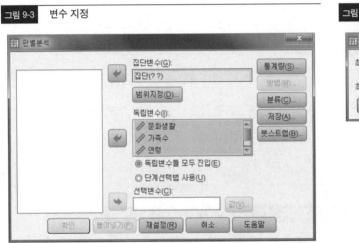

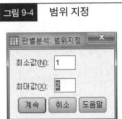

④ 산출 통계량 지정

| 그림 9-5 | 통계량 지정 |

〈그림 9-3〉에서 **통계량(S)**을 클릭한 후 〈그림 9-5〉에서 기술통계, 행렬, 함수의 계수 항목을 지정해준다. 각 통계량의 내용은 〈표 9-2〉와 같다.

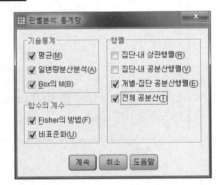

표 9-2	통계량의 내용
항목	**설명**
평균	전체평균, 집단평균, 표준편차
일변량 분산분석	집단별 독립변수에 대한 집단평균의 동일성 검정 일원배치 분산분석
Box의 M	집단별 공분산 행렬의 동일성 검정, p 〉.05 이면 동일성 가정
Fisher의 계수	비표준화 분류계수를 이용한 판별점수 계산 후 집단 분류
표준화하지 않음	비표준화된 판별함수
집단 내 상관행렬	상관계수를 계산하기 전에 집단 내 통합 상관행렬 표시
집단 내 공분산 행렬	모든 집단에 대해 개별 공분산 행렬을 평균하여 구함
개별-집단 공분산 행렬	각 집단 공분산 행렬
전체 공분산	표본 전체에 대한 총분산

⑤ 분류 항목 지정

〈그림 9-3〉에서 분류(C)를 클릭한 후 〈그림 9-6〉에서 사전확률, 공분산 행렬, 출력 및 도표 형태 등을 지정해준다. 각 분류 항목의 내용은 다음과 같다.

그림 9-6	분류 항목 지정

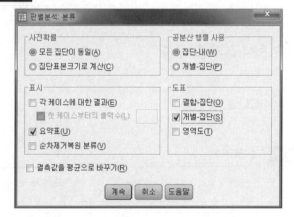

표 9-3	분류 항목
항목	**설명**
모든 집단이 동일	모든 집단에 속할 사전확률이 동일
집단 표본 크기로 계산	각 집단에 속할 사례의 비율에 따라 사전확률 계산
각 케이스에 대한 결과	실제집단, 예측집단, 각 집단에 소속될 확률, 판별점수
첫 케이스부터 출력 수	표시되는 케이스의 수
요약표	각 집단에 정확하거나 정확하지 않게 할당된 케이스 수와 비율
순차제거복원 분류	각 케이스는 자신을 제외한 다른 모든 케이스들로부터 유도된 함수에 의해 분류, 교차 유효값으로 표시
공분산 행렬	집단 내, 각 사례별 공분산 행렬
결합-집단	전체-집단 산점도 및 히스토그램
개별-집단	개별-집단 산점도 및 히스토그램
영역도	함수 값에 따라 케이스를 집단으로 분류하는 데 사용하는 경계의 표시
결측값을 평균으로 대체	결측값을 평균으로 대체

⑥ 저장방법 지정

〈그림 9-3〉에서 저장(S)을 클릭하고 분석 결과에 대한 저장 항목을 지정한다(〈그림 9-7〉). 각 항목의 내용은 다음과 같다.

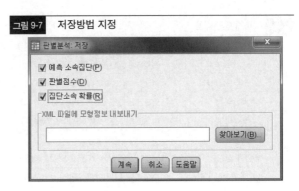

그림 9-7　저장방법 지정

표 9-4　저장항목

항목	설명
예측 소속집단	각 케이스가 분류함수로 계산한 결과 소속집단 표시
판별점수	각 케이스 값들을 비표준화 판별식에 의해 계산된 값
집단소속 확률	각 케이스가 각 집단에 소속될 확률

2.3 분석 결과 및 해석

2.3.1 집단별 통계량

표 9-5　집단통계량

집단		평균	표준편차	유효 수(목록별)	
				가중되지 않음	가중됨
1	문화생활	4.76	1.877	25	25.000
	가족 수	2.84	1.972	25	25.000
	연령	48.72	14.854	25	25.000
	소득수준	44.52	12.339	25	25.000
2	문화생활	2.88	1.922	25	25.000
	가족 수	4.44	2.162	25	25.000
	연령	47.64	18.843	25	25.000
	소득수준	47.80	12.487	25	25.000
합계	문화생활	3.82	2.106	50	50.000
	가족 수	3.64	2.202	50	50.000
	연령	48.18	16.801	50	50.000
	소득수준	46.16	12.397	50	50.000

〈표 9-5〉에는 각 집단별로 4개의 독립변수들에 대한 평균과 표준편차가 제시되어 있다. 이 표를 보면 문화생활은 집단 1(4.76)과 집단 2(2.88)의 평균 차가 상당히 큰 반면 연령은 집단 1(48.72)과 집단 2(47.64)의 평균 차가 크지 않아 대략적으로 문화생활은 판별력이 크고 연령은 판별력이 작을 것으로 추정된다.

2.3.2 독립변수의 유의성

일반적으로 종속변수의 총분산 중 집단 간 분산이 집단 내 분산보다 클수록 독립변수의 판별력은 커진다. 각 변수의 판별력을 검증하는 데 이용되는 통계량이 〈표 9-6〉의 Wilks 의 람다(λ)와 F 통계량이다. Wilks의 람다는 집단 내 분산 / 총분산의 비율로서, 이 값이 작을수록 해당 독립변수의 판별력은 커진다. F는 집단 간 평균의 동일성에 대한 ANOVA 검정 시 이용되는 통계량으로서 집단 간 분산 / 집단 내 분산의 비율로 측정된다. Wilks의 람다와는 반대로 F 값이 클수록 해당 변수의 판별력이 커지게 된다.

4개의 독립변수에 대한 유의확률을 보면 문화생활과 가족 수는 5%의 유의수준에서 유의적이지만, 연령과 소득수준은 유의적이지 않다.

표 9-6 집단평균의 동질성

	Wilks 람다	F	자유도1	자유도2	유의확률
문화생활	.797	12.244	1	48	.001
가족 수	.865	7.474	1	48	.009
연령	.999	.051	1	48	.823
소득수준	.982	.873	1	48	.355

2.3.3 공분산 행렬과 Box의 M 검정

〈표 9-7〉은 두 집단에 대한 변수들 사이의 공분산 행렬을 보여준다. 두 집단 사이에 공분산 행렬이 동일한지의 여부를 확인하기 위해서는 Box의 M 검정을 실시해야 한다.

Box의 M 검정의 귀무가설은 "두 집단의 공분산 행렬이 동일하다"이다. 이 검정에서 검정통계량 F의 유의확률은 0.411로서 유의수준 $\alpha = 0.05$보다 크므로 귀무가설이 채택된다. 따라서 집단 간 등분산성의 가정에는 문제가 없다.

표 9-7   공분산 행렬

집단		문화생활	가족 수	연령	소득수준
1	문화생활	3.523	.752	11.138	-13.953
	가족 수	.752	3.890	5.370	-9.788
	연령	11.138	5.370	220.627	-72.473
	소득수준	-13.953	-9.788	-72.473	152.260
2	문화생활	3.693	-1.112	12.663	-.358
	가족 수	-1.112	4.673	-4.002	-2.533
	연령	12.663	-4.002	355.073	-16.075
	소득수준	-.358	-2.533	-16.075	155.917
합계	문화생활	4.436	-.944	12.176	-8.583
	가족 수	-.944	4.847	.229	-4.696
	연령	12.176	.229	282.273	-44.274
	소득수준	-8.583	-4.696	-44.274	153.688

a. 전체 공분산 행렬은 49의 자유도를 가집니다.

표 9-8   Box의 M 검정 결과

Box의 M		11.371
F	근사법	1.034
	자유도 1	10
	자유도 2	11015.139
	유의확률	.411

모집단 공분산 행렬이 동일하다는 영가설을 검정합니다.

2.3.4 판별함수의 판별력

〈표 9-9〉에서 고유값은 종속변수의 집단 간 분산을 집단 내 분산으로 나눈 값이다. 이 값이 클수록 훌륭한 판별함수가 된다. 또한 정준 상관(canonical correlation)은 독립변수들과 종속변수(판별점수)의 관련 정도를 나타내는 통계량으로서, 이 값의 제곱은 판별점수의 분산 중 독립변수들에 의해 설명되는 분산의 비율을 나타낸다. 따라서 정준 상관이

클수록 판별함수의 판별력이 우수함을 의미한다. 본 예에서는 독립변수들이 판별점수의 분산 중 $(0.547)^2$, 즉 29.9% 정도를 설명하고 있다.

표 9-9 고유값

함수	고유값	분산의 %	누적 %	정준 상관
1	.426[a]	100.0	100.0	.547

a. 첫 번째 1 정준판별함수가 분석에 사용되었습니다.

〈표 9-10〉의 Wilks의 람다는 집단 내 분산을 총분산으로 나눈 값으로서, 이 값이 작을수록 그 판별함수의 판별력은 높아진다. 카이제곱은 Wilks의 람다에 자유도가 반영되어 산출된 통계량으로서, 판별함수의 유의성을 검정하는 데 이용된다. 여기서는 카이제곱의 유의확률이 0.003으로서, 5%의 유의수준에서 판별함수의 판별력이 있음을 알 수 있다.

표 9-10 Wilks의 람다

함수의 검정	Wilks의 람다	카이제곱	자유도	유의확률
1	.701	16.326	4	.003

2.3.5 표준화된 정준판별함수의 계수와 구조행렬

표 9-11 표준화 정준판별함수 계수

	함수
	1
문화생활	-.794
가족 수	.603
연령	.267
소득수준	.166

〈표 9-11〉은 원래의 변수 값을 평균 = 0, 표준편차 = 1로 표준화했을 경우의 정준판별함수의 판별계수를 보여준다. 이 표준화된 판별계수는 변수들의 상대적 중요도를 평가

하는 데 이용된다. 표준화의 이유는 원래의 변수 값을 사용하면 측정단위에 따라 상이한 판별계수가 산출되어 독립변수들의 종속변수에 대한 상대적 중요도를 평가할 수 없기 때문이다. 이 표에 의하면 문화생활이 가장 중요한 변수로서 집단판별에 가장 큰 영향을 미친다.

표 9-12 구조행렬

	함수
	1
문화생활	-.774
가족 수	.605
소득수준	.207
연령	-.050

판별변수와 표준화 정준판별함수 간의 집단 내 통합 상관행렬. 변수는 함수 내 상관행렬의 절대값 크기순으로 정렬되어 있습니다.

〈표 9-12〉의 구조행렬은 각 독립변수와 판별함수의 상관관계를 나타낸다. 이 계수들을 판별 적재값(discriminant loading) 혹은 구조 상관(structure correlation)이라 하며, 요인분석의 요인 적재값(factor loading)에 해당한다. 판별 적재값이 클수록 판별점수가 높아진다.

변수들 사이의 다중공선성 문제로 인해 근래에는 독립변수들의 상대적 중요도를 평가할 때 표준화된 판별계수보다는 판별 적재값을 이용하는 경우가 많다. 보통 판별 적재값이 0.40 이상이면 이 변수의 판별력에 유의성이 있는 것으로 받아들인다. 여기서는 문화생활과 가족 수는 판별력이 있으나, 소득수준과 연령은 판별력이 없음을 알 수 있다.

2.3.6 정준판별함수의 계수 및 집단 중심점

〈표 9-13〉은 표준화되지 않은 정준판별함수의 계수를 나타낸다. 이를 토대로 다음과 같은 정준판별함수가 도출된다. 단, X_1 = 문화생활, X_2 = 가족 수, X_3 = 연령, X_4 = 소득수준이다.

정준판별함수: $Z = -0.839 - 0.418X_1 + 0.291X_2 + 0.016X_3 + 0.013X_4$

예를 들어 케이스 1의 경우 각 변수의 값이 7, 1, 61, 22이기 때문에 이 케이스의 판별점수는 다음과 같이 −2.212가 된다.

$$Z = -0.839 - 0.418(7) + 0.291(1) + 0.016(61) + 0.013(22) = -2.212$$

표 9-13 **정준판별함수 계수**

	함수
	1
문화생활	-.418
가족 수	.291
연령	.016
소득수준	.013
(상수)	-.839

표준화하지 않은 계수

〈표 9-14〉에 제시된 각 집단의 중심점은 각 집단별 판별점수의 평균을 뜻한다. 여기서 두 집단의 판별점수 평균의 한가운데에 위치한 값을 집단 간 중심점이라 하며, 이것이 곧 집단 분류의 기준이 된다. 이 예에서 중심점은 (-0.640 + 0.640) / 2 = 0이다. 따라서 판별점수가 0보다 작으면 이 케이스를 집단 1에 분류하고, 0보다 크면 집단 2로 분류한다.

두 집단의 표본 크기가 다를 경우 다음 공식을 이용하여 중심점을 계산한다. 단, C_1, C_2는 각 집단의 평균, n_1, n_2는 각 집단의 표본 크기, C는 집단 간 중심점을 나타낸다.

$$\text{집단 간 중심점: } C = (n_2 C_1 + n_1 C_2) / (n_1 + n_2)$$

표 9-14 **함수의 집단 중심점**

집단	함수
	1
1	-.640
2	.640

표준화하지 않은 정준판별함수가 집단 평균에 대해 계산되었습니다.

2.3.7 Fisher의 선형판별함수 및 조사 대상 분류

앞의 정준판별함수가 입수된 자료를 이용하여 각 집단의 중심점과 집단 간 중심점을 도출하는 데 초점이 주어진다고 한다면, Fisher의 선형판별함수(분류함수)는 기존 케이스나 새로운 분류 대상이 어느 집단에 분류될 것인지 예측하는 데 초점이 주어진다. 〈표 9-15〉는 각 집단별로 추정된 Fisher의 선형판별함수의 계수를 보여준다. 따라서 추정된 판별함수는 다음과 같다.

집단 1(행복): $Z = -21.527 + 1.786X_1 + 1.396X_2 + 0.165X_3 + 0.475X_4$

집단 2(불행): $Z = -22.599 + 1.252X_1 + 1.768X_2 + 0.185X_3 + 0.492X_4$

이와 같은 각 집단별 판별함수를 이용하여 조사 대상의 집단별 판별점수를 구한 다음 판별점수가 큰 집단으로 이 대상을 분류하면 된다. 예를 들어 어떤 시민이 문화생활 6, 가족 수 3, 연령 50, 소득수준 45라면 각 집단의 판별점수는 다음과 같이 23.002 및 21.607이다. 따라서 이 시민은 집단 1(행복)로 분류된다.

집단 1(행복): $Z = -21.527 + 1.786(6) + 1.396(3) + 0.165(50) + 0.475(45) = 23.002$

집단 2(불행): $Z = -22.599 + 1.252(6) + 1.768(3) + 0.185(50) + 0.492(45) = 21.607$

표 9-15 분류함수 계수

	집단	
	1	2
문화생활	1.786	1.252
가족 수	1.396	1.768
연령	.165	.185
소득수준	.475	.492
(상수)	-21.527	-22.599

Fisher의 선형판별함수

2.3.8 집단 분류 히스토그램

〈그림 9-8〉과 〈그림 9-9〉는 추정된 정준판별함수에 의한 각 케이스의 분류 결과를 히스토그램으로 표시한 것이다. 횡축은 판별점수이고, 종축은 케이스의 빈도이다. 그리고 중심점 0을 기준으로 판별점수가 0 미만이면 집단 1, 0 이상이면 집단 2에 해당한다.

먼저 〈그림 9-8〉은 판별함수에 의해 실제의 집단 1을 분류한 결과이다. 그림을 보면 실제로 집단 1(행복)에 속하는 케이스들 중 7개(판별점수 0 이상)가 집단 2(불행)로 잘못 분류되어 있다. 〈그림 9-9〉는 판별함수에 의해 실제의 집단 2를 분류한 결과이다. 여기서는 집단 2(불행)에 속하는 케이스들 중 6개(판별점수 0 미만)가 집단 1(행복)로 잘못 분류되어 있다.

그림 9-8 히스토그램(집단 1)

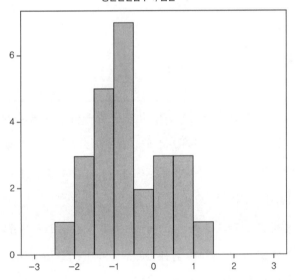

정준판별함수 1, 집단 = 1

평균 = -0.64, 표준편차 = 0.893, N = 25

그림 9-9   히스토그램(집단 2)

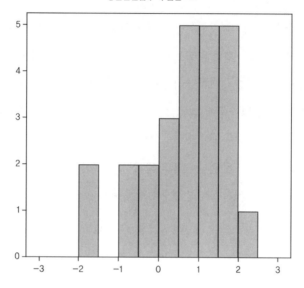

정준판별함수 1, 집단 = 2

평균 = 0.64, 표준편차 = 1.097, N = 25

2.3.9 판별적중률

판별적중률(hit ratio)은 추정된 판별함수가 각 집단에 속하는 실제의 케이스들을 얼마나 제대로 분류하는지를 의미한다. 회귀분석에서 추정된 회귀함수의 실제 관측치들에 대한 설명력을 나타내는 결정계수와 유사한 개념이다. 다시 말해 추정된 판별함수의 설명력, 즉 판별능력을 나타내는 척도가 곧 판별적중률이다.

〈표 9-16〉에 의하면 집단 1에 속한 25개 중 18개가 집단 1로 분류되었고(판별적중률 72%), 집단 2에 속한 25개 중 19개가 집단 2로 분류되어(판별적중률 76%), 결국 전체적 판별적중률은 (18＋19) / 50, 즉 74%에 이른다.

표 9-16 판별적중률

	집단		예측 소속집단		
			1	2	전체
원래 값	빈도	1	18	7	25
		2	6	19	25
	%	1	72.0	28.0	100.0
		2	24.0	76.0	100.0

a. 원래의 집단 케이스 중 74.0%가 올바로 분류되었습니다.

3 SPSS를 이용한 판별분석(세 집단)

3.1 연구 문제 및 입력 데이터

이제 집단의 수를 셋으로 확장하여 판별분석을 실시하기로 한다. 독립변수는 두 집단의 경우처럼 문화생활, 가족 수, 연령, 소득수준이며, 종속변수는 행복의 수준이다. 종속변수를 세 가지 범주로 나누어 집단 1 = 행복, 집단 2 = 불행, 집단 3 = 중간으로 정의한다.

표 9-17 세 집단 판별분석 입력 데이터

케이스	문화생활	가족 수	연령	소득수준	집단
1	7	1	61	22	1
2	4	2	35	59	1
3	5	2	26	48	1
4	6	8	46	34	1
5	1	1	44	65	1
6	5	2	67	28	1
7	6	7	59	40	1
8	7	4	77	36	1
9	4	2	22	49	1
10	1	3	44	52	1
11	5	1	56	51	1
12	6	2	37	42	1

13	7	3	60	36	1
14	6	1	30	46	1
15	5	1	57	75	1
16	5	7	45	33	1
17	1	2	42	63	1
18	4	3	64	30	1
19	5	5	55	42	1
20	6	3	70	37	1
21	2	2	24	48	2
22	3	4	62	33	2
23	4	8	42	50	2
24	1	5	71	38	2
25	6	3	55	61	2
26	2	2	23	49	2
27	2	7	33	50	2
28	1	6	32	75	2
29	3	4	60	32	2
30	1	4	25	42	2
31	3	5	90	60	2
32	4	9	45	50	2
33	2	7	57	40	2
34	7	1	64	38	2
35	2	6	35	30	2
36	1	6	72	36	2
37	1	3	33	65	2
38	2	5	28	42	2
39	2	1	75	66	2
40	7	4	58	60	2
41	3	4	44	50	3
42	4	4	43	44	3
43	4	4	46	43	3
44	4	3	48	41	3
45	3	3	49	40	3
46	3	4	41	45	3
47	4	4	38	47	3
48	4	4	36	42	3
49	3	3	38	48	3
50	3	4	39	43	3

3.2 분석 절차

① 데이터베이스 작성

먼저 SPSS를 열고 PASW Statistics Data Editor 상에서 변수 보기(V)를 클릭하여 변수 '문화생활', '가족 수', '연령', '소득수준', '집단'을 입력한 다음, 데이터 보기(D)를 클릭하여 변수 값을 입력한다(〈그림 9-10〉). 분석이 끝난 후에는 '판별세집단.sav'로 저장해둔다.

② 다음 절차를 실행함으로써 판별분석을 시작한다.

분석(A) → 분류분석(Y) → 판별분석(D) …

| 그림 9-10 | 판별 세 집단 데이터 입력 |

세 집단 판별분석의 실행 절차는 두 집단과 동일하다. 먼저 〈그림 9-3〉의 범위 지정(D)에서 최소값(N)을 1로, 최대값(X)을 3으로 지정한다.

| 그림 9-11 | 범위 지정 |

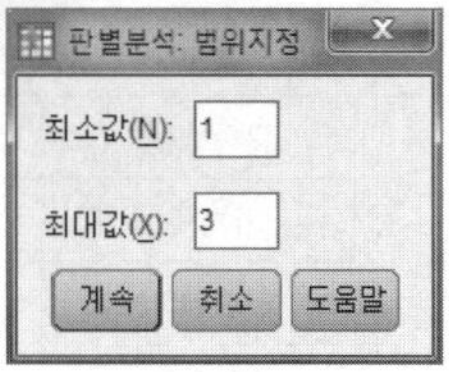

다음으로 분류(C)를 클릭한 후 〈그림 9-12〉의 분류 대화상자 중 표시에서는 요약표(U)와 순차제거복원 분류(V)를, 도표에서는 결합-집단(O), 개별-집단(S), 영역도(T)를 선택한다.

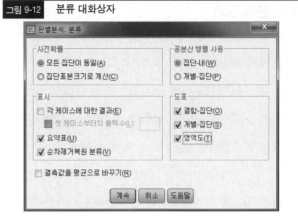

그림 9-12 분류 대화상자

3.3 분석 결과 및 해석

3.3.1 집단별 통계량

표 9-18 집단통계량

집단		평균	표준편차	유효 수(목록별)	
				가중되지 않음	가중됨
1	문화생활	4.80	1.881	20	20.000
	가족 수	3.00	2.152	20	20.000
	연령	49.85	15.142	20	20.000
	소득수준	44.40	13.574	20	20.000
2	문화생활	2.80	1.908	20	20.000
	가족 수	4.60	2.234	20	20.000
	연령	49.20	19.795	20	20.000
	소득수준	48.25	12.765	20	20.000
3	문화생활	3.50	.527	10	10.000
	가족 수	3.70	.483	10	10.000
	연령	42.20	4.517	10	10.000
	소득수준	44.30	3.199	10	10.000
합계	문화생활	3.74	1.915	50	50.000
	가족 수	3.78	2.073	50	50.000
	연령	48.06	15.920	50	50.000
	소득수준	45.92	11.841	50	50.000

〈표 9-18〉에는 각 집단별로 독립변수들의 평균값과 표준편차가 제시되어 있다. 예로서 행복 집단(1), 불행 집단(2), 중간 집단(3)의 문화생활(X_1) 평균은 각각 4.80, 2.80, 3.50 이다.

3.3.2 독립변수의 판별력

〈표 9-19〉는 각 독립변수에 대한 Wilks 람다와 F 통계량을 보여준다. 앞의 2.3.2 항에서 설명한 바와 같이 Wilks 람다는 집단 내 분산 / 총분산의 비율로서 이 값이 작을수록 독립변수의 판별력이 커진다. 반대로 F 통계량은 그 값이 클수록 독립변수의 판별력이 커진다. 표의 맨 우측 유의확률을 보면 4개의 독립변수 중 문화생활과 가족 수는 5%의 유의수준에서 유의적이지만, 연령과 소득수준은 유의적이지 못함을 알 수 있다.

표 9-19 집단평균의 동질성

	Wilks 람다	F	자유도1	자유도2	유의확률
문화생활	.773	6.889	2	47	.002
가족 수	.878	3.264	2	47	.047
연령	.965	.850	2	47	.434
소득수준	.974	.636	2	47	.534

3.3.3 공분산 행렬과 Box의 M 검정

다음의 〈표 9-20〉은 세 집단에서의 변수와 변수 간 공분산 구조를 보여준다. 이 공분산 행렬이 세 집단 모두 동일한지 확인하기 위해서는 〈표 9-21〉과 같은 Box의 M 검정을 실시해야 한다. 귀무가설은 "세 집단의 공분산 행렬이 동일하다"이다.

이 검정에서 검정통계량 F의 유의확률은 0.100으로서 유의수준 $\alpha = 0.05$보다 크므로 귀무가설이 채택된다. 따라서 집단 간 공분산 구조의 동일성 가정은 위배되지 않는다.

표 9-20   공분산 행렬

집단		문화생활	가족 수	연령	소득수준
1	문화생활	3.537	.947	10.337	-15.442
	가족 수	.947	4.632	5.684	-11.842
	연령	10.337	5.684	229.292	-86.200
	소득수준	-15.442	-11.842	-86.200	184.253
2	문화생활	3.642	-.716	10.305	1.632
	가족 수	-.716	4.989	-3.126	-3.632
	연령	10.305	-3.126	391.853	-11.842
	소득수준	1.632	-3.632	-11.842	162.934
3	문화생활	.278	.056	.000	-.500
	가족 수	.056	.233	-.933	.433
	연령	.000	-.933	20.400	-5.844
	소득수준	-.500	.433	-5.844	10.233
합계	문화생활	3.666	-.548	8.628	-6.919
	가족 수	-.548	4.298	.728	-4.630
	연령	8.628	.728	253.445	-37.179
	소득수준	-6.919	-4.630	-37.179	140.198

a. 전체 공분산 행렬은 49의 자유도를 가집니다.

표 9-21   Box의 M 검정 결과

Box의 M		75.927
F	근사법	3.243
	자유도1	20
	자유도2	3333.285
	유의확률	.100

모집단 공분산 행렬이 동일하다는 영가설을 검정합니다.

3.3.4 판별함수의 판별력

일반적으로 집단의 수가 n이면 도출된 정준판별함수는 n−1개가 된다. 여기서는 집단의 수가 셋이므로 〈표 9-22〉와 같이 두 개의 판별함수가 도출되었다. 이 표의 제3열은 두 함수에 의해 설명되는 종속변수(판별점수)의 분산 중 90.1%가 판별함수 1에 의해 설명되고,

나머지 9.9%는 판별함수 2에 의해 설명됨을 의미한다.

마지막 열의 정준 상관은 각 판별함수와 판별점수의 상관관계로서, 이 계수를 제곱하면 판별점수에 대한 해당 판별함수의 설명력이 된다. 본 예에서는 판별함수 1이 판별점수 분산의 $(0.568)^2$, 즉 32.3%를 설명하고, 판별함수 2는 나머지 분산(67.7%)의 $(0.223)^2$, 즉 5.0%를 설명함을 알 수 있다. 따라서 판별점수의 총분산 중 두 함수에 의해 설명되는 분산은 32.3% + (67.7% × 0.05), 즉 35.7%이다.

표 9-22 고유값

함수	고유값	분산의 %	누적 %	정준 상관
1	.476[a]	90.1	90.1	.568
2	.052[a]	9.9	100.0	.223

a. 첫 번째 2 정준판별함수가 분석에 사용되었습니다.

〈표 9-23〉의 Wilks의 람다는 집단 내 분산 / 총분산의 비율로서, 이 값이 작으면 판별함수의 판별력이 높은 것으로 본다. 판별함수의 유의성은 카이제곱 통계량에 의해 검정한다. 본 예에서 판별함수 1은 $\chi^2 = 20.057$, 유의확률 = 0.010으로서 $\alpha = 0.05$에서 유의적이다. 이는 함수 1에 의해 산출된 각 집단의 판별점수에 유의적인 차이가 있다는 뜻이다. 반면에 판별함수 2의 판별력은 유의성이 없다(유의확률 = 0.507). 단, 여기서 함수 2의 판별력은 함수 1의 효과를 제외한 나머지 부분에 대한 판별력을 말한다. 두 판별함수의 판별력에 관한 이러한 결과는 〈표 9-22〉의 정준 상관에서 보여주는 두 판별함수의 설명력과 그 궤를 같이한다.

표 9-23 Wilks의 람다

함수의 검정	Wilks의 람다	카이제곱	자유도	유의확률
1에서 2	.644	20.057	8	.010
2	.950	2.328	3	.507

3.3.5 표준화된 정준판별함수 계수와 구조행렬

〈표 9-24〉는 원래의 변수 값을 평균 = 0, 표준편차 = 1로 표준화했을 경우의 정준판별함수의 판별계수를 보여준다. 표준화된 판별계수는 변수들의 상대적 중요도를 나타낸다. 따라서 판별함수 1에서는 문화생활이 판별점수에 가장 큰 영향을 미치고, 판별함수 2에서는 판별함수 1에서 상대적 중요도가 낮았던 연령이 판별점수에 가장 큰 영향을 미치고 있음을 볼 수 있다.

표 9-24   표준화 정준판별함수 계수

	함수	
	1	2
문화생활	-.813	.266
가족 수	.612	.175
연령	.254	.869
소득수준	.207	.595

〈표 9-25〉의 구조행렬은 판별함수와 변수들의 상관관계, 즉 판별 적재값(구조상관이라고도 함)을 보여준다. 판별 적재값이 크다는 것은 판별력이 큰 변수라는 뜻이다. 근래에는 변수 간 다중공선성 문제로 인해 판별함수에 대한 각 독립변수의 상대적 중요도를 평가하는 데 표준화된 판별계수보다는 판별 적재값을 이용하는 경우가 많다.

판별함수 1의 경우 판별력이 큰 변수는 문화생활과 가족 수이며, 연령과 소득수준은 판별력에 유의성이 없다. 함수 1에서 판별력에 유의성이 없는 것으로 나타난 연령과 소득수준은 판별함수 2에서는 판별력에 유의성이 있는 것으로 나타났다(*는 5%의 수준에서 유의성이 있음을 나타낸다).

이상을 통해서 볼 때 판별함수 1은 주로 문화생활이나 가족 수와 관련된 차원의 함수이고, 판별함수 2는 주로 연령이나 소득수준과 관련된 차원의 함수인 것으로 추정된다.

표 9-25　구조행렬

	1	2
문화생활	-.775*	.371
가족 수	.540*	.051
연령	-.021	.828*
소득수준	.218	.290*

판별변수와 표준화 정준판별함수 간의 집단 내 통합 상관행렬. 변수는 함수 내 상관행렬의 절대값 크기순으로 정렬되어 있습니다.

3.3.6 정준판별함수의 계수 및 집단 중심점

〈표 9-26〉은 표준화되지 않은 정준판별함수의 판별계수를 나타낸다. 따라서 다음과 같은 정준판별함수가 도출된다. 단, X_1 = 문화생활, X_2 = 가족 수, X_3 = 연령, X_4 = 소득수준이다.

판별함수 1: $D_1 = -0.958 - 0.473X_1 + 0.308X_2 + 0.016X_3 + 0.017X_4$

판별함수 2: $D_2 = -5.820 + 0.155X_1 + 0.088X_2 + 0.054X_3 + 0.050X_4$

표 9-26　정준판별함수 계수

	함수	
	1	2
문화생활	-.473	.155
가족 수	.308	.088
연령	.016	.054
소득수준	.017	.050
(상수)	-.958	-5.820

표준화하지 않은 계수

　　집단별로 독립변수들의 실제 값을 이 두 판별함수에 대입하여 각 케이스의 판별점수를 구한 다음 이 점수들의 평균을 구하면 〈표 9-27〉과 같은 각 집단의 중심점이 산출된다.

표 9-27 함수의 집단 중심점

집단	함수	
	1	2
1	-.740	.117
2	.756	.105
3	-.033	-.444

표준화하지 않은 정준판별함수가 집단 평균에 대해 계산되었습니다.

3.3.7 Fisher의 선형판별함수

〈표 9-28〉은 각 집단별 선형판별함수(분류함수)의 계수들이다. 따라서 각 집단의 분류함수는 다음과 같다. 분류하고자 하는 특정의 대상이 있으면, 이 대상의 독립변수 값들을 각 분류함수에 대입하여 판별점수를 구하고 이 점수가 가장 큰 집단으로 분류하면 된다.

집단 1(행복): $D_1 = -24.643 + 1.972X_1 + 1.472X_2 + 0.208X_3 + 0.514X_4$

집단 2(불행): $D_2 = -26.016 + 1.263X_1 + 1.932X_2 + 0.231X_3 + 0.539X_4$

집단 3(중간): $D_3 = -21.872 + 1.551X_1 + 1.640X_2 + 0.189X_3 + 0.498X_4$

표 9-28 선형판별함수(분류함수)의 계수

	집단		
	1	2	3
문화생활	1.972	1.263	1.551
가족 수	1.472	1.932	1.640
연령	.208	.231	.189
소득수준	.514	.539	.498
(상수)	-24.643	-26.016	-21.872

Fisher의 선형판별함수

3.3.8 개별 집단 그래프

〈그림 9-13〉은 세 집단 판별분석 결과로 얻어진 영역도이다. 가로축과 세로축은 각각 정준판별함수 1의 판별함수 값과 정준판별함수 2의 판별함수 값을 나타낸다.

그림 9-13   영역도

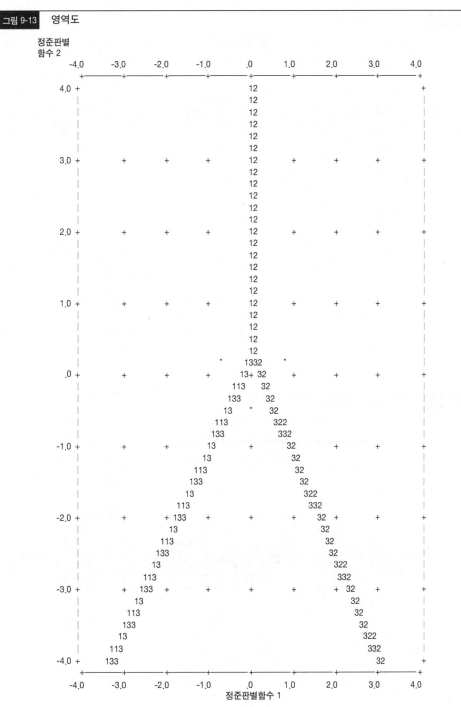

정준판별
함수 2

* 표는 분류된 각 집단의 중심을 나타내며, 각 집단의 중심을 구분하고 있는 선상의 숫자들은 구분된 각 영역에 해당하는 집단을 알려준다.

그림 9-14 개별-집단 도표(집단 1)

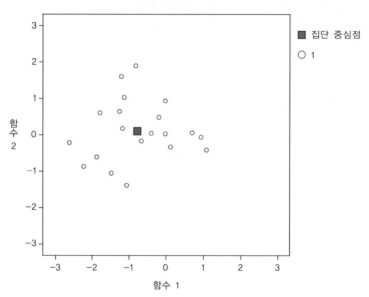

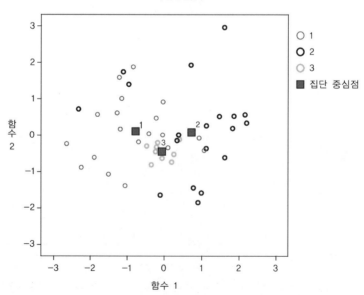

그림 9-15 결합-집단 도표(집단 1, 집단 2, 집단 3)

〈그림 9-14〉는 원래 집단 1에 속했던 케이스들을 판별분석에 의해 예측 분류한 결과를 보여주는 개별-집단 도표이다. 가로축과 세로축은 각각 판별함수 1, 2에 대한 케이스들의 판별점수를 나타낸다. 그리고 〈그림 9-15〉는 결합-집단 도표로서 집단 1, 집단 2, 집단 3에 대한 개별-집단 도표를 결합시킨 그림이다.

3.3.9 판별적중률

〈표 9-29〉는 판별식에 의한 판별 결과를 정리한 것이다. 집단 1에 속한 20개 중 14개가 집단 1로 판별되었으며, 3개가 각각 집단 2, 집단 3으로 판별되어 집단 1의 판별적중률은 70.0%이다. 집단 2의 경우는 20개 중 12개가 집단 2로 판별되어 판별적중률이 60.0%이며, 집단 3의 경우는 10개 중 9개가 집단 3으로 판별되어 판별적중률이 90.0%이다. 따라서 전체의 판별적중률은 (14 + 12 + 9) / 50, 즉 70.0%이다. 아랫부분의 교차 유효값은 각 케이스를 자신을 제외한 다른 모든 케이스들로부터 계산된 분류함수에 의해 분류한 결과를 나타낸다. 전체적으로는 50명 중 30명이 정확하게 분류되어 판별적중률은 60.0%이다.

표 9-29 판별적중률

집단			예측 소속집단			전체
			1	2	3	
원래 값	빈도	1	14	3	3	20
		2	3	12	5	20
		3	0	1	9	10
	%	1	70.0	15.0	15.0	100.0
		2	15.0	60.0	25.0	100.0
		3	.0	10.0	90.0	100.0
교차 유효값[a]	빈도	1	12	4	4	20
		2	3	10	7	20
		3	1	1	8	10
	%	1	60.0	20.0	20.0	100.0
		2	15.0	50.0	35.0	100.0
		3	10.0	10.0	80.0	100.0

a. 분석 시 해당 케이스에 대해서만 교차유효화가 수행됩니다. 교차유효화 시 각 케이스는 해당 케이스를 제외한 모든 케이스로부터 파생된 함수별로 분류됩니다.

b. 원래의 집단 케이스 중 70.0%가 올바로 분류되었습니다.

c. 교차유효화 집단 케이스 중 60.0%가 올바로 분류되었습니다.

Chapter **10** 군집분석

1 군집분석의 개요

1.1 군집분석의 의의

군집분석(cluster analysis)에 대한 이해를 돕기 위해 먼저 이 기법이 이용될 수 있는 몇 가지 예를 들면 다음과 같다.

- 자동차의 제품 특성인 연비, 안전성, 승차감 중 어느 특성을 선호하는지를 바탕으로 12명의 장관들을 몇 개의 그룹으로 세분화하고자 할 때 어떻게 할 것인가?
- 어느 대학 행정실 직원들을 직무성적과 직무자세를 기준으로 몇 개의 집단으로 분류할 때 어떻게 할 것인가?
- 피겨스케이팅에서 9명의 심판들이 특정 선수에게 준 기술점수와 예술점수를 기준으로 이 심판들을 성향이 비슷한 세 그룹으로 분류하고자 할 때 어떻게 할 것인가?
- 어느 홈쇼핑 회사에 관해 기업 신뢰도, 제품 가격, 품질에 대해 느끼는 만족도를 중심으로

홈쇼핑 소비자들을 3개 그룹으로 분류하고자 할 때 어떻게 할 것인가?

• 기업 조세 감면 및 복지 중심 정책에 대한 태도를 기준으로 어느 광역시 국회의원들을 몇 개의 그룹으로 분류하고자 할 때 어떻게 할 것인가?

군집분석은 개별 대상들을 서로의 관련성이나 유사성을 토대로 동질적인 몇 개의 의미 있는 집단으로 분류해주는 통계적 기법이다. 여기서 분류된 각 집단을 군집(cluster)이라 한다. 군집분석에서는 주로 설문에 대한 응답 내용을 토대로 분석을 수행하는데, 일정한 특성에 대해 유사한 응답을 보인 대상들을 동일한 군집으로 분류하게 된다. 따라서 군집분석의 기본 아이디어는 동질적인 대상들끼리 몇 개의 군집으로 묶어줌으로써 동일 군집 내에서는 동질성이, 다른 군집들 사이에는 이질성이 유지되도록 그룹화하는 데 있다.

군집분석은 요인분석이나 판별분석과 기본 논리가 유사하다. 그러나 요인분석이 주로 개별 변수들을 몇 개의 요인으로 그룹화하는 데 비해, 군집분석은 주로 개별 대상들을 몇 개의 군집으로 그룹화하는 데 이용된다. 즉, 그룹화의 목표가 변수들이 아닌 대상들이라는 데서 요인분석과 차이를 보인다.

군집분석은 개별 대상들을 몇 개의 집단으로 분류한다는 점에서 판별분석과도 유사하다. 그러나 판별분석에서는 개별 대상들의 소속집단을 미리 알고 있는 상태에서 이것을 자료로 삼아 집단의 분류 기준을 확인하는 데 비해, 군집분석에서는 개별 대상들의 구체적 소속집단은 물론 집단의 수가 몇 개인지 모르는 상태에서 미리 정해진 분류 기준을 토대로 이들의 소속집단을 확인하게 된다.

1.2 분석에 이용되는 기본 자료

군집분석을 위해서는 등간척도나 비율척도로 측정된 자료가 많이 이용되지만, 명목척도나 서열척도로 측정된 자료도 문제가 되지는 않는다. 요인분석이나 판별분석은 자료의 상관관계를 이용하여 변수들이나 대상들을 유사한 집단으로 분류하지만, 군집분석은 대상들이 얼마나 유사한 값을 갖는지를 거리로 환산하여 거리가 가까운 대상들을 동일한 집단으로 소속시킨다. 여기서 대상들 사이의 유사성(similarity)은 각 대상이 지니는 특성에 대한 측정치들 사이의 거리를 계산하여 측정하게 된다. 거리 계산 방법에는 유클리디안 거리(Euclidean Distance), 제곱 유킬리디안 거리(Squared Euclidean Distance), 민코우스키 거리(Minkowski Distance) 등이 있으나, 이 중 유클리디안 거리와 제곱 유클리디안 거리가 주로 이용된다.

1.2.1 유클리디안 거리

다차원의 수학적 공간에서 두 점 사이의 직선적 최단 거리를 말한다. 군집분석에서는 대상과 대상 사이의 거리를 뜻한다. 군집 추출 방식 중 계층적 군집화 방법에 속하는 단일결합법, 완전결합법, 평균결합법에서 주로 이 거리를 이용한다.

$$d = \sqrt{\sum (X_{2i} - X_{1i})^2}$$

1.2.2 제곱 유클리디안 거리

유클리디안 거리를 제곱한 거리이다. 계층적 군집화 방법 중 Ward 법에서 주로 이 거리를 이용한다.

$$d = \sum (X_{2i} - X_{1i})^2$$

2 군집화 방법

군집화 방법에는 대상들을 순차적으로 군집화해 나가는 계층적 군집화와 대상들을 미리 정해진 군집의 수만큼 각 군집에 할당하는 비계층적 군집화가 있다. 이 중 계층적 군집화가 더 자주 사용된다.

2.1 계층적 군집화

계층적 군집화(hierarchical clustering)에서는 일단 모든 대상들이 독립적인 군집으로 출발한다. 따라서 처음에는 대상의 수만큼 군집의 수가 존재한다. 이어서 가장 가까운 거리의 어느 두 대상(군집)이 하나의 군집을 구성하고, 이 군집을 포함한 모든 군집들끼리 군집 간의 거리를 비교하여 가장 가까운 거리의 두 군집이 새로운 군집을 구성한다. 이와 같은 순차적 군집화 과정을 계속하면 군집의 수는 점차 줄어들게 되는데, 연구자가 원하는 수만큼의 군집이 도출되면 군집화 과정은 종료된다.

계층적 군집화는 다시 단일결합법, 완전결합법, 평균결합법, Ward 법으로 나뉜다. 이들은 두 군집 사이의 최단 거리를 군집화의 우선순위로 삼는다는 점에서는 동일하지만 군집들 간의 거리에 대한 계산 방식에 차이가 있다.

2.1.1 단일결합법

단일결합법(single linkage)에서는 거리가 가장 가까운 군집들부터 순차적으로 군집화해 나간다. 특히 한 군집과 다른 군집 간의 거리를 계산할 때 두 군집 간의 최단 거리를 그 군집 간의 거리로 삼는다.

그림 10-1 계층적 군집화를 위한 예

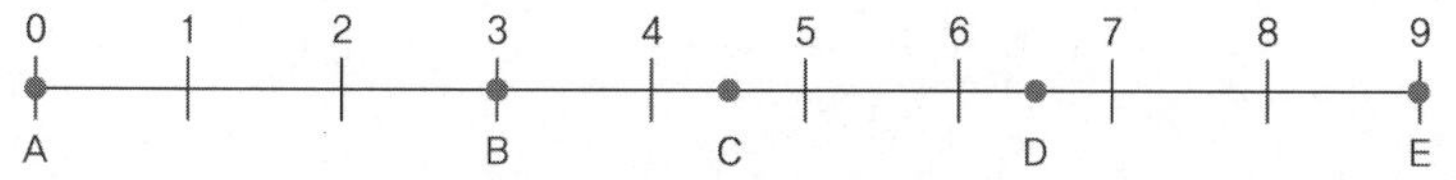

예를 들어 〈그림 10-1〉에서 A, B, C, D, E의 5개 군집 중 거리가 가장 가까운 두 군집은 B와 C(거리 1.5)이므로 먼저 B와 C로 하나의 군집 BC를 구성한다. 이번에는 군집 BC를 포함한 4개의 군집, 즉 A, BC, D, E 중 가장 가까운 두 군집을 선택하여 새로운 군집을 구성해야 한다. 여기서 A와 BC의 거리는 3과 4.5 중 최소인 3으로 계산하고 BC와 D의 거리는 3.5와 2 중 최소인 2로 계산한다. A, BC, D, E 중 거리가 가장 가까운 두 군집은 BC와 D(거리 2)이므로, 이 두 군집으로 새로운 군집 BCD를 구성한다. 다음 A, BCD, E의 3개 군집 중 가장 가까운 두 군집은 BCD와 E(거리 2.5)이므로 이 두 군집으로 새로운 군집 BCDE를 구성한다. 이제 남은 군집은 A와 BCDE밖에 없으므로 이 두 군집을 묶어 하나의 군집 ABCDE를 구성함으로써 모든 군집화 과정이 종료된다.

이상과 같은 군집화 과정을 그림으로 나타내면 〈그림 10-2〉와 같다. 이를 덴드로그램(dendrogram)이라 한다.

그림 10-2 덴드로그램

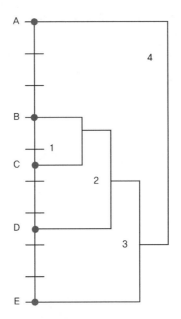

2.1.2 완전결합법

완전결합법(complete linkage)에서는 군집화의 우선순위 기준인 군집 간의 거리를 계산할 때, 단일결합법과는 반대로 두 군집 간의 최장 거리를 그 군집 간의 거리로 삼는다. 예를 들어 〈그림 10-1〉에서 A와 BC의 거리는 단일결합법의 경우 3으로 계산되지만 완전결합법의 경우는 4.5로 계산된다. 또 A와 BCD의 거리도 단일결합법의 경우 3으로 계산되지만, 완전결합법의 경우 6.5로 계산된다.

2.1.3 평균결합법

평균결합법(average linkage)에서는 군집 간의 거리를 계산할 때 한 군집의 모든 개체들과 다른 군집의 모든 개체들 간의 거리를 평균한 값을 두 군집 간의 거리로 사용한다. 예를 들면 〈그림 10-1〉에서 A와 BC의 거리, BC와 D의 거리는 다음과 같이 계산된다.

A, BC의 거리: (A, B의 거리 + A, C의 거리) ÷ 2 = (3 + 4.5) ÷ 2 = 3.75

A, BCD의 거리: (A, B의 거리 + A, C의 거리 + A, D의 거리) ÷ 3 = (3 + 4.5 + 6.5) ÷ 3 = 4.67

2.1.4 Ward 법

Ward 법 역시 두 군집 간의 최단 거리를 군집화의 우선순위로 삼는다는 점에서는 앞의 세 방법과 차이가 없다. 다만 두 군집 간의 거리를 계산하는 방법이 약간 복잡하다. 이 방법에서는 두 군집 간의 거리를 계산할 때 다음과 같이 '두 군집에 속한 각 개체들과 그 평균과의 편차의 제곱을 모든 개체들에 대해 합한 값'을 그 군집 간의 거리로 사용한다.

$$두\ 군집\ 간의\ 거리 = \sum_{i=1}^{n}(X_i - \overline{X})^2$$

X_i = 두 군집에 포함된 i 번째 개체의 속성치

$\overline{X}$ = 두 군집 내의 모든 개체의 평균

n = 두 군집에 포함된 개체의 수

예를 들어 〈그림 10-1〉에서 새로운 군집을 도출하기 위해 최초의 기본 군집 A, B, C, D, E의 속성치를 이용하여 고려 가능한 두 군집 간 거리를 계산하면 다음과 같다.

A, B의 거리(A, B의 평균 1.5): $(0-1.5)^2 + (3-1.5)^2 = 4.50$

B, C의 거리(B, C의 평균 3.75): $(3-3.75)^2 + (4.5-3.75)^2 = 1.13$

C, D의 거리(C, D의 평균 5.5): $(4.5-5.5)^2 + (6.5-5.5)^2 = 2.00$

D, E의 거리(D, E의 평균 7.75): $(6.5-7.75)^2 + (9-7.75)^2 = 3.13$

이 중 거리가 가장 가까운 군집은 B와 C이므로 B와 C를 묶어 새로운 군집 BC를 구성한다. 이제 A, BC, D, E의 네 개 군집에 대해 두 군집 간의 거리를 모두 계산하여 군집 간 거리를 비교한 후 가장 가까운 두 군집을 묶어 새로운 군집을 구성한다. 예를 들어 A와 BC 간의 거리는 다음과 같이 계산된다.

A, BC의 거리(A, B, C의 평균 2.5): $(0-2.5)^2 + (3-2.5)^2 + (4.5-2.5)^2 = 10.50$

연구자가 원하는 수준의 군집화에 도달하면 이러한 군집화 과정은 종료된다.

2.2 비계층적 군집화

2.2.1 의의

비계층적 군집화(nonhierarchical clustering)는 계층적 군집화와 달리 군집을 형성하는 방법이 순차적으로 이루어지지 않는다. 이 방법에서는 군집의 수를 미리 정해주어야 한다. 이 정해진 군집 수에 맞게 각 대상을 군집화한다. 따라서 계층적 군집화에서처럼 덴드로그램을 필요로 하지 않는다. 비계층적 군집화의 경우 계층적 군집화에 비해 군집화 속도가 빨라 대상의 수가 많은 경우 편리하다는 장점이 있다. 비계층적 군집화 방법에도 여러 가지가 있으나, 여기서는 가장 보편적으로 이용되는 K-평균 군집화(K-means clustering)를 중심으로 설명하고자 한다. K는 미리 정해진 군집의 수를 의미한다.

2.2.2 K-평균 군집화

K-평균 군집화에서는 계층적 군집화에서처럼 군집의 수를 하나씩 줄여가면서 단계적으로 최적해를 탐색하는 것이 아니라 한 번에 모든 개체들을 K개의 군집에 할당한다. 할당방법은 각 개체와 K개의 군집평균(centroid, 중심점)들과의 거리를 계산하여 가장 가까운

거리의 군집에 이 개체를 할당한다.

　K-평균 군집화에서 중요한 것은 군집화를 시작하기 위해 최초의 군집중심을 지정하는 일이다. 이 군집중심을 군집 씨앗(cluster seed)이라고 하는데, 이는 연구자의 임의로 지정하기도 하지만, SPSS와 같은 컴퓨터 패키지에 의해 자동으로 도출된 군집 씨앗을 이용하는 것이 보통이다. 예를 들어 개체(대상)의 수가 n이고 K=2라고 하면, 컴퓨터는 n개의 개체 중 2개를 무작위로 선택하여 이 개체들의 속성치 2개를 최초의 군집 씨앗으로 사용한다.

　일단 각 개체가 K개의 군집에 할당된 다음에는 각 군집별로 평균을 구하고, 다시 각 개체와 이 군집평균들과의 거리를 구하여 최단 거리의 군집에 각 개체를 재할당한다. 이러한 과정을 반복해서 실시하다가 군집을 구성하는 개체들의 내용과 군집중심의 변화량에 더 이상 별 변화가 없을 경우 반복 과정을 종료한다.

2.2.3 간단한 예

설명을 위해 〈그림 10-1〉을 표로 변형시키면 다음과 같다.

개체	A	B	C	D	E
속성치	0	3	4.5	6.5	9

　예를 들어 도출하고자 하는 군집의 수가 K=2이고, 5개의 개체 중 B와 D의 속성치 3과 6.5가 군집 씨앗, 즉 두 군집의 중심으로 선택되었다고 하자. 이제 나머지 3개의 개체를 두 군집 중 하나에 할당해야 한다. A는 D보다는 B에 가까우므로 B 쪽에 할당되고 C도 B 쪽에, E는 D 쪽에 할당된다. 따라서 최초로 구성된 군집의 내용과 그 중심은 다음 표와 같다.

군집	구성인자(속성치)	군집중심
1	A(0), B(3), C(4.5)	3.75
2	D(6.5), E(9)	7.75

이번에는 5개의 각 개체와 새로운 두 군집중심 사이의 거리를 계산하여 거리가 더 가까운 군집에 각 개체를 재할당한다. 먼저 A는 중심이 3.75인 군집 1에 가까우므로 이 군집에 할당한다. 마찬가지로 B와 C도 군집 1에 할당한다. 그러나 D와 E는 중심이 7.75인 군집 2에 더 가까우므로 이 군집에 할당한다.

군집	구성인자(속성치)	군집중심
1	A(0), B(3), C(4,5)	3,75
2	D(6,5), E(9)	7,75

새로운 군집화 결과를 보면, 직전의 군집화 결과와 차이가 없음을 알 수 있다. 따라서 군집화 과정을 계속해도 더 이상의 변화가 없으므로 여기서 반복 과정을 종료하며, 이 표의 군집들이 최종적인 해가 된다.

3 SPSS를 이용한 군집분석

N 홈쇼핑에 대해 소비자들이 얼마나 만족하는지 알아보기 위해 '제품인도' 및 '제품품질'의 두 가지 평가기준을 제시하고, 소비자 10명을 상대로 Likert 7점 척도의 설문조사를 실시했다. 〈표 10-1〉의 응답 결과 데이터를 이용하여 군집분석을 실시했다.

1. 전혀 만족하지 않는다.
2. 만족하지 않는다.
3. 별로 만족하지 않는다.
4. 보통이다.
5. 약간 만족한다.
6. 만족한다.
7. 아주 만족한다.

표 10-1　군집분석 응답 결과

ID	제품인도	제품 품질
1	5	4
2	4	3
3	6	4
4	4	2
5	5	5
6	6	5
7	3	4
8	3	3
9	7	5
10	1	2

3.1 계층적 군집분석

여기서는 군집화의 방법 중 Ward 법을 이용하여 군집분석을 실시하고 그 결과를 해석하는 방법을 예시하고자 한다. 다른 방법을 이용하더라도 결과에 큰 차이가 없다.

3.1.1 분석 절차

① 데이터베이스 작성

먼저 SPSS를 열고 PASW Statistics Data Editor 상에서 변수 보기(V)를 클릭하여 두 변수 '제품인도'와 '제품품질'을 입력한 다음, 데이터 보기(D)를 클릭하여 변수 값을 입력한다 (〈그림 10-3〉). 분석이 끝난 후에는 '군집데이터.sav'로 저장해둔다.

② 다음 절차를 실행함으로써 계층적 군집분석을 시작한다.

분석(A) → 분류분석(Y) → 계층적 군집분석(H) …

그림 10-3 군집분석 데이터 입력

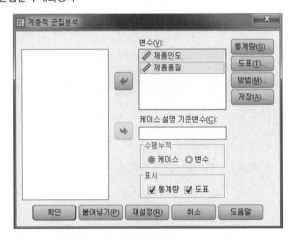

③ 분석 대상 변수 지정

계층적 군집분석 대화상자가 나타나면 왼쪽의 변수 상자에서 '제품인도'와 '제품품질'의
두 변수를 선택하여 오른쪽의 변수(V) 상자로 보낸다(〈그림 10-4〉). 수평누적에서는 기본
으로 설정된 '케이스'를 유지하고, 표시에서도 기본으로 설정된 '통계량'과 '도표'를 유지
한다.

그림 10-4 계층적 군집분석 대화상자

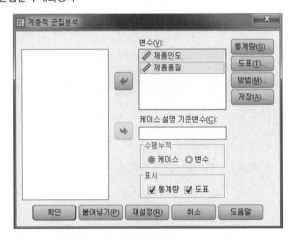

④ 선택사항

연구자는 〈그림 10-4〉의 계층적 군집분석 대화상자에서 군집화의 대상, 출력을 원하는
통계량과 도표, 군집화 방법 등을 선택해야 한다. 원하는 통계량이나 도표를 출력하고자
하면 선택사항 중 표시에서 기본 설정된 '통계량'과 '도표'를 그대로 유지해야 한다. 그렇
지 않으면 오른쪽의 **통계량**(S)과 **도표**(T) 버튼이 활성화되지 않는다.

- 군집화 대상: 〈그림 10-4〉의 수평누적 상자에서 다음 중 하나를 선택한다.
  • 케이스(E): 군집화의 대상이 케이스(개체)일 경우 선택한다.
  • 변수(V): 군집화의 대상이 변수일 경우 선택한다.

- 통계량 및 군집의 수: 〈그림 10-4〉의 오른쪽에 있는 **통계량**(S)을 클릭하면 〈그림 10-5〉
  와 같은 **통계량** 대화상자가 나타난다. 여기서는 출력을 원하는 통계량과 소속군집의
  지정 여부를 지정한다. 이 중 '군집화 일정표(A)'와 '근접행렬(P)'을 모두 선택한다. 선
  택사항의 의미는 다음과 같다.
  • 군집화 일정표(A): 계층적 군집화의 각 단계에서 군집들이 어떻게 도출되어 가는지
    를 보여준다.
  • 근접행렬(P): 케이스 간의 거리를 행렬의 형태로 나타낸다. 유사성 행렬(similarity
    matrix)이라고도 한다. 여기서는 거리를 기본 데
    이터로 쓰기 때문에 유사성 행렬이 아닌 상이성
    행렬(dissimilarity matrix)이 된다.

그림 10-5 **통계량 대화상자**

- 소속군집 상자에서는 군집의 수에 대한 지정 여부
  를 선택한다. 여기서는 기본 설정된 '지정 않음(N)'
  을 선택한다.

- 〈그림 10-5〉에서 하단의 계속을 클릭하여 〈그림 10-4〉로 돌아가 도표(M)를 클릭하면 〈그림 10-6〉과 같은 도표 대화상자가 나타난다. 여기서는 '덴드로그램(D)'을 선택한다. 고드름 상자와 방향 상자에서는 기본 설정된 '전체 군집(A)'과 '수직(V)'을 유지한다.

그림 10-6   도표 대화상자

  • 덴드로그램(D): 계층적 군집화의 과정을 그림으로 알기 쉽게 보여주는 것으로서 각 단계별로 구성되는 군집과 거리 값들을 표시해준다. 여기서 거리는 군집 간의 실제 거리를 0과 25 사이의 수치로 조정한 거리이다.

  • 고드름 상자: 여기에서는 전체 군집에 대한 고드름표를 제시할지, 일정 범위의 군집에 대한 것만 제시할지를 지정한다. 만약 전체 군집에 대한 고드름표를 원하지 않는다면, 고드름표를 원하는 군집의 범위를 지정해준다.

  • 군집 범위 지정(S): 만약 군집 범위 지정(S) 항을 선택하면 군집 시작(T), 군집 중지(P), 기준(B) 난이 활성화된다. 군집 시작은 고드름표를 원하는 최초의 군집을 의미하며, 군집 중지는 마지막 군집을 의미한다. 기준은 고드름표를 원하는 군집의 간격을 뜻한다. 예를 들어 군집 시작(T)에 '1'을 입력하고 기준(B)에 '2'를 입력하면, 군집 1, 3, 5, 7 등의 군집에 대해 고드름표가 제시된다.

  • 방향 상자: 출력될 고드름표의 형태를 수직으로 할지, 수평으로 할지를 지정한다.

⑤ 군집화 방법 및 데이터의 형태 지정

- 군집화 방법: 〈그림 10-6〉에서 계속을 클릭한다. 〈그림 10-4〉의 계층적 군집분석 대화상자에서 방법(M)을 클릭하면 〈그림 10-7〉과 같은 군집화 방법 대화상자가 나타난다. 여기서는 군집방법(M)에서 'Ward의 방법'을 선택한다. 선택사항의 의미는 다음과 같다.

그림 10-7 군집화 방법 대화상자

- 군집방법(M): 군집화의 기준인 거리를 계산할 때 적용해야 할 방법을 선택한다.

  · 집단 간 연결: 군집화 방법 중 평균결합법을 사용한다는 의미이다.

  · 가장 가까운 항목: 군집화 방법 중 단일결합법을 사용한다는 의미이다.

  · 가장 먼 항목: 군집화 방법으로서 완전결합법을 사용한다는 의미이다.

  · Ward의 방법: 군집화 방법으로서 Ward 법을 사용한다는 의미이다.

- 측정척도 및 데이터 변환: 측도에서는 기본 설정된 '등간(N)'을 유지하고, 등간(N)의 여러 기준 중 기본 설정된 '제곱 유클리디안 거리'를 유지한다. **값 변환과 변환 측정은 기본 설정대로 둔다.** 각 선택사항의 의미는 다음과 같다.

  - 측도: 측정된 데이터의 척도(scale), 즉 측정척도를 나타낸다.

    · 등간(N): 등간척도(interval scale)로 측정된 데이터에 대한 거리를 계산하는 방식이다. 여기서는 Ward 법으로 군집화를 하고자 하므로 기본 설정된 '제곱 유클리디안 거리'를 유지한다. 단일결합법, 완전결합법, 평균결합법을 사용할 경우는 유클리디안 거리를 선택해야 한다.

- 빈도(T): 빈도로 측정된 데이터에 대한 군집화로서 '카이제곱 측도'가 기본 설정되어 있다.
- 이분형(B): 이분형(binary), 즉 양자택일형 데이터에 대한 군집화로서 '제곱 유클리디안 거리'가 기본 설정되어 있다. 이 경우 '유(P): 1, 무(A): 0'이 기본 설정되어 있으나, 다른 정수 값으로 대체할 수 있다.
- **값 변환**: 데이터를 변환시킬지 여부를 나타낸다.
  - 표준화(S): 분석 대상인 변수나 케이스에 대한 데이터를 표준화하여 분석할 필요가 있을 경우 지정한다.
- **변환 측정**: 수학적 변환을 통해 원 데이터를 수정할 것인지의 여부를 나타낸다.
  - 절대값(L): 거리의 절대값을 의미한다.
  - 부호 바꾸기(H): 유사성을 상이성으로, 또는 상이성을 유사성으로 변환하는 경우이다. 이 조건을 지정하면 거리의 순서가 역으로 바뀐다.
  - 0~1 범위로 척도 조정(E): 모든 거리의 범위를 0과 1 사이로 조정하여 분석 데이터로 사용한다.

⑥ 저장

- 새 변수로 저장: 〈그림 10-7〉에서 계속을 클릭한다. 〈그림 10-4〉의 계층적 군집분석 대화상자에서 저장(A)을 클릭하면 새 변수로 저장 대화상자가 나타난다. 여기서는 기본 설정된 '지정 않음(N)'을 유지한다. 계속을 클릭한다.

3.1.2 분석 결과 및 해석

〈그림 10-4〉에서 확인을 클릭하면 군집분석의 결과가 출력된다.

① 근접행렬

〈표 10-2〉는 케이스(대상)들 간의 제곱 유클리디안 거리행렬이다. Ward 법을 사용하면서 사전에 제곱 유클리디안 거리를 지정했기 때문에 이러한 거리행렬이 제시되고 있다. 행렬의 각 인자들은 케이스 간 거리를 나타내기 때문에 이 근접행렬은 곧 상이성 행렬을

의미한다. 이 값이 작을수록 유사성이 높아 같은 군집에 소속될 가능성이 커지게 된다.

표 10-2 근접행렬

케이스	제곱 유클리디안 거리									
	1	2	3	4	5	6	7	8	9	10
1	.000	2.000	1.000	5.000	1.000	2.000	4.000	5.000	5.000	20.000
2	2.000	.000	5.000	1.000	5.000	8.000	2.000	1.000	13.000	10.000
3	1.000	5.000	.000	8.000	2.000	1.000	9.000	10.000	2.000	29.000
4	5.000	1.000	8.000	.000	10.000	13.000	5.000	2.000	18.000	9.000
5	1.000	5.000	2.000	10.000	.000	1.000	5.000	8.000	4.000	25.000
6	2.000	8.000	1.000	13.000	1.000	.000	10.000	13.000	1.000	34.000
7	4.000	2.000	9.000	5.000	5.000	10.000	.000	1.000	17.000	8.000
8	5.000	1.000	10.000	2.000	8.000	13.000	1.000	.000	20.000	5.000
9	5.000	13.000	2.000	18.000	4.000	1.000	17.000	20.000	.000	45.000
10	20.000	10.000	29.000	9.000	25.000	34.000	8.000	5.000	45.000	.000

② 군집화 일정표

〈표 10-3〉은 군집화 일정표(clustering schedule)로서 10개의 케이스들이 군집화되어 가는 과정을 보여준다. 여기서 계수가 클수록 상이성이 크기 때문에 군집화가 늦어진다.

표 10-3 군집화 일정표

단계	결합 군집		계수	처음 나타나는 군집의 단계		다음 단계
	군집 1	군집 2		군집 1	군집 2	
1	6	9	.500	0	0	5
2	7	8	1.000	0	0	6
3	1	5	1.500	0	0	7
4	2	4	2.000	0	0	6
5	3	6	2.833	0	1	7
6	2	7	4.833	4	2	8
7	1	3	7.000	3	5	9
8	2	10	12.800	6	0	9
9	1	2	40.500	7	8	0

예를 들어 제1단계에서는 거리 1로서 가장 가까운 케이스 6과 9가 결합된다. 제1단계의 마지막 열인 '다음 단계'가 '5'인 것은 제5단계에서 케이스 3과 6이 결합되므로 제5단계에서 최초로 (6, 9, 3)의 새로운 군집이 생성됨을 뜻한다(〈그림 10-9〉 덴드로그램 참조). 또 제5단계의 마지막 열 '다음 단계'가 '7'인 것은 제7단계에서 케이스 1과 3이 결합되므로, 기존의 군집 (6, 9, 3)에 케이스 1이 추가되어 새로운 군집 (6, 9, 3, 1)이 생성됨을 의미한다. 제3단계의 다음 단계 역시 제7단계이므로 제3단계에서 케이스 1과 결합된 케이스 5 역시 이 군집에 추가되어 새로운 군집을 구성하게 된다.

군집(6, 9) → 군집(6, 9, 3) → 군집(6, 9, 3, 1) → 군집(6, 9, 3, 1, 5)

③ 수직 고드름도표
〈그림 10-8〉은 수직으로 표시된 고드름도표로, 원하는 군집의 수에 따라 각 군집에 소속될 케이스들을 보여준다. 가령 군집의 수가 2개이면 (10, 8, 7, 4, 2)와 (9, 6, 3, 5, 1)의 두 군집이 생성되며, 군집의 수가 3개이면 (10), (8, 7, 4, 2), (9, 6, 3, 5, 1)의 세 군집이 생성된다.

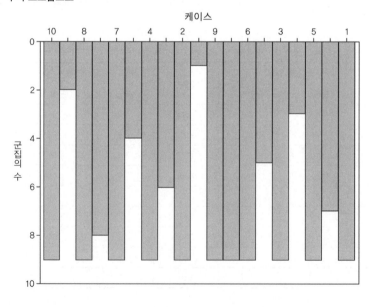

그림 10-8 수직 고드름도표

④ 덴드로그램

〈그림 10-9〉는 덴드로그램이다. 이는 〈표 10-3〉의 군집화 일정표를 그림으로 표시한 것으로서 케이스들이 군집화되는 과정을 보여준다. 연구자는 군집화 일정표, 수직 고드름 도표, 덴드로그램을 종합해서 생성해야 할 군집의 적정한 수를 결정해야 한다.

그림 10-9 Ward 연결을 사용한 덴드로그램

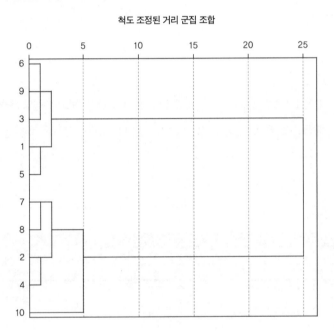

척도 조정된 거리 군집 조합

⑤ 군집분석 결과 종합

이상과 같은 군집분석 결과를 종합해보면 본 예에서는 둘 또는 세 개의 군집을 구성할 수 있다. 각 군집을 구성하는 케이스를 정리하면 〈표 10-4〉와 같다.

표 10-4 군집분석 결과

	군집이 셋일 경우			군집이 둘일 경우	
	군집 1	군집 2	군집 3	군집 1	군집 2
소속된 케이스	6, 9, 3, 1, 5	7, 8, 2, 4	10	6, 9, 3, 1, 5	7, 8, 2, 4, 10

3.2 비계층적 군집분석

여기서는 〈표 10-1〉의 데이터를 이용하여 비계층적 군집화 방법으로 군집분석을 실시하는 방법을 예시하고자 한다. 특히 가장 보편적인 비계층적 군집화 기법인 K-평균 군집화 방법을 중심으로 설명하되, 군집의 수는 편의상 K=3으로 가정한다.

3.2.1 분석 절차

① 데이터베이스 작성

먼저 SPSS를 열고 PASW Statistics Data Editor 상에서 변수 보기(V)를 클릭하여 두 변수 '제품인도'와 '제품품질'을 입력한 다음, 데이터 보기(D)를 클릭하여 변수 값을 입력한다 (〈그림 10-10〉).

| 그림 10-10 | 군집분석 데이터 입력 |

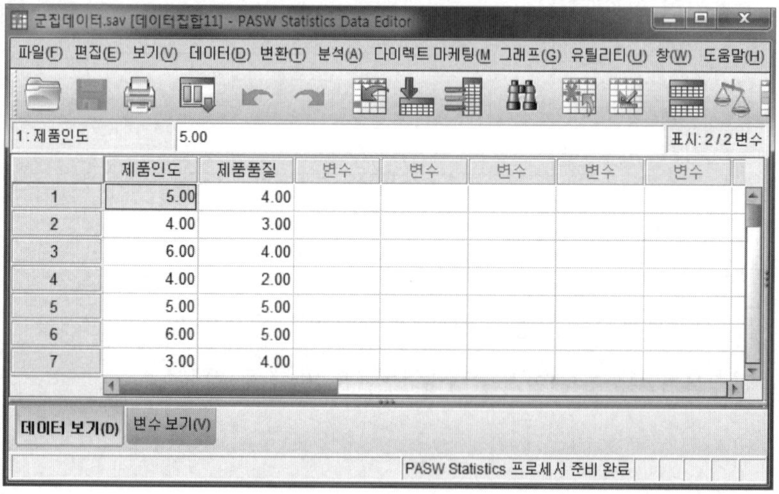

② 다음 절차를 실행함으로써 K-평균 군집분석을 시작한다.

분석(A) → 분류분석(Y) → K-평균 군집분석(K) …

③ 분석 대상 변수 지정

〈그림 10-11〉과 같은 K-평균 군집분석 대화상자가 나타나면 왼쪽의 변수 상자에서 '제품
인도'와 '제품품질'의 두 변수를 선택하여 오른쪽의 변수(V) 상자로 보낸다. 군집의 수(U)
에는 '3'을 입력한다.

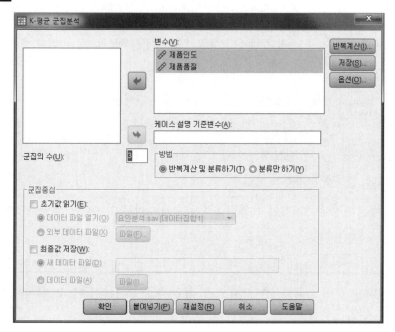

그림 10-11	K-평균 군집분석 대화상자

④ 군집중심의 갱신 여부 및 반복계산 횟수 지정

- 군집중심 갱신 여부: 〈그림 10-11〉의 **방법** 상자에서는 반복계산을 실시할 때마다 군집
  의 중심을 갱신할 것인지의 여부를 지정한다. 여기서는 기본 설정된 '반복계산 및 분류
  하기(T)'를 유지한다.
  • 반복계산 및 분류하기(T): 반복계산이 진행되면서 군집들의 중심이 바뀌며, 새로운
    군집중심들을 기준으로 모든 케이스들이 새로운 군집으로 재분류된다.
  • 분류만 하기(Y): 초기의 군집중심을 사용하여 케이스를 분류하고, 각 군집의 중심은

바뀌지 않는다.

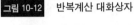

- 반복계산 횟수: 〈그림 10-11〉의 오른쪽 상단에서 반
복계산(I)을 클릭하면 〈그림 10-12〉와 같은 반복계산
대화상자가 나타난다. 앞에서 '반복계산 및 분류하
기(T)'를 선택했을 경우 이 단계에서 반복계산의 횟
수를 정해주어야 한다. '분류만 하기(Y)'를 선택하면
반복계산(I) 버튼이 활성화되지 않는다.

- 최대반복계산수(M): 군집화 과정의 최대 반복 횟수를 의미한다. 10회가 기본으로 설
정되어 있으나, 연구자의 판단에 따라 적절히 변경할 수 있다.

- 수렴기준(C): 군집화 과정에서 직전 단계와 다음 단계를 비교하여 군집중심의 최대
변화량이 초기의 군집중심들 간 최소 거리의 2%보다 작은 경우를 나타낸다. 이 기준
에 도달하면 더 이상 반복계산이 필요 없음을 의미한다. '0'이 기본 설정되어 있으나
1 이하의 값으로 변경할 수 있다.

- 반복계산 과정에서 지정된 최대 반복계산 수에 도달하거나 수렴기준에 도달하면 반
복계산이 종료된다.

- 유동계산 평균 사용(U): 새로운 케이스가 군집에 할당될 때마다 군집중심이 갱신됨
을 의미한다. 이 옵션을 선택하지 않을 경우 각 군집에 모든 케이스가 할당된 다음
군집중심이 계산된다.

⑤ 새 변수로 저장
- 〈그림 10-12〉에서 계속을 클릭한 후 〈그림 10-11〉에서 저장(S)을 클릭하면 새 변수로
저장 대화상자가 나타난다. 여기서는 다음 선택사항 중 연구자의 필요에 따라 선택한
다. 본 예에서는 아무 선택도 하지 않기로 한다.

- 소속군집(C): 각 케이스가 할당된 최종 군집의 내용을 저장한다.

- 군집중심으로부터의 거리(D): 거리와 각 케이스와 군집중심 간의 거리에 관한 정보
를 저장한다.

⑥ 옵션

새 변수로 저장 대화상자에서 계속을 클릭한 다음 옵션
(O)을 클릭한다. 〈그림 10-13〉의 옵션 대화상자에서 출
력을 원하는 통계량과 결측값 처리에 관해 지정한다.
여기서는 통계량 중 '군집중심 초기값(I)'과 '각 케이스
의 군집정보(C)'를 선택하고, 결측값에서는 '목록별 결
측값 제외(P)'를 선택하기로 한다. 선택사항의 의미는
다음과 같다.

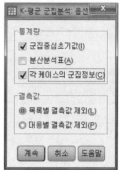

그림 10-13   옵션 대화상자

- 통계량
  • 군집중심 초기값(I): 추정된 최초의 군집중심을 나타낸다.
  • 각 케이스의 군집정보(C): 각 케이스에 대해 최종적 소속군집과 군집중심으로부터의
    거리를 나타낸다.

- 결측값
  • 목록별 결측값 제외(L): 결측값을 가진 케이스는 모든 분석 대상에서 제외된다.
  • 대응별 결측값 제외(P): 해당 분석과 관련된 변수에 대해 결측값을 가진 케이스만 분
    석 대상에서 제외된다.

3.2.2 분석 결과 및 해석

〈그림 10-13〉에서 계속을 클릭한다. 〈그림 10-11〉에서 확인을 클릭하면 군집분석 결과
가 출력된다.

① 초기 군집중심

〈표 10-5〉는 분류될 3개의 군집에 대한 초기의 중심값(평균)에 관한 정보이다. 이 표에서
두 변수 '제품인도'와 '제품품질'의 초기 군집중심을 보면 초기의 군집중심을 선택하기 위

해 사용된 케이스가 10, 4, 9임을 알 수 있다.

표 10-5   초기 군집중심

	군집		
	1	2	3
제품인도	1.00	4.00	7.00
제품품질	2.00	2.00	5.00

② 반복계산 정보

〈표 10-6〉은 반복계산에 관한 정보이다. 이 정보에 의하면 반복계산은 총 3회 이루어졌다. 마지막 3회에서는 군집중심의 변화량이 지정된 수렴기준에 도달했으므로 여기서 반복계산이 종료되었음을 보여준다.

표 10-6   반복계산 정보

반복계산	군집중심의 변화량		
	1	2	3
1	.000	1.217	1.031
2	.000	.361	.250
3	.000	.000	.000

③ 소속군집

〈표 10-7〉은 각 케이스가 최종적으로 어느 군집에 소속되어 있는지를 나타낸다. 또 각 케이스와 소속군집의 중심 간의 거리도 제시한다. 최종적으로 분류된 군집의 내용은 다음과 같다. 이 결과는 앞의 계층적 군집분석 결과 중 군집이 셋일 경우와 동일하다. 그러나 계층적 군집분석과 비계층적 군집분석의 결과는 다를 수도 있다.

군집 1: (10)

군집 2: (2, 4, 7, 8)

군집 3: (1, 3, 5, 6, 9)

표 10-7 소속군집

케이스 수	군집	거리
1	3	1.000
2	2	.500
3	3	.632
4	2	1.118
5	3	.894
6	3	.447
7	2	1.118
8	2	.500
9	3	1.265
10	1	.000

출력 결과를 보면 소속군집 중 제1열에 '케이스 수'라는 표현을 쓰고 있어, 각 군집에 소속된 케이스의 수를 의미하는 것으로 해석될 수도 있다. 그러나 여기서 '케이스 수'는 케이스의 번호를 의미한다.

Chapter 11 다차원척도법

1 다차원척도법의 개요

1.1 다차원척도법의 의의

다차원척도법(MDS: Multidimensional Scaling)은 제품, 기업, 브랜드, 국가 등 연구자가 관심을 갖는 대상들에 대해 소비자들 또는 다른 응답자들이 마음속으로 느끼는 상대적 위치와 관련된 차원들을 찾아내는 분석기법이다. 이 차원들을 지각된 차원(perceived dimension) 또는 주관적 차원이라 한다. MDS에서는 응답자들에 의해 지각된 대상들 사이의 유사성(similarity)을 다차원 공간상의 거리로 표현한다. 이렇게 표현된 다차원 공간을 지각도(perceptual map) 또는 위치도(positioning map)라고 한다. 지각도에서는 유사성이 큰 대상들은 서로 가깝게 위치하는 반면, 유사성이 작은 대상들은 서로 멀리 위치한다.

대상들에 대한 응답자들의 선호도(preference)와 관련해서도 MDS 기법을 적용할 수 있다. 이는 특정 대상들에 대한 응답자들, 특히 소비자들의 인지적 선택 과정을 분석하여 지각도에서 이들이 선호하는 이상점을 도출하는 데 목적을 둔다. MDS에서 해결하고자 하는 문제는 크게 두 가지이다.

첫째, 응답자들이 특정 대상들을 평가할 때 어떤 차원들을 사용하는가?
둘째, 지각도에서 각 대상들은 어떤 자리에 위치하고 있는가?

이러한 문제를 해결하기 위해 MDS에서는 흔히 다음과 같은 형태의 설문 문항을 작성하여 응답자들에게 제시한다.

- 제품 A와 제품 B가 얼마나 유사한지 7점 척도로 평가하시오.
- 제품 A를 제품 B보다 얼마나 선호하는지 10점 척도로 응답하시오.

1.2 다차원척도법의 기본 개념

1.2.1 지각도

〈그림 11-1〉은 커피라는 제품에 MDS를 적용하여 도출한 지각도의 예이다. 이 예에서 커피는 A, B, C의 세 가지 브랜드로 구성되어 있고, 응답자는 청년층, 중년층, 노년층의 세

그림 11-1 커피의 지각도

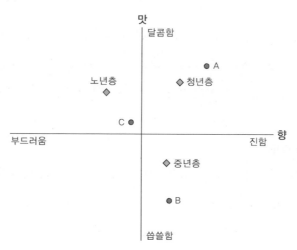

범주로 구성되어 있다. 이 지각도는 커피의 브랜드 A, B, C에 대해 커피 애호가들이 지 각하는 상대적 위치와 각 연령층이 선호하는 이상적 위치를 다차원 공간에 동시에 나타 낸 것이다. 이 지각도가 도출되는 데 있어 응답자들의 지각에 영향을 미치는 두 차원은 맛과 향이다.

이 그림에 의하면 브랜드 A는 응답자들에 의해 맛이 매우 달콤하고 향도 아주 진한 것 으로 지각되고 있다. B는 맛이 상당히 씁쓸하고 향도 약간 진한 것으로 지각되는 반면, C는 맛과 향이 중간 정도인 것으로 지각되고 있다. 응답자들 중 청년층은 브랜드 A를 가 장 선호하고 그다음이 C, B의 순이다. 중년층은 B를 선호하고 노년층은 C를 선호한다.

1.2.2 기본 자료

MDS에 이용되는 자료는 서열척도 또는 등간척도로 측정된 자료여야 한다. 분석에 이용 되는 자료의 유형은 크게 다음 두 가지이다.

- 유사성 평가자료: 응답자들이 분석 대상들을 얼마나 유사하게 지각하는지에 대해 응답한 자료를 말한다. 서열척도나 등간척도로 측정되어야 한다. 자료는 한 명으로부터 수집할 수 도 있고 둘 이상으로부터 수집할 수도 있다. 한 명의 응답자로부터 자료를 수집할 경우 전 통적 다차원척도법(classical MDS)이라 하고, 둘 이상으로부터 자료를 수집할 경우 반복적 다차원척도법(replicated MDS)이라 한다.
- 속성 평가자료: 응답자들이 각 분석 대상들에 대한 특정의 속성들을 어떻게 평가하는지에 대해 응답한 자료를 말한다. 등간척도로 측정되어야 한다. 이와 같이 분석 대상을 속성별 로 평가한 자료를 이용할 경우 이를 가중화 다차원척도법(weighted MDS)이라 한다.

1.2.3 모형의 적합도

다차원척도법에서 추구하는 목적들 중 하나는 대상(변수)들 간의 실제 거리와 모형에 의 해 추정된 거리 사이의 오차를 최소화하는 데 있다. 이 오차를 스트레스 값(stress value)이 라 하며, 이 값이 작다는 것은 모형의 적합도(fitness)가 높음을 의미한다. 스트레스 값은

0과 1 사이의 값을 갖는다. 0은 추정 거리가 실제 거리와 완전히 일치함을 의미하고, 1은 두 거리가 완전히 불일치함을 의미한다. 스트레스 값은 다음 공식에 의해 계산된다.

$$\text{스트레스 값} = \sqrt{\frac{\sum(d_{ij} - \hat{d}_{ij})^2}{\sum d_{ij}^2}}$$

d_{ij} = 실제 거리 또는 응답된 거리

$\hat{d}_{ij}$ = 모형에 의해 추정된 거리

Kruskal은 MDS 모형의 적합도와 관련하여 〈표 11-1〉과 같은 평가기준을 제시했다.

표 11-1 Kruskal에 의한 MDS 모형의 적합도 평가기준

스트레스 값	모형의 적합도
0.2 이상	매우 나쁘다
0.2	나쁘다
0.1	보통이다
0.05	좋다
0.025	매우 좋다
0	완벽하다

2 SPSS를 이용한 다차원척도법

2.1 자료수집

2.1.1 연구 문제

다음 8개 국가들에 대해 국민들이 얼마나 유사하다고 생각하는지 확인하기 위해 한국 사람 10명을 상대로 Likert 7점 척도의 설문 문항을 제시하여 설문조사를 실시했다(비교 조합의 수: $_8C_2 = 28$). 여기서 연구하고자 하는 문제는 다음 세 가지이다.

① 한국 사람은 8개 국가들을 얼마나 유사하거나 상이하다고 지각하는가?

② 응답자들이 국가 간 유사성이나 상이성을 지각할 때 토대로 삼는 차원은 무엇인가?

③ 8개 각 국가는 각 차원에서 한국 사람에 의해 어떻게 지각되는가?

2.1.2 설문 내용

• 설문 문항: "한국, 일본, 중국, 미국, 대만, 러시아, 영국, 쿠바의 8개 국가들을 둘씩 선택하여 비교할 때 서로 얼마나 유사하다고 느끼는지 답하시오."

• 설문지: 〈표 11-2〉는 응답자에게 제시한 설문지이다. 총 28개의 비교 쌍에 대해 유사성의 정도를 묻는 내용이다.

표 11-2   MDS 분석을 위한 설문지

연번	비교 대상	유사한 정도						
		1. 매우 유사함	2. 유사함	3. 약간 유사함	4. 보통임	5. 약간 상이함	6. 상이함	7. 매우 상이함
1	미국 - 대만							
2	미국 - 중국							
3	미국 - 한국							
4	미국 - 일본							
5	미국 - 러시아							
6	미국 - 영국							
7	미국 - 쿠바							
8	대만 - 중국							
9	대만 - 한국							
10	대만 - 일본							
⋮	⋮	⋮	⋮	⋮	⋮	⋮	⋮	⋮
22	한국 - 쿠바							
23	일본 - 러시아							
24	일본 - 영국							
25	일본 - 쿠바							
26	러시아 - 영국							
27	러시아 - 쿠바							
28	영국 - 쿠바							

2.1.3 응답 자료

아래 〈표 11-3〉은 응답자 10명에게 제시된 28개의 유사성 비교 쌍에 대한 설문조사 결과
이다.

표 11-3   MDS 설문조사 결과

비교 쌍		ID									
		1	2	3	4	5	6	7	8	9	10
1	미국 - 대만	2	3	1	2	3	3	2	2	2	3
2	미국 - 중국	5	5	6	4	6	5	4	3	3	6
3	미국 - 한국	2	1	3	2	2	1	2	3	3	3
4	미국 - 일본	1	2	2	1	2	2	1	2	2	1
5	미국 - 러시아	6	7	6	5	5	6	6	6	7	5
6	미국 - 영국	2	3	2	2	2	3	1	2	2	2
7	미국 - 쿠바	6	7	6	6	7	6	5	7	6	7
8	대만 - 중국	5	6	4	5	6	6	5	5	6	5
9	대만 - 한국	2	2	1	2	2	2	1	3	2	1
10	대만 - 일본	3	4	2	3	5	4	3	3	4	5
11	대만 - 러시아	5	5	4	5	5	6	6	5	3	5
12	대만 - 영국	3	2	4	3	2	3	2	2	1	2
13	대만 - 쿠바	4	6	6	5	6	7	6	5	5	6
14	중국 - 한국	5	6	7	6	6	5	5	6	7	5
15	중국 - 일본	4	5	5	5	4	6	5	6	5	6
16	중국 - 러시아	1	1	2	2	3	2	1	2	2	1
17	중국 - 영국	5	5	6	5	5	6	7	5	5	6
18	중국 - 쿠바	3	2	3	3	5	4	3	4	3	1
19	한국 - 일본	2	2	1	3	2	2	2	3	1	2
20	한국 - 러시아	5	6	5	4	7	7	6	5	6	6
21	한국 - 영국	2	2	1	1	2	3	2	2	3	2
22	한국 - 쿠바	7	6	5	6	5	6	6	5	7	6
23	일본 - 러시아	2	3	2	2	3	4	3	2	1	2
24	일본 - 영국	2	3	3	3	3	2	2	2	1	2
25	일본 - 쿠바	5	6	5	5	6	4	6	5	7	6
26	러시아 - 영국	6	5	6	5	5	6	6	5	7	5
27	러시아 - 쿠바	1	2	2	1	2	3	2	2	2	1
28	영국 - 쿠바	6	6	5	5	7	6	6	5	7	6

2.2 분석 절차

① 데이터베이스 작성

PASW Statistics Data Editor 상에서 변수 보기(V)를 클릭하여 8개의 변수 '미국', '대만', '중국', '한국', '일본', '러시아', '영국', '쿠바'를 입력한 다음, 데이터 보기(D)를 클릭하여 변수 값을 입력한다(〈그림 11-2〉). 분석이 끝난 후에는 '다차원척도법자료.sav'로 저장해둔다.

| 그림 11-2 | 다차원척도법 데이터 입력 |

다차원척도법자료.sav [데이터집합12] - PASW Statistics Data Editor

파일(F) 편집(E) 보기(V) 데이터(D) 변환(T) 분석(A) 다이렉트 마케팅(M) 그래프(G) 유틸리티(U) 창(W) 도움말(H)

1 : 한국   .0   표시: 8 / 8 변수

	한국	일본	중국	미국	대만	러시아	영국
1	.0						
2	2.00	.0					
3	5.00	5.00	.0				
4	2.00	2.00	5.00	.0			
5	1.00	3.00	4.00	2.00	.0		
6	6.00	5.00	1.00	5.00	2.00	.0	
7	2.00	3.00	5.00	2.00	2.00	6.00	
8	6.00	4.00	3.00	7.00	5.00	1.00	
9	.0						
10	3.00	.0					
11	5.00	6.00	.0				
12	1.00	2.00	6.00	.0			
13	2.00	4.00	5.00	2.00	.0		
14	7.00	5.00	1.00	6.00	3.00	.0	
15	3.00	2.00	5.00	2.00	3.00	5.00	
16	7.00	6.00	2.00	6.00	6.00	2.00	
73	.0						
74	3.00	.0					
75	6.00	5.00	.0				
76	3.00	1.00	5.00	.0			
77	1.00	5.00	6.00	2.00	.0		
78	5.00	5.00	1.00	6.00	2.00	.0	
79	2.00	2.00	6.00	2.00	2.00	5.00	
80	7.00	6.00	1.00	6.00	6.00	1.00	

데이터 보기(D) 변수 보기(V)

PASW Statistics 프로세서 준비 완료

데이터를 입력할 때 에러가 자주 발생하므로 주의해야 하며, 특히 다음과 같은 사항에 유의해야 한다.

- 분석 대상 변수는 최소 4개 이상이어야 한다.
- 제1열의 케이스는 총 80개이다(10인 × 8개국 = 80).
- 제1응답자(ID 1)는 처음 8행에, 제2응답자(ID 2)는 다음 8행에, 제3응답자 (ID 3)는 그다음 8행에 입력한다. 같은 방법으로 10인의 응답자에 대해 총 80행을 입력한다.
- 동일 국가 간의 유사성은 0으로 처리한다. 따라서 응답자 1인당 총 36개씩 입력한다(서로 다른 비교 쌍 $_8C_2$ = 28개, 동일 국가 간 비교 8개). 총 입력 자료 수는 360개이다(36 × 10 = 360).
- 입력된 원자료 행렬은 조합된 두 대상(국가)들 사이의 유사성에 관한 자료이지만, 값이 클수록 유사성이 작기 때문에 사실은 비유사성(disparity)에 관한 자료로 간주된다.

② 분석 절차

다음 절차에 따라 다차원척도법을 실행한다.

분석(A) → 척도(A) → 다차원척도법(ALSCAL)(M) …

- 분석 대상 변수 선택: 다음의 〈그림 11-3〉과 같이 다차원척도법의 대화상자가 나타나면 왼쪽 상단의 변수 창에서 분석 대상들을 하나씩 선택하여 오른쪽의 변수(V) 창으로 보낸다.

- 거리행렬: 거리 상자에서 '데이터 자체가 거리행렬(A)'을 선택한다. 선택사항의 의미는 다음과 같다.
  - 데이터 자체가 거리행렬(A): 데이터베이스 행렬에서 각 셀의 값은 각 비교 쌍의 유사성 정도를 나타내는 데이터 값이므로, 여기서는 데이터 행렬 자체가 거리행렬이 된다는 뜻이다.

그림 11-3   다차원척도법 대화상자

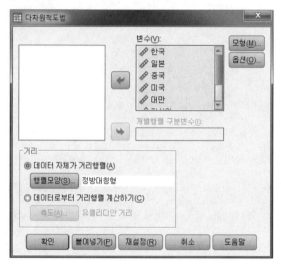

- 데이터로부터 거리행렬 계산하기(C): 만약 입력된 데이터가 유사성 정도를 나타내는 거리척도가 아닌 경우에는 이 옵션을 선택하여 원 데이터로부터 거리행렬을 도출하여 분석에 사용한다.

- 데이터의 형태: 〈그림 11-3〉의 거리 상자에서 행렬모양(S)을 클릭하면 데이터의 형태 대화상자가 나타난다. 여기서는 기본 설정된 정방대칭형(S)을 유지한다. 이 예에서처럼 데이터베이스의 행과 열이 같은 항목으로 구성되어 있고, 대응하는 변수들 간의 유사성 값이 같을 경우에는 정방대칭형(S)을 선택한다. 그러나 대응 변수들 간의 유사성 값이 같지 않을 경우에는 정방비대칭형(A)을 선택한다.

- 모형의 내용: 데이터의 형태 대화상자에서 계속을 클릭한다. 〈그림 11-3〉의 다차원척도법 대화상자에서 모형(M)을 클릭하면 〈그림 11-4〉의 모형 대화상자가 나타난다. 여기서는 측정수준에서 '구간척도(I)'를, 조건부에서 '행렬(M)'을 선택하고, 차원에서 최소값(N)과 최대값(X)에 각각 2를 입력한다. 그리고 척도화 모형에서 '유클리디안 거리(E)'를 선택한다. 선택사항은 다음과 같은 의미를 갖는다.

그림 11-4　모형 대화상자

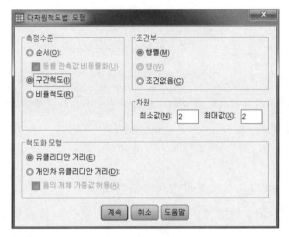

• 측정수준: 자료의 척도에 관한 사항

　·순서(O): 자료가 서열척도일 경우를 말한다. 이 경우 동률(tie) 문제가 발생할 수 있는데, '동률 관측값 비동률화(U)'를 지정하면 변수가 연속형 변수로 처리되므로 이 문제가 해결된다.

　·구간척도(I): 자료가 등간척도인 경우를 말한다. 본 예에서는 각 비교 쌍을 구성하는 국가들 사이의 유사성 자료가 등간척도로 측정된 것이기 때문에 이 척도를 선택한다.

　·비율척도(R): 자료가 비율척도인 경우를 말한다.

• 조건부: 데이터 행렬의 조건에 관한 사항

　·행렬(M): 데이터 행렬이 거리를 나타내는 행렬일 경우, 이 거리행렬에서 모든 데이터 값들을 비교할 수 있음을 의미한다.

　·행(W): 거리행렬에서 행 내에서만 데이터 값들의 비교가 의미 있음을 의미하며, 데이터 행렬이 비대칭 행렬이거나 직사각형 행렬일 경우 이 옵션을 선택한다.

　·조건 없음(C): 입력된 데이터 행렬에서 데이터의 성격에 관계없이 모든 값들을 비교할 수 있을 경우 이 옵션을 선택한다.

- **차원**: 출력하고자 하는 차원의 수준에 관한 사항

  · 최소값(N) / 최대값(X): 예를 들어 최소값에 '1'을, 최대값에 '3'을 지정하면 1차원, 2차원, 3차원의 해를 제시한다. 차원의 수준이 높을수록 모형의 정교성이나 적합성(fitness)이 높아지지만, 3차원 이상은 시각적 해석이 곤란하므로 2차원의 해를 구하는 것이 보통이다. 1차원의 해는 분석의 목적상 별 의미가 없기 때문에 이런 해는 불필요하다. 따라서 최소값과 최대값에 모두 '2'를 지정하는 것이 바람직하다.

- **척도화 모형**: 자료의 척도와 분석 모형에 관한 사항

  · 유클리디안 거리(E): 비교 대상들에 대한 유사성을 평가한 데이터로 분석하는 경우이다. 이 옵션을 선택할 경우, 입력된 데이터 행렬이 하나이면 전통적 MDS를, 둘 이상이면 반복적 MDS를 적용하게 된다.

  · 개인차 유클리디안 거리(D): 대상의 속성들을 평가한 데이터로 분석하는 경우이다. 이 옵션을 선택할 경우 가중화 다차원척도법을 적용하게 된다.

- 옵션 선택: 〈그림 11-4〉의 모형 대화상자에서 계속을 클릭한 후 〈그림 11-3〉에서 **옵션(O)**을 클릭하면 〈그림 11-5〉의 옵션 대화상자가 나타난다. 표시에서 '집단도표(G)', '데이터 행렬(D)', '모형 및 옵션 요약(M)'을 선택한다. 선택사항의 의미는 다음과 같다.

- **집단도표(G)**: 여기에서는 유도된 자극 위치, 산점도(scatter plot), 지각도 등을 유클리디안 거리 모형으로 제시해준다.

- **데이터 행렬(D)**: 입력한 데이터 행렬과 최적화 데이터 행렬을 제시한다. 최적화 데이터 행렬(optimized data matrix)이란 MDS 분석을 통해 도출된 대상들 간의 최적화된 유클리디안 거리행렬을 말한다. 이 행렬과 실제 데이터 행렬의 차이가 작을수록 모형의 스트레스 값이 작아져 MDS 모형의 적합도가 높아지게 된다.

- **모형 및 옵션 요약(M)**: 모형의 알고리즘 및 옵션의 내용을 요약적으로 설명해준다.

그림 11-5   옵션 대화상자

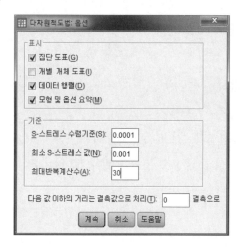

- 반복계산 종료 기준: 〈그림 11-5〉의 기준에서는 반복계산의 종료기준을 지정한다. 모형의 적합도를 나타내는 스트레스 값과 관련된 기준들이다. 이 기준 중 어느 하나에 도달하면 반복계산이 종료된다. 각 사항의 의미와 입력 방법은 다음과 같다.

  • S-스트레스 수렴기준(S): 스트레스 값의 개선 수준이 이 기준 아래로 떨어지면 반복 계산을 종료하라는 의미이다. 수렴기준에 0을 지정하면 자동으로 30회를 반복 계산 한다. 기본으로 '0.001'이 설정되어 있으나 최소 0.00001까지 지정할 수 있다. 본 예에서는 수렴기준을 0.0001로 하기로 한다.

  • 최소 S-스트레스 값(N): 계산 과정을 반복하다가 스트레스 값이 이 기준 아래로 떨어지면 반복계산을 종료하라는 의미이다. 기본으로 '0.005'가 설정되어 있으나 최소 0.0001까지 지정할 수 있다. 본 예에서는 0.001을 지정하기로 한다.

  • 최대반복계산수(A): 스트레스 값을 줄여 모형의 적합도를 향상시키기 위한 반복계산의 횟수를 말한다. 최대 반복계산 수는 30이다. 여기서는 기본 설정대로 30회의 반복계산을 지정하기로 한다.

- 결측값 처리기준: 〈그림 11-5〉의 결측값으로 처리(T)는 상이성 응답치가 이 값 미만이면 무응답으로 처리하라는 뜻이다. 여기서는 '0'을 지정함으로써 응답치가 0 미만, 즉

음수(−)일 경우 무응답, 즉 결측값으로 처리한다. 만약 응답 데이터에 이상이 발견되면 이 항에 '-1' 등의 값을 입력함으로써 이를 결측값으로 처리할 수 있다.

2.3 분석 결과 및 해석

〈그림 11-5〉의 옵션 대화상자에서 계속을 클릭하고, 〈그림 11-3〉의 다차원척도법 대화상자에서 확인을 클릭하면 MDS 분석 결과가 출력된다. 그 주요 내용을 요약하면 다음과 같다.

2.3.1 모형 및 옵션 요약

출력창의 맨 위쪽에 제시된 'Alscal Procedure Options'는 〈그림 11-5〉의 옵션 대화상자의 표시 상자에서 선택한 '모형 및 옵션 요약(M)'의 결과이다. 여기에는 분석에 사용된 데이터, 모델, 출력 사항, 반복계산 종료기준, 입력된 원자료 등이 표시되어 있다.

2.3.2 스트레스 및 모형의 적합도

– 반복계산과 스트레스: 〈표 11-4〉는 반복계산을 거치는 과정에서 스트레스 값이 어떻게 변화하는가를 보여준다. 5회째의 반복계산 결과, 스트레스의 개선 수준이 본 예에서 지정한 스트레스 수렴기준 0.0001 아래로 떨어졌으므로 반복계산이 여기서 종료됨을 알 수 있다.

표 11-4 스트레스 변화 과정(Young's Stress formula 1)

반복계산(iteration)	s-스트레스	스트레스 개선(improvement)
1	.30384	
2	.28191	.02193
3	.27866	.00325
4	.27835	.00031
5	.27833	.00002

s-스트레스 개선 수준이 .0001 이하로 떨어져 반복계산 종료

- 모형의 적합도: 〈표 11-5〉는 Kruskal이 제시한 스트레스 값과 RSQ(상관계수 제곱)를 보여준다. 평균 스트레스 값은 0.2174로서 Kruskal이 제시한 기준(〈표 11-1〉)으로 보면 모형의 적합도가 저조함을 알 수 있다. 그러나 또 다른 모형 적합도의 평가기준인 RSQ 계수는 평균 0.75051로서 양호한 편이다. 보통 RSQ 계수가 평균 0.6 이상이면 모형의 설명력이 높은 것으로 알려져 있다.

표 11-5 Kruskal 스트레스 및 RSQ

행렬	스트레스	RSQ	행렬	스트레스	RSQ
1	0.197	0.804	2	0.178	0.833
3	0.255	0.643	4	0.197	0.788
5	0.206	0.613	6	0.228	0.726
7	0.186	0.838	8	0.248	0.677
9	0.264	0.613	10	0.189	0.806

평균 스트레스 = 0.2174, RSQ = 0.75051

2.3.3 지각도

그림 11-6 유클리디안 거리 모형에 의한 지각도

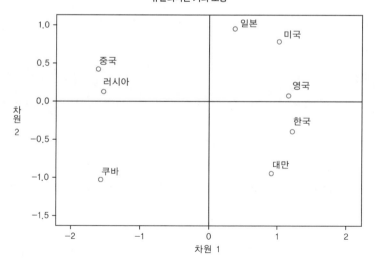

유도된 자극의 위치
유클리디안 거리 모형

〈그림 11-6〉은 MDS 분석을 통해 최종 도출된 분석 대상(자극)들에 대한 지각도이다. 이는 두 가지 차원으로 대상 국가들을 비교할 수 있도록 설계된 것이다. 이 지각도에서 대상들 사이의 거리는 추정된 유클리디안 거리를 나타내며, 차원 1(X 축)과 차원 2(Y 축) 상의 각 좌표는 각 비유사성 응답치들을 0을 기준으로 표준화시킨 값들이다. 연구자는 이 지각도를 바탕으로 대상들 사이의 유사성을 추정한 다음, 이를 통해 각 차원에 대한 명칭을 부여해야 한다.

2.3.4 대상들 간 유사성 요약

도출된 지각도를 바탕으로, 응답자들이 각 국가들 사이의 유사성에 대해 어떻게 지각하고 있는지 대략 다음과 같이 요약할 수 있다.

① 일본, 미국, 영국, 한국, 대만은 중국, 러시아, 쿠바와 차원 1을 기준으로 매우 상이하다.

② 일본과 미국, 중국과 러시아는 각각 두 차원 모두를 기준으로 매우 유사하다.

③ 영국, 한국, 대만은 두 차원 모두에서 비교적 유사하다.

④ 일본이나 미국은 한국이나 대만과 비교해서 차원 1로는 비교적 유사하지만, 차원 2로는 비교적 상이하다. 마찬가지로 중국이나 러시아는 쿠바와 비교해 차원 1에서는 매우 유사하지만, 차원 2에서는 매우 상이하다.

⑤ 쿠바는 두 차원 모두에서 비교 대상 국가들과 매우 상이하다.

2.3.5 차원의 명칭 부여

지각도를 바탕으로 한 이상과 같은 유사성 추정 결과를 토대로 연구자는 다음과 같이 두 차원의 명칭을 부여할 수 있다.

• 차원 1: 차원 1에서는 일본, 미국, 영국, 한국, 대만 등이 중국, 러시아, 쿠바와 크게 상이한데, 이 두 국가군은 주로 '정치체제'에서 차이가 나는 국가들이다. 따라서 차원 1은 '정치체제'라는 명칭을 부여한다.

- 차원 2: 일본, 미국, 중국, 러시아, 영국이 대만이나 쿠바와 크게 상이하므로, 이 차원은 '경제력'이라고 추정할 수 있다. 덧붙여 응답자들은 한국이 일본, 미국, 중국 등보다 경제력이 떨어지는 것으로 느끼고 있다는 추정도 가능하다.

Chapter 12 컨조인트 분석

1 컨조인트 분석의 개요

1.1 컨조인트 분석의 의의

1.1.1 프로파일의 개념

예를 들어 제품 I, II, III이 있어 기업 경영자가 마케팅 전략 개발을 위해 이들에 대한 소비자들의 선호도를 조사한다고 하자. 여기서 연구 대상이 되는 각 제품 대안은 다른 대안과 비교될 수 있는 몇몇 속성(attribute)이 있고 각 속성은 다양한 수준(level)으로 구성된다. 예를 들어 스마트폰이라는 제품은 갤럭시, G 시리즈, 아이폰 등의 대안이 있고, 이 대안들은 가격, 크기, 기능, 통화품질 등과 같은 속성들이 있다. 또 가격이라는 속성은 고가, 중가, 저가 등으로 분류되고, 기능이라는 속성은 다양, 보통, 미흡 등으로 분류된다. 여기서 분석 대상이 갖는 속성을 요인(factor)이라 하고, 속성의 수준을 요인수준(factor level)이라 한다. 따라서 모든 대안들은 각 요인별로 일정한 수준 값을 갖게 된다.

이와 같이 각 요인별 특정의 수준 값으로 구성된 대안을 프로파일(profile)이라 한다.

〈표 12-1〉은 스마트폰에 대한 프로파일의 예이다.

표 12-1	세 스마트폰 프로파일의 내용			
프로파일	**요인**			
	가격	**크기**	**기능**	**통화품질**
I	고가	중	보통	양호
II	저가	대	다양	미흡
III	중가	소	보통	양호

1.1.2 컨조인트 분석의 의의

응답자들에게 제시되는 복수의 프로파일에 대해 이들이 부여하는 선호도나 우선순위를 분석해보면, 이 응답자들이 각 요인에 부여하는 상대적 중요도와 각 요인수준의 가치를 파악할 수 있다. 이것이 컨조인트 분석(conjoint analysis)의 기본 아이디어이다.

컨조인트 분석은 이처럼 분석 대상에 대한 각 프로파일에 대해 응답자들이 제시한 선호도나 우선순위를 토대로 이들에 의해 지각되는 각 요인의 상대적 중요도와 각 요인수준의 효용을 분석하는 통계적 기법이다. 컨조인트 분석이 이용될 수 있는 몇 가지 예를 들면 다음과 같다.

- 커피의 네 브랜드 A, B, C, D에 대한 소비자들의 선호도를 토대로 소비자들이 느끼는 제품의 중요한 속성(맛, 향 등)은 무엇이고, 각 속성의 각 수준(진한 맛, 부드러운 맛 등)에 대해 이들이 어느 정도의 가치를 부여하는지 분석하고자 할 때
- 편의점, 전문점, 할인점, 백화점 등의 점포 형태에 대한 소비자들의 선호도를 토대로 소비자들이 느끼는 점포의 중요한 속성(가격, 편의성 등)은 무엇이고, 각 속성의 각 수준(고가, 저가 등)에 대해 어느 정도의 가치를 부여하는지 분석하고자 할 때
- 1, 2, 3, 4의 네 총각 중 처녀가 신랑감을 고를 때 부여하는 우선순위를 토대로 처녀가 느끼는 신랑감의 중요한 속성(외모, 직업 등)은 무엇이고 이 속성의 어느 수준(공무원, 의사 등)을 특히 좋아하는지 알아내고자 할 때

- A, B, C, D 네 개의 TV 방송에 대한 시청자들의 선호도를 토대로 시청자들이 TV 매체의 각 속성(정보 제공성, 오락성 등)에 대해 평가하는 상대적 중요도를 파악하고 각 속성들 중 어느 수준(오락 과다, 오락 중간, 오락 미흡 등)을 가장 선호하는지 분석하고자 할 때
- 가, 나, 다의 세 정당에 대한 유권자들의 선호도를 토대로 유권자들이 정당의 제 속성(이념, 지향 가치 등)에 부여하는 상대적 중요도와 각 속성의 제 수준(진보, 중도, 보수 등)에 부여하는 가치를 분석하고자 할 때

1.1.3 컨조인트 분석의 종류

컨조인트 분석을 위해서는 자료가 서열척도 또는 등간척도여야 한다. 자료가 어떠한 척도로 측정된 것이냐에 따라 컨조인트 분석에도 두 가지가 있다. 그중 등간척도로 측정된 자료로 분석하는 경우는 계량적 컨조인트 분석(metric conjoint analysis)이라 한다. 반면에 서열척도로 측정된 자료로 분석하는 경우는 비계량적 컨조인트 분석(non-metric conjoint analysis)이라 한다. 대상에 대한 응답자의 선호도는 서열척도로 측정되는 경우가 많기 때문에 비계량적 컨조인트 분석을 이용하는 것이 일반적이다.

1.2 프로파일 개발

1.2.1 프로파일 설계

응답자들에게 제시되는 프로파일은 각 속성(요인)들의 속성수준(요인수준)에 관한 정보를 포함하고 있다. 응답자들은 각 프로파일의 속성수준을 비교함으로써 각 프로파일에 대한 선호도나 우선순위를 평가하게 된다. 따라서 대상의 속성들과 각 속성의 수준을 결정하는 일은 컨조인트 분석의 성패를 좌우하는 매우 중요한 작업이다. 분석 대상의 프로파일을 개발할 때 다음 몇 가지 사항에 유의해야 한다.

첫째, 대상에 관한 속성의 수와 요인수준의 수를 적절히 정의해야 한다. 속성의 수와 속성수준의 수가 많을수록 정교한 분석이 될 수 있겠지만, 너무 많을 경우 응답자에게 제시할 프로파일의 수가 지나치게 많아져 문제가 된다. 예를 들어 분석 대상의 속성이 3개

이고 각 속성의 수준이 각각 3, 4, 5, 4개라면 총 프로파일의 수는 $3 \times 4 \times 5 \times 4 = 240$개가 된다. 응답자들이 이렇게 많은 프로파일을 제대로 비교한다는 것은 현실적으로 불가능한 일이다.

둘째, 속성수준의 범위를 신중히 결정해야 한다. 예를 들어 휴대폰 가격의 수준을 30만원, 40만 원, 50만 원으로 하는 경우와 20만 원, 40만 원, 60만 원으로 하는 경우를 비교하면, 휴대폰에 대한 응답자의 선호도가 결정되는 데 있어 후자의 경우 전자보다 가격의 중요성이 훨씬 커지게 된다.

셋째, 프로파일의 설계 시 속성수준의 효용이 갖는 특성을 고려해야 한다. 속성수준의 효용은 일반적으로 선형적일 가능성이 높으나 비선형적일 수도 있다. 예를 들어 가격은 쌀수록 선호되는 것이 일반적이다. 그러나 대학생의 경우 중간 가격을 가장 선호하고, 다음으로 저가, 고가의 순으로 선호할 가능성이 있다.

1.2.2 프로파일의 구성 방법
프로파일의 구성 방법은 다음 두 가지이다.

① 2요인 평가법
2요인 평가법(two-factor evaluations)은 모든 속성들 중 2개씩 선택하여 프로파일을 구성하는 방법이다. 짝짓기 접근법(pairwise approach)이라고도 한다. 예를 들어 스마트폰의 속성을 가격, 크기, 기능, 통화품질의 네 가지로 한다면, 각 스마트폰 브랜드별로 '가격 & 크기', '가격 & 기능', '가격 & 통화품질', '크기 & 통화품질' 등 총 6개($_4C_2$)의 프로파일을 준비해야 한다.

② 다요인 평가법
다요인 평가법(multiple-factor approach)은 고려 가능한 모든 속성들의 모든 수준을 총동원하여 프로파일을 구성하는 방법이다. 완전 프로파일 접근법(full-profile approach)이라고도 한다. 예를 들어 스마트폰의 가격 수준이 세 가지(고가, 중간, 저가), 크기 수준이 두

가지(대, 소), 기능 수준이 세 가지(다양, 보통, 한정), 통화품질 수준이 두 가지(양호, 미흡)이면, 응답자에게 제시해야 할 프로파일의 수는 3 × 2 × 3 × 2 = 36개가 된다.

이상의 두 접근법 중 2요인 평가법은 응답자에게 복잡한 형태로 프로파일 정보를 제공하게 된다는 단점이 있고, 다요인 평가법은 응답자에게 제시할 프로파일의 수가 너무 많아진다는 단점이 있다. 실제로는 다요인 평가방법을 이용하되 후술하는 부분요인설계의 기법을 적용하여 프로파일의 수를 줄이게 된다.

2 SPSS를 이용한 컨조인트 분석

2.1 연구 문제

(주) 스마트 시장조사팀은 소비자들이 휴대폰 상품의 여러 속성에 대해 어떤 선호 패턴을 가지고 있는지 조사하고자 한다. 이 회사는 소비자들이 제품 구매에 관한 의사결정의 기준으로 삼는 속성 요인을 ① 브랜드, ② 제품 크기, ③ 기능 다양성, ④ 통화품질의 네 가지로 보고 있다. 각 요인에 대한 설명과 요인들의 수준은 다음 〈표 12-2〉와 같다.

표 12-2   요인 설명 및 수준

요인	요인의 설명	요인의 수준
브랜드	회사 브랜드	A, B, C
크기	제품 크기	대, 소
기능	기능 다양성	다양, 보통, 한정
통화	통화품질	양호, 미흡

연구 문제

① 응답자들에게 제시해야 할 제품 대안의 수는 몇 개로 할 것인가?

② 응답자들이 구매 결정을 내릴 때 가장 중요시하는 요인은 무엇인가?

③ 응답자들이 각 요인에 대해 가장 선호하는 수준은 무엇인가?

이러한 문제를 해결하기 위해서는 먼저 응답자들에게 제시할 제품 대안(제품 프로파일)의 수를 결정한 후, 이 수만큼의 대안(프로파일) 카드를 출력, 이 카드를 설문지 형태로 변형시킨다. 다음으로 정해진 수만큼의 서로 다른 대안(프로파일) 카드를 응답자들에게 제시한 후 이들 사이의 상대적 선호도에 대한 응답을 받는다. 마지막으로 응답 데이터를 토대로 응답자들이 가장 중요시하는 요인은 무엇이고, 각 요인별로 가장 중요시하는 수준은 무엇인지를 분석한다.

2.2 제품 대안 수의 결정: 부분요인설계

본 예에서 네 가지 요인은 각각 3개, 2개, 3개, 2개의 수준들로 구성되어 있기 때문에 고려 가능한 제품 대안의 수는 총 $3 \times 2 \times 3 \times 2 = 36$개이다. 이 대안들을 모두 응답자에게 제시하고 응답을 요구하는 데는 현실적으로 무리가 있기 때문에, 전체 대안들을 대표할 수 있는 일정한 수의 대안을 선택, 대안 표본을 구성하여 이것으로 설문조사를 실시한다. 이때 이용하는 방법이 부분요인설계(fractional factorial design)이다.

부분요인설계를 위해서는 먼저 모든 요인 중에서 요인수준의 수가 같은 요인이 몇 개씩인지를 확인한다. 본 예에서는 요인수준이 3개인 요인이 2개(브랜드, 기능), 2개인 요인이 2개(크기, 통화)이다. 이 경우 응답자에게 제시할 대안의 수는 총 대안 수의 1/4이면 된다($2 \times 2 = 4$). 따라서 출력되어야 할 대안의 수는 다음과 같이 9개이다(단, m ≠ n).

$$\frac{\text{총 대안의 수}}{(\text{요인수준 m개인 대안의 수})\,(\text{요인수준 n개인 대안의 수})} = \frac{36}{2 \times 2} = 9$$

SPSS에서는 고려 가능한 36개의 대안 중에서 난수표(random numbers table)를 이용하여 무작위 추출 방법을 통해 9개의 대안을 생성시켜준다. 이하에서는 SPSS를 이용하여 컨조인트 분석을 실행하는 방법을 설명하기로 한다.

2.3 컨조인트 설계: 제시할 대안들의 생성

컨조인트 설계는 앞의 부분요인설계에 따라 응답자들에게 제시할 대안(프로파일)들을 도출, 대안 카드를 작성하는 절차이다.

- SPSS 실행: 먼저 SPSS 창을 열고 PASW Statistics Data Editor 상에서 다음 절차를 실행한다.

데이터(D) → 직교계획(G) → 생성(G) …

2.3.1 요인수준에 대한 변수 값 정의

- 직교계획 생성 대화상자: 이상의 절차를 실행하면 〈그림 12-1〉처럼 직교계획 생성 대화상자가 나타난다. 이를 통해 각 요인의 요인수준들에 대한 변수 값을 정의한다.

그림 12-1   직교계획 생성 대화상자

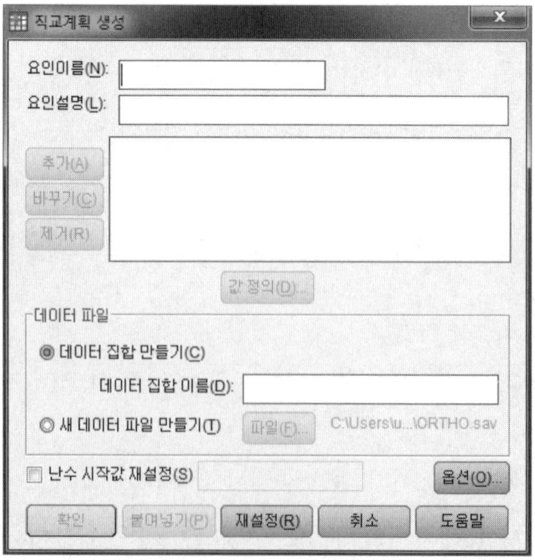

- 요인이름/요인설명 입력: 먼저 〈그림 12-1〉에서 '브랜드'의 요인수준들에 대한 변수 값을 정의하기 위해 요인이름(N) 상자에 '브랜드'를, 요인설명(L) 상자에 '회사 브랜드'를 입력한 후 추가(A)를 클릭한다. 이어서 '크기', '기능', '통화'의 요인들에 대해 동일한 과정을 반복함으로써 〈그림 12-2〉와 같이 요인이름과 요인설명의 입력을 완료한다.

그림 12-2 입력 완료된 요인이름 설명

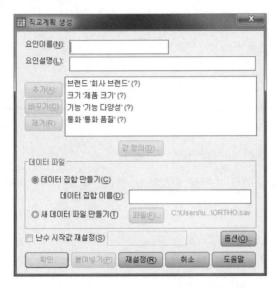

- 요인수준의 변수 값 정의: 이제 각 요인의 요인수준들에 대한 변수 값을 정의해야 한다. 먼저 브랜드의 요인수준들에 대한 변수 값을 정의하기 위해서는 〈그림 12-2〉의 요인이름 설명 창에서 브랜드 '회사 브랜드'(?)를 선택한 다음 값 정의(D)를 클릭한다. 값 정의 대화상자가 나타나면 다음 〈그림 12-3〉과 같이 〈표 12-2〉의 요인수준 A, B, C에 대한 변수 값을 1, 2, 3 등으로 지정한다.

그림 12-3   브랜드의 요인수준에 대한 변수 값 정의

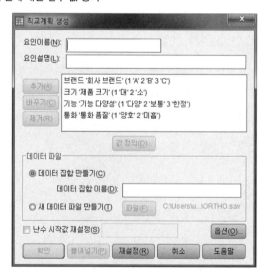

- 모든 요인수준에 대한 변수 값 정의: 〈그림 12-3〉에서 계속을 클릭한 후 두 번째 요인 인 '크기'에 대해 동일한 과정을 반복하고, '기능' 및 '통화'에 대해서도 같은 과정을 반복하면서 〈그림 12-4〉와 같이 각 요인수준에 대한 변수 값들을 지정해준다. 〈그림 12-4〉는 모든 요인수준의 변수 값이 정의된 직교계획 생성 대화상자이다.

그림 12-4   모든 요인수준에 대한 변수 값 정의

2.3.2 대안(프로파일)의 생성

- 〈그림 12-4〉에서 옵션(O)을 클릭하면 옵션 대화상자가 나타난다. 여기서 〈그림 12-5〉와 같이 생성에 필요한 최소 케이스 수(M)에 9를 입력한다. 본 예에서는 총 36개의 제품 대안 중 9개의 대안을 응답자들에게 제시하기로 되어 있기 때문이다.

그림 12-5　　옵션 대화상자

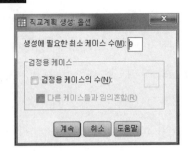

- 데이터 파일명 지정: 〈그림 12-5〉에서 계속을 클릭한 다음 〈그림 12-4〉의 데이터 파일 상자에서 새 데이터 파일 만들기(T)를 클릭하면 'ORTHO.sav'라는 파일이 생성된다. 파일(F)을 클릭하여 연구자가 원하는 데이터 파일 이름을 지정한다. 본 예에서는 〈그림 12-6〉과 같이 편의상 '컨조인트설계.sav'라는 이름으로 데이터를 저장하기로 한다.

그림 12-6　　데이터 파일명 지정

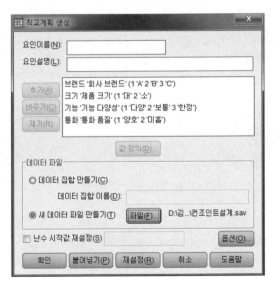

- 〈그림 12-6〉에서 확인을 클릭하면 〈그림 12-7〉과 같은 컨조인트 설계 파일이 생성되며, '컨조인트설계.sav' 입력 파일을 저장해둔다. 이는 부분요인설계에 따라 응답자에게 제시할 9개 대안의 각 요인수준을 변수 값으로 나타낸 것이다. 예로서 대안 1(CARD 번호 1)의 각 요인에 대한 변수 값은 3, 2, 3, 1로 되어 있다. 이는 〈그림 12-6〉을 보면 대안 1은 '브랜드: C(3)', '크기: 소(2)', '기능: 한정(3)', '통화: 양호(1)'이라는 네 가지 요인수준의 조합으로 이루어진 프로파일임을 의미한다.

그림 12-7 컨조인트 설계 파일

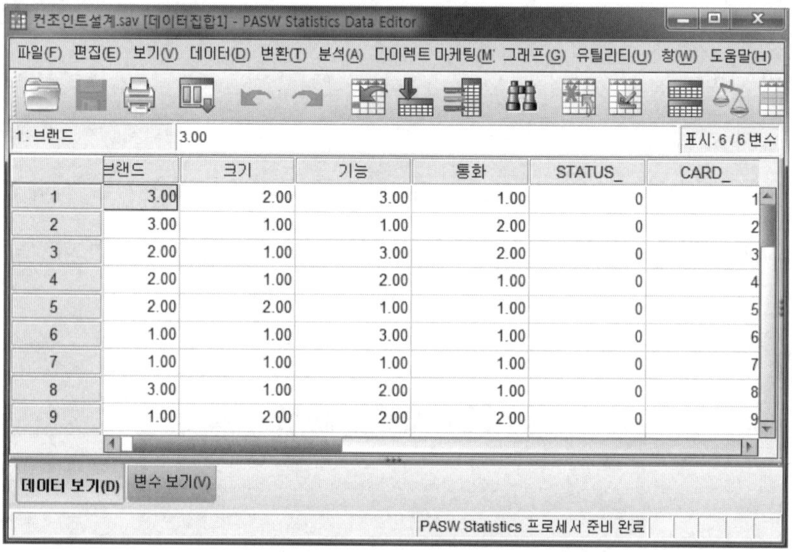

	브랜드	크기	기능	통화	STATUS_	CARD_
1	3.00	2.00	3.00	1.00	0	1
2	3.00	1.00	1.00	2.00	0	2
3	2.00	1.00	3.00	2.00	0	3
4	2.00	1.00	2.00	1.00	0	4
5	2.00	2.00	1.00	1.00	0	5
6	1.00	1.00	3.00	1.00	0	6
7	1.00	1.00	1.00	1.00	0	7
8	3.00	1.00	2.00	1.00	0	8
9	1.00	2.00	2.00	2.00	0	9

2.3.3 프로파일 카드의 인쇄

프로파일 카드의 인쇄는 컨조인트 설계의 과정에서 생성된 〈그림 12-7〉과 같은 각 대안의 요인수준(변수 값으로 표시)들을 원래의 요인 이름으로 바꾸어 9개의 프로파일 카드를 출력시키는 절차이다.

- 컨조인트 설계 실행: 〈그림 12-7〉의 PASW Statistics Data Editor 상에서 다음의 절차를 실행한다.

데이터(D) → 직교계획(H) → 표시(D) …

- 요인 선택: 계획 표시하기 대화상자가 나타나면, 〈그림 12-8〉과 같이 왼쪽의 변수목록 창에서 '브랜드', '크기', '기능', '통화'의 각 요인을 차례로 선택하여 요인분석(F) 창으로 보낸다.
- 형식 선택: 〈그림 12-8〉의 형식 상자에서 '개체들의 프로파일(O)'을 선택한다.

그림 12-8 계획 표시하기 대화상자

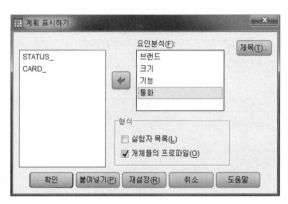

- 대안 카드 출력: 〈그림 12-8〉에서 확인을 클릭하면 컨조인트 계획 출력 창에 〈그림 12-9〉와 같은 9개의 프로파일 카드가 생성된다.

그림 12-9 출력된 프로파일 카드

프로파일 번호 1

카드 ID	회사 브랜드	제품 크기	기능 다양성	통화 품질
1	C	소	한정	양호

프로파일 번호 2

카드 ID	회사 브랜드	제품 크기	기능 다양성	통화 품질
2	C	대	다양	미흡

프로파일 번호 3

카드 ID	회사 브랜드	제품 크기	기능 다양성	통화 품질
3	B	대	한정	미흡

프로파일 번호 4

카드 ID	회사 브랜드	제품 크기	기능 다양성	통화 품질
4	B	대	보통	양호

프로파일 번호 5

카드 ID	회사 브랜드	제품 크기	기능 다양성	통화 품질
5	B	소	다양	양호

프로파일 번호 6

카드 ID	회사 브랜드	제품 크기	기능 다양성	통화 품질
6	A	대	한정	양호

프로파일 번호 7

카드 ID	회사 브랜드	제품 크기	기능 다양성	통화 품질
7	A	대	다양	양호

프로파일 번호 8

카드 ID	회사 브랜드	제품 크기	기능 다양성	통화 품질
8	C	대	보통	양호

프로파일 번호 9

카드 ID	회사 브랜드	제품 크기	기능 다양성	통화 품질
9	A	소	보통	미흡

2.3.4 자료의 수집 및 분석

연구자는 앞에서 생성된 프로파일 카드 전체를 응답자에게 제시하고 이들에 대한 선호도를 1, 2, 3, … 9의 순으로 응답하도록 한다. 서열척도로 응답된 이 자료를 이용하여 컨조인트 분석을 실시하면 모든 요인들의 상대적 중요도와 각 요인별 요인수준들의 상대적 효용을 알 수 있다. 또한 응답자 개인별 분석 결과와 응답자 전체 평균의 분석 결과도 확인할 수 있다.

① 응답 자료의 수집

본 예에서는 10명을 대상으로 제품 프로파일들에 대한 선호도를 묻는 설문조사를 실시했다. 〈표 12-3〉은 수집된 설문지로부터 입수한 응답 자료이다.

- 데이터베이스 작성: 〈그림 12-10〉과 같이 PASW Statistics Data Editor 상에서 변수 보기(V)를 클릭하여 '선호도 1'에서 '선호도 9'까지의 변수를 입력한 후, 데이터 보기(D)를 클릭하여 각 선호도에 대한 자료 값을 입력함으로써 데이터베이스를 작성한다. 이 파일을 '컨조인트데이터.sav'의 이름으로 저장한다.

표 12-3 응답 자료

ID	선호도								
	1	2	3	4	5	6	7	8	9
1	5	7	9	1	4	8	2	6	3
2	5	9	7	1	8	2	4	3	6
3	1	7	5	9	4	8	6	3	2
4	9	5	1	7	8	4	6	2	3
5	5	9	7	1	6	2	4	8	3
6	5	7	1	9	6	8	4	3	2
7	1	5	9	7	4	2	8	3	6
8	5	9	7	1	6	8	4	2	3
9	5	8	1	9	2	7	4	3	6
10	5	9	1	7	4	2	8	6	3

그림 12-10 응답 자료 데이터 입력

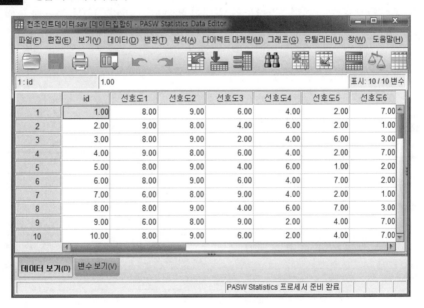

② 분석 프로그램의 실행

– 컨조인트 명령문 입력: 〈그림 12-10〉에서 다음 절차를 실행하면 컨조인트 프로그래밍
  을 위한 명령문 편집기(PASW Statistics Data Editor)가 나타난다.

파일(F) → 새파일(N) → 명령문(S) …

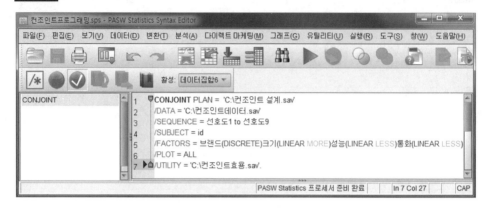

그림 12-11 컨조인트 명령문 입력

- 컨조인트 프로그래밍: 〈그림 12-11〉과 같이 명령문을 입력하고 '컨조인트프로그램.sps' 라는 파일명으로 저장한다. 명령문의 입력이 완료되면 마침표(.)를 찍는다.* 컨조인 트 프로그래밍에서 사용하는 명령어의 내용과 본 예에서의 입력 방법은 〈표 12-4〉와 같다.

표 12-4 컨조인트 프로그래밍 명령어 입력 방법

명령어	설명	본 예에서의 입력 방법
conjoint plan	컨조인트 설계 파일명과 저장 위치	CONJOINT PLAN='C:₩컨조인트설계.sav'
data	설문 응답 자료 파일명과 저장 위치	DATA='C:₩컨조인트데이터.sav'
sequence	설문에 사용한 변수(선호도)의 나열 순서	SEQUENCE=선호도1 to 선호도9
subject	응답자 변수 이름	SUBJECT=id
factors	요인의 이름 및 성격	FACTORS=브랜드(discrete) 크기(linear more) 기능(linear less) 통화(linear less)
plot	출력을 원하는 도표의 범위	PLOT=all
utility	요인수준의 추정효용처 파일명과 저장 위치	UTILITY='C₩컨조인트효용.sav'

• 컨조인트 프로그래밍 시 에러가 발생하는 경우가 많은데, 특히 컨조인트 설계 파일과 컨조인트 데이터 파 일의 저장 위치를 정확히 입력하지 않아서 발생하는 에러가 많다. 이러한 문제를 방지하기 위해서는 파일 의 위치를 직접 입력하는 대신 Windows 탐색기의 주소창에 있는 해당 파일의 위치를 복사하여 입력하거 나 C: 드라이브 등과 같이 루트가 간단한 저장 공간에 파일을 저장해두는 것이 좋다.

- 요인 성격에 관한 옵션은 다음과 같은 의미를 갖는다.
  - discrete(이산형): 명목척도의 요인으로서 요인의 수준과 효용의 수준은 관계가 없다.
  - linear less(선형의 적은): 서열척도, 등간척도, 비율척도 등 선형적 성격의 요인으로서 요인수준의 값이 클수록 효용수준은 떨어진다.
  - linear more(선형의 많은): 선형적 성격의 요인으로서 요인수준의 값이 클수록 효용수준은 높아진다.
  - ideal(이상형): 요인에 가장 이상적인 수준이 존재하며, 이 수준에서 멀어질수록 효용수준은 떨어진다.

다음과 같은 각 요인의 수준 값에서 알 수 있듯이, 본 예에서 '브랜드'는 'discrete'의 성격을 갖는다. '크기'는 서열척도로서 크기가 작을수록 선호도가 클 것으로 예상되어 'linear more'라고 정의하고 있다. 또 '기능'은 다양할수록, '통화'는 품질이 양호할수록 선호도가 클 것으로 예상되어 이 두 요인은 'linear less'로 정의하고 있다.

브랜드: 1 = A, 2 = B, 3 = C

크기: 1 = 대, 2 = 소

기능: 1 = 다양, 2 = 보통, 3 = 한정

통화: 1 = 양호, 2 = 미흡

2.3.5 분석 결과 및 해석

〈그림 12-11〉에서 다음의 절차를 실행하면 SPSS 출력 창에 컨조인트 분석 결과가 산출된다.

실행(R) → 모두(A)

컨조인트 분석 결과의 출력창에는 10명의 개체(응답자)별로 각 요인의 수준들에 대한 유틸리티 추정치, 각 요인의 중요도 값, 회귀함수의 계수 추정치 및 상관계수가 제시되어 있다. 또한 응답자 전체에 대한 종합적 분석 결과도 요약되어 있다. 여기서는 개체 2와 개체 6을 중심으로 개인적 응답 결과를 분석한 후 응답자 전체에 대한 종합적 분석 결과를 살펴보기로 한다.

① 분석 결과의 해석 방법
분석 결과를 해석하기 위해서는 먼저 다음과 같은 내용을 알아두어야 한다.

- 유틸리티: 유틸리티는 컨조인트 모형에 의해 추정된 각 요인수준의 효용 추정치를 의미한다. 이산적 성격의 요인(브랜드)의 경우 효용 추정치의 합은 0이다. 요인의 성격이 'linear less'이면 유틸리티 추정(효용 추정치)의 합은 '−'가 된다.
- 중요도 값: 중요도 값은 응답자가 각 요인에 대해 느끼는 상대적 중요도를 나타내며, 다음 식에 의해 산출된다.

$$\text{요인의 중요도(\%)} = \frac{\text{요인의 효용범위}}{\text{모든 요인 효용범위의 합}} \times 100$$

이 식에서 분자인 각 요인의 효용범위는 이 요인의 최대효용과 최소효용의 차이이며, 분모는 모든 요인들의 효용범위를 합한 값이다. 가령 응답자 2(개체 2)의 경우 각 요인의 효용범위는 다음과 같다.

$$\text{브랜드: } 1.333 - (-1.000) = 2.333$$
$$\text{크기: } -1.000 - (-2.000) = 1.000$$
$$\text{기능: } -2.500 - (-7.500) = 5.000$$
$$\text{통화: } -2.000 - (-4.000) = 2.000$$

여기서 모든 요인의 효용범위의 합은 2.333 + 1.000 + 5.000 + 2.000 = 10.333이므

로, 예를 들어 '크기'의 중요도는 (1.000 / 10.333) × 100% = 9.677%가 된다. 이 응답자는 제품의 특성 요인들 중 기능, 브랜드, 통화, 크기의 순으로 중요하게 생각하고 있다.

- 반전: 요인이 선형적(linear) 성격일 경우 이른바 반전(reversed) 현상이 나타나기도 한다. 이는 연구자가 애초 기대한 방향과 반대되는 결과가 나타나는 현상을 의미한다. 이 경우 해석상의 주의를 요하며, 그 원인을 추적해볼 필요가 있다.

  각 요인의 수준이 이산적(discrete)이지 않을 때 linear more 또는 linear less의 하나를 지정하게 되는데, linear more이면 유틸리티 값들이 '+', linear less이면 유틸리티 값들이 '−'로 나타나는 것이 정상이다. 그러나 반전의 경우 이 값들이 반대의 부호로 나타난다. 또한 유틸리티 추정치도 순위가 바뀌어 나타난다.

  예를 들어 기능의 경우 '다양', '보통', '한정'의 세 가지 수준을 설정하고, 기능이 다양할수록 응답자에 의해 선호될 것으로 기대되어 'linear less'로 지정했다. 그러나 분석 결과 기능의 유틸리티 추정치들이 '+'로 나타나고 기능이 한정적일수록 선호되는 것으로 나타났다면, 이는 반전이 일어났음을 뜻한다.

- 계수: 계수는 유틸리티를 종속변수로 하고 각 요인들을 독립변수로 하는 회귀함수의 계수를 의미한다. 이산적 요인은 독립변수에서 제외된다. 일반적으로 요인의 성격이 'linear more'이면 회귀계수는 '+', 'linear less'이면 '−'가 된다. 그렇지 않으면 반전이 있음을 의미한다.

- 상관계수: 상관계수는 프로파일에 대한 응답자의 선호도와 효용 추정치의 합 사이의 상관관계를 나타낸다. 이 중 Pearson의 R은 모수적 상관관계를 나타내고 Kendall의 tau는 비모수적 상관관계를 나타낸다. 이 값이 크면 회귀모형의 적합도(fitness)가 높다는 뜻이다.

이하에서는 개체 2와 개체 6의 응답 결과를 중심으로 개체별 컨조인트 분석 결과를 설명한 다음 전체 통계량에 대해 설명하기로 한다.

② 개체 2의 응답 결과

표 12-5   개체 2의 응답 결과 분석

유틸리티

		유틸리티 추정	표준오차
브랜드	A	-.333	.533
	B	1.333	.533
	C	-1.000	.533
크기	대	-1.000	.799
	소	-2.000	1.599
기능	다양	-2.500	.461
	보통	-5.000	.923
	한정	-7.500	1.384
통화	양호	-2.000	.799
	미흡	-4.000	1.599
(상수)		14.000	1.807

중요도 값[b]

브랜드	22.581
크기[a]	9.677
기능	48.387
통화	19.355

a. 반전됨
b. 1 반전

계수

	B 계수	
	추정값	표준오차
크기	-1.000	.799
기능	-2.500	.461
통화	-2.000	.799

상관계수[a]

	값	유의확률
Pearson의 R	.968	.000
Kendall의 타우	.889	.000

a. 관측 및 추정 기본 설정 간 상관관계

- 중요도와 유틸리티: 중요도 값에서 응답자 2는 휴대폰 선택 시 '기능'을 가장 중요시하고 '크기'를 가장 덜 중요시한다. 유틸리티를 보면 기능 중에서도 특히 다양한 기능(유틸리티 추정치 -2.500)을 선호한다. '크기'에서는 반전이 일어나고 있다. 이는 유틸리티에서 '대'보다는 '소'가 선호될 것으로 가정하여 'linear more'로 지정했는데, 유틸리티 추정치들이 '-'이고 그 크기도 '대'가 '소'보다 크다는 사실에서 확인된다.
- 상관계수: 응답자 2의 경우 Pearson의 R과 Kendall의 타우가 각각 0.968, 0.889로서 매우 높고 유의성 또한 크다(유의확률 0.000). 따라서 응답자 2에 대한 컨조인트 모형의 적합도는 매우 크다고 할 수 있다.

③ 개체 6의 응답 결과

표 12-6 개체 6의 응답 결과 분석

유틸리티

		유틸리티 추정	표준오차
브랜드	A	.667	1.714
	B	.000	1.714
	C	-.667	1.714
크기	대	1.500	2.571
	소	3.000	5.142
기능	다양	.333	1.484
	보통	.667	2.969
	한정	1.000	4.453
통화	양호	-2.500	2.571
	미흡	-5.000	5.142
(상수)		5.667	5.813

중요도 값[b]

브랜드	22.222
크기	25.000
기능[a]	11.111
통화	41.667

a. 반전됨

b. 1 반전

계수

	B 계수	
	추정값	표준오차
크기	1.500	2.571
기능	.333	1.484
통화	-2.500	2.571

상관계수[a]

	값	유의확률
Pearson의 R	.582	.050
Kendall의 타우	.423	.058

a. 관측 및 추정 기본 설정 간 상관관계

- 중요도와 유틸리티: 중요도 값에서 개체 6은 휴대폰 선택 시 통화(통화품질)를 가장 선호하고 크기, 브랜드, 기능의 순서로 선호하고 있다. 유틸리티 추정치를 보면 통화 중에서도 통화품질이 양호한 것을 선호한다. 기능의 경우는 'linear less'이므로 유틸리티 추정치가 '−'여야 하나 '+'이고, 기능이 다양할수록 선호되어야 하나 그 반대여서 반전이 일어나고 있다.

- 상관계수: Pearson의 R과 Kendall의 타우는 각각 0.582와 0.423으로서 응답자의 선호도와 추정 효용치의 합 사이에 유의적 상관관계가 존재하지 않는다. 따라서 개체 2에 대한 컨조인트 모형의 적합도는 낮다.

④ 전체 통계량

전체 통계량은 모든 개체들에 대한 컨조인트 분석 결과를 종합한 것이다. 이 중에서 유틸리티와 중요도 값은 각 개체들의 값을 평균한 값이다.

- 유틸리티: 먼저 유틸리티의 경우 브랜드는 A, 크기는 소, 기능은 다양, 그리고 통화는 양호가 효용이 높은 것으로 추정되어 응답자들이 이 수준들을 가장 선호하고 있음을 알 수 있다. 브랜드의 수준들은 'discrete'이므로 이들의 유틸리티 추정치의 합

은 0이 되었다. 크기는 'linear more'이므로 유틸리티 추정치들이 '+'인 반면, 기능과 통화는 'linear less'이므로 유틸리티 추정치들이 '−'가 되었다.

- 중요도 값: 중요도 값을 보면 응답자들은 휴대폰 선택 시 크기를 가장 중요시하고 있고 그다음은 기능, 브랜드, 통화의 순이다. 유틸리티 추정치를 보면 크기 중에서도 '소'를 선호한다.
- 반전 수: 분석 결과 기능에서 3명, 크기에서 3명, 통화에서 1명씩 총 7회의 반전이 나타났다.
- 상관계수: Pearson의 R과 Kendall의 타우는 각각 0.946과 0.833으로서 매우 유의적이다. 따라서 본 예제의 경우 컨조인트 모형의 적합도가 매우 높다고 할 수 있다.

표 12-7 전체 통계량

유틸리티

		유틸리티 추정	표준오차
브랜드	A	.667	.413
	B	-.100	.413
	C	-.567	.413
크기	대	2.350	.619
	소	4.700	1.239
기능	다양	-.667	.358
	보통	-1.333	.715
	한정	-2.000	1.073
통화	양호	-1.300	.619
	미흡	-2.600	1.239
(상수)		4.933	1.400

중요도 값[b]

브랜드	20.885
크기	30.818
기능	28.959
통화	19.339

평균 중요도 점수

계수

	B 계수
	추정값
크기	2.350
기능	-.667
통화	-1.300

상관계수[a]

	값	유의확률
Pearson의 R	.946	.000
Kendall의 타우	.833	.001

a. 관측 및 추정 기본 설정 간 상관관계

Chapter 13 비모수통계 I: 카이제곱 독립성 · 적합도 검정

1 카이제곱 독립성 검정

1.1 개요

1.1.1 카이제곱 독립성 검정의 의의

예를 들어 다음과 같은 문제가 있다고 하자.

- 연령대(10대, 20대, 30대, 40대, 50대, 60대 이상)별로 선호하는 음식(한식, 양식, 중식, 일식)에 차이가 있는가?
- 지역(서울, 충청, 경상, 전라)별로 선호하는 정당에 차이가 있는가?
- 학력(중졸 이하, 고졸, 대졸 이상)별로 자녀 수(0명, 1명, 2명, 3명 이상)에 차이가 있는가?
- 결혼 여부(기혼, 미혼)에 따라 생활 만족도(만족, 보통, 불만족)에 차이가 있는가?

이상과 같은 문제는 두 범주형 변수(categorical variable)들 사이의 관계가 독립적인지 아닌지를 따지는 문제들로, 비모수통계의 전형적인 예이다. 이과 같이 두 범주형 변수들 사이의 독립성 여부를 검정하는 데 이용되는 비모수통계 기법이 카이제곱(χ^2) 독립성 검정(chi-square independence test)이다.

1.1.2 기본 원리

① 교차표 작성

카이제곱(χ^2) 독립성 검정을 위해서는 두 변수의 각 범주로 이루어진 모든 조합에 대한 빈도를 나타내는 교차표(crosstabulation)를 작성해야 한다. 다음 표는 학력과 자녀 수에 관한 교차표의 예이다.

표 13-1   학력과 자녀 수의 교차표

학력	자녀 수				전체
	0명	1명	2명	3명 이상	
중졸 이하	7	11	7	9	34
고졸	5	14	10	9	38
대졸 이상	6	5	25	12	48
전체	18	30	42	30	120

② 귀무가설과 대립가설

카이제곱(χ^2) 독립성 검정의 귀무가설(H_0)과 대립가설(H_1)은 다음과 같다.

- 귀무가설 H_0: 두 변수는 독립적이다(학력에 따라 자녀 수가 다르지 않다).
- 대립가설 H_1: 두 변수는 독립적이지 않다(학력에 따라 자녀 수가 다르다).

③ 검정통계량

카이제곱(χ^2) 독립성 검정에서는 상반되는 두 종류의 빈도가 존재한다. 관측빈도와 기대빈도가 그것이다. 관측빈도(observed counts)는 실제의 데이터를 의미하고, 기대빈도

(expected counts)는 귀무가설(H_0)이 맞다고 가정할 경우의 추정빈도이다. 기대빈도는 관측빈도를 토대로 확률에 관한 기본 법칙을 적용함으로써 추정된다. 이러한 관측빈도와 기대빈도를 적절한 방법으로 비교함으로써 귀무가설의 타당성 여부를 검정하는 것이 카이제곱 독립성 검정이다. 이를 위해 다음과 같이 정의되는 χ^2(카이제곱)을 검정통계량으로 사용한다.[•]

$$\chi^2 = \sum_{ij} \frac{(O_{ij} - E_{ij})^2}{E_{ij}}$$

χ^2 = 카이제곱 검정통계량, O_{ij} = 관측빈도, E_{ij} = 기대빈도

④ 검정의 원리

카이제곱 독립성 검정의 방법을 이론적으로 설명하면 다음과 같다.

먼저 유의수준(α)과 자유도(n−1)에 따라 임계치(χ_c), 즉 귀무가설 채택 여부의 경계선을 설정한다. 임계치가 설정되면 그에 따라 귀무가설에 대한 채택역과 기각역이 설정된다. 채택역은 귀무가설이 채택되는 영역, 기각역은 귀무가설이 기각되는 영역을 의미한다.

만약 기대빈도와 관측빈도의 차이가 커서 χ^2 값이 임계치를 벗어나 기각역에 포함되면 귀무가설을 기각시키지만, 그렇지 않을 경우 귀무가설을 채택하는 결정을 내리게 된다(〈그림 13-1〉 참조). 귀무가설이 채택된다는 것은 두 변수가 서로 독립적임을 의미한다.

• 교차표의 각 셀에 대한 기대빈도를 산출하기 위해서는 먼저 두 변수가 독립일 경우 기대되는 각 셀의 전체에 대한 비율(%)을 알아야 하는데, 이는 확률의 곱셈 법칙을 이용하여 추정할 수 있다. 이 법칙에 따라 만약 사상 A와 사상 B가 상호 독립이면, 두 사상이 동시에 발생할 확률은 $P_r(A \cap B) = P_r(A) \times P_r(B)$와 같이 산출된다. 만약 학력과 자녀 수가 상호 독립이라면, 가령 '고졸이면서 자녀 수 2명일 확률'은 '고졸일 확률(38/120)×자녀 수 2명일 확률(42/120) = 11.1%'이다. 각 셀의 기대빈도는 '전체 빈도'에 '두 변수가 독립일 경우의 기대 확률'을 곱함으로써 산출된다. 따라서 '고졸이면서 자녀 수가 2명일 기대빈도'는 '120명×11.1% = 13.3명'이다(후술하는 '분석 결과 및 해석'에서 〈표 13-3〉 참조).

그림 13-1 카이제곱 독립성 검정

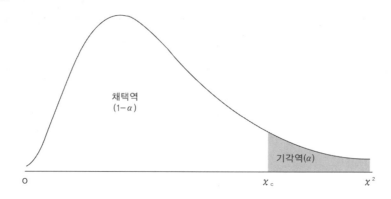

1.2 분석 절차

이하에서는 〈표 13-1〉에 예시된 학력과 자녀 수의 관계에 대한 사례를 대상으로 SPSS를 이용하여 두 변수 간의 독립성 여부를 검정하는 방법을 설명하고자 한다.

1.2.1 데이터베이스 작성

① 각 범주의 변수 값 지정

먼저 〈표 13-1〉의 교차표에서 학력과 자녀 수의 각 범주에 대한 변수 값을 지정한다(〈표 13-2〉의 괄호 안).

표 13-2   각 범주의 변수 값 및 교차표

학력	자녀 수				합계
	0(1)	1명(2)	2명(3)	3명 이상(4)	
중졸 이하(1)	7	11	7	9	34
고졸(2)	5	14	10	9	38
대졸 이상(3)	6	5	25	12	48
합계	18	30	42	30	120

괄호 안은 변수별 각 범주의 변수 값을 임의로 지정한 것이다.

② 변수 및 자료 입력

PASW Statistics Data Editor를 열고 변수 보기(V)를 클릭하여 변수 이름을 입력한 다음, 데이터 보기(D)를 클릭하여 데이터를 입력함으로써 데이터베이스를 작성한다(〈그림 13-2〉). 데이터 입력은 각 셀별로 '1행 1열'부터 시작하여 '3행 4열'까지 순서대로 진행한다. 예를 들어 '2행 3열', 즉 '고졸(2)이면서 자녀 수 2명(3)'의 경우는 관측빈도가 10이므로, 학력에 대해 '2'를 10회, 자녀 수에 대해 '3'을 10회 입력하면 된다. 분석이 끝난 후에는 '카이제곱데이터.sav'로 저장해둔다.

그림 13-2 카이제곱 검정 데이터 입력

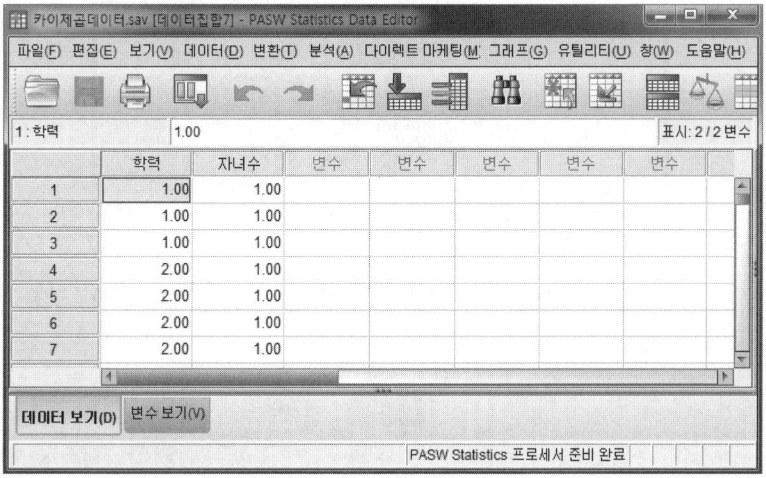

1.2.2 분석 절차의 실행

① 교차분석 대화상자 열기

〈그림 13-2〉의 PASW Statistics Data Editor 상에서 다음 절차를 실행하면 교차분석 대화상자가 열린다.

분석(A) → 기술통계량(E) → 교차분석(C) …

② 행과 열의 변수 선택

〈그림 13-3〉 교차분석 대화상자의 왼쪽 변수 창에서 두 변수를 하나씩 선택하여 오른쪽 행(W)과 열(C) 창으로 보낸다. 본 예에서는 〈그림 13-3〉과 같이 '학력'을 행(W), '자녀 수'를 열(C)로 보내면 된다.

그림 13-3 행과 열의 변수 선택

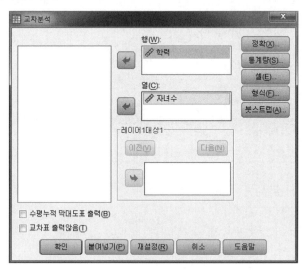

③ 유의확률의 산출방법 선택

〈그림 13-3〉에서 정확(X)을 클릭하면 〈그림 13-4〉와 같은 정확한 검정 대화상자가 나타난다. 본 예에서는 기본 설정된 '점근적 검정(A)'을 선택한다. 점근적 검정이란 유의확률 (P-value)의 산출과 관련된 것으로, 데이터 파일이 크다는 가정 아래 검정통계량의 점근적 분포를 토대로 유의확률을 산출하는 방법을 뜻한다.

그림 13-4 정확한 검정 대화상자

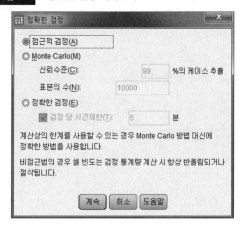

④ 교차분석 통계량 선택

〈그림 13-4〉에서 계속을 클릭한 후 〈그림 13-3〉으로 돌아가 통계량(S)을 클릭한다. 〈그림 13-5〉와 같은 통계량 대화상자가 나타나면 여러 가지 통계량들 중 '카이제곱(H)'과 '분할계수(O)'를 선택한다.

- 카이제곱(H): 이 항을 선택하면 출력 시 Pearson 카이제곱 값, 우도비 카이제곱 값 및 선형 대 선형결합 카이제곱 값이 제시된다. 카이제곱 독립성 검정에서 카이제곱 통계량은 Pearson 카이제곱 통계량을 의미한다.
- 분할계수(O): 이 항을 선택하면 출력 시 '명목척도 대 명목척도 분할계수'가 제시된다. 이는 본 분석에서 사용된 두 범주 변수(학력, 자녀 수)가 명목척도이므로 Pearson 상관계수는 의미 없기 때문에, 그 대신 두 변수 간 상관관계 정도를 참고적으로 살펴보는 데 이용되는 통계량이다. 분할계수는 0과 1 사이의 값을 갖는다.

그림 13-5   통계량 대화상자

⑤ 출력을 원하는 빈도와 구성비율 선택

〈그림 13-5〉에서 계속을 클릭한 후 〈그림 13-3〉에서 셀(E)을 클릭하면 〈그림 13-6〉과 같은 셀 출력 대화상자가 나타난다. 여기서는 교차표의 각 셀에 대해 출력을 원하는 빈도의

종류와 구성비율(퍼센트)을 지정한다. 본 예에서는 빈도(T)에서 '관측빈도(O)'와 '기대빈
도(E)'를 모두 선택하고, 퍼센트 역시 '행(R)', '열(C)', '전체(T)'를 모두 선택한다. 여기서 관
측빈도와 기대빈도는 카이제곱 값을 산출하는 데 이용된다. 또한 각 셀의 구성비율이 산
출되면 이것이 곧 교차표 형태의 빈도분석(analysis of frequency)이 된다.

그림 13-6   셀 출력 대화상자

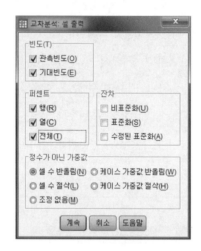

⑥ 행과 열의 배열순서 선택

〈그림 13-6〉에서 계속을 클릭한 후 〈그림 13-3〉에서 형식(F)을 클릭하면 표 형식 대화상
자가 나타난다. 여기서는 기본 설정대로 '오름차순(A)'을 선택한다. 이는 교차표상에 행
과 열의 변수 값들이 낮은 값에서 높은 값 순으로 배열되도록 지정한다는 뜻이다. 다시
계속을 클릭하여 〈그림 13-3〉의 교차분석 대화상자로 돌아간다.

1.2.3 분석 결과 및 해석

〈그림 13-3〉교차분석 대화상자에서 확인을 클릭하면 출력 창에 분석 결과가 나온다.

① 학력과 자녀 수의 빈도분석

출력 내용 중 '학력 × 자녀 수 교차표'는 학력과 자녀 수에 대한 관측빈도와 기대빈도 및

각 셀의 구성비(%)를 보여준다(표에서 '빈도'는 관측빈도를 의미함).* 관측빈도와 기대빈도의 차이가 클수록 χ^2 값이 커져 귀무가설의 기각 가능성은 커지게 된다.

표 13-3 학력과 자녀 수의 교차표

			자녀 수				전체
			1.00	2.00	3.00	4.00	
학력	1.00	빈도	7	11	7	9	34
		기대빈도	5.1	8.5	11.9	8.5	34.0
		학력 중 %	20.6%	32.4%	20.6%	26.5%	100.0%
		자녀 수 중%	38.9%	36.7%	16.7%	30.0%	28.3%
		전체 %	5.8%	9.2%	5.8%	7.5%	28.3%
	2.00	빈도	5	14	10	9	38
		기대빈도	5.7	9.5	13.3	9.5	38.0
		학력 중 %	13.2%	36.8%	26.3%	23.7%	100.0%
		자녀 수 중%	27.8%	46.7%	23.8%	30.0%	31.7%
		전체 %	4.2%	11.7%	8.3%	7.5%	31.7%
	3.00	빈도	6	5	25	12	48
		기대빈도	7.2	12.0	16.8	12.0	48.0
		학력 중 %	12.5%	10.4%	52.1%	25.0%	100.0%
		자녀 수 중%	33.3%	16.7%	59.5%	40.0%	40.0%
		전체 %	5.0%	4.2%	20.8%	10.0%	40.0%
전체		빈도	18	30	42	30	120
		기대빈도	18.0	30.0	42.0	30.0	120.0
		학력 중 %	15.0%	25.0%	35.0%	25.0%	100.0%
		자녀 수 중%	100.0%	100.0%	100.0%	100.0%	100.0%
		전체 %	15.0%	25.0%	35.0%	25.0%	100.0%

② 독립성 검정

〈표 13-4〉는 카이제곱(χ^2) 독립성에 대한 검정 결과이다. 이 표에서 카이제곱 값은 14.839이고 유의확률은 0.022이므로, 5%의 유의수준에서 귀무가설이 기각된다. 따라서

---

* 예를 들어 '고졸이면서 자녀 수 2명'인 셀의 기대빈도는 120명 × (31.7%×35.0%) = 13.3명이다.

귀무가설이 기각되고 "학력에 따라 자녀 수가 다르다"는 대립가설이 채택된다.

〈표 13-3〉의 교차표를 보면, 학력에 따라 자녀 수가 다르게 나타난 결과에 대한 구체적인 분석이 가능하다. 먼저 중졸 이하(변수 값 1)는 다른 학력에 비해 자녀 수가 골고루 분포되어 있다. 자녀 수 1명(변수 값 2)이 가장 많고(32.4%), 자녀 수 1명이 전체의 10.4%에 불과한 대졸 이상(변수 값 3)의 경우와 대조를 이룬다. 중졸 이하는 자녀가 없는 가족(변수 값 0)도 다른 학력에 비해 높다(20.6%). 반면에 대졸 이상은 자녀 수 2명이 압도적으로 많으며(52.1%), 자녀가 없거나(12.5%) 1명에 그치는 가족(10.4%)은 많지 않다.

표 13-4 카이제곱 검정 결과

	값	자유도	점근 유의확률 (양측검정)
Pearson 카이제곱	14.839[a]	6	.022
우도비	15.508	6	.017
선형 대 선형결합	2.823	1	.093
유효 케이스 수	120		

a. 0 셀(.0%)은 5보다 작은 기대빈도를 가지는 셀입니다. 최소 기대빈도는 5.10입니다.

2 카이제곱 적합도 검정

2.1 개요

2.1.1 카이제곱 적합도 검정의 의의

카이제곱(χ^2) 적합도 검정(goodness of fit test)은 앞의 카이제곱(χ^2) 독립성 검정과 마찬가지로 비모수통계의 대표적인 검정방식 중 하나이다. 이는 모집단의 확률분포에 관한 이론적 모형이 타당성이 있는지 여부를 표본분포를 이용해 검증하는 통계기법이다. 다시 말해 어느 모집단에서 추출된 표본의 분포를 실증적 증거로 삼아 이 집단이 특정한 분포를 이루고 있다는 가설을 검정하는 기법을 말한다. 카이제곱 적합도 검정이 적용되는 몇 가지 예를 들어보자.

① 주사위를 200회 던져 표면에 나타난 1~6까지의 수치 빈도가 각각 34, 33, 30, 36, 34, 33회를 기록했다고 했을 때, 이 주사위를 과연 완전한 정육면체라고 할 수 있을까?

② 우리나라 여대생들의 체중이 어떤 분포를 이루는지 확인하기 위해서 여대생 150명을 상대로 체중을 측정했다고 할 때, 우리나라 여대생들의 체중은 정규분포를 따른다고 할 수 있을까?

③ A, B, C 세 회사의 시장점유율이 각각 30%, 20%, 50%라고 알려져 있을 때, A 회사가 이번에 신제품을 개발한 후 시장점유율에 변화가 생겼는지를 조사하기 위해 고객 90명에게 가장 선호하는 상품을 물어보았더니 38명은 A 회사, 12명은 B 회사, 40명은 C 회사라고 답했다. 이 회사의 시장점유율에 변화가 생겼다고 할 수 있을까?

2.1.2 기본 원리

모집단의 분포에 관한 적합도 검정의 기본 아이디어는 표본 자료들이 모집단의 이론적 분포에 얼마나 근접해 발생하고 있는지를 평가하자는 것이다. 모집단의 이론적 분포가 표본의 실증적 분포를 얼마나 잘 설명해주는지를 평가한다는 의미이기도 하다. 구체적으로, 모집단에서 추출된 표본의 실제빈도, 즉 관측빈도(observed frequency)와 귀무가설이 타당할 경우의 기대빈도(expected frequency)를 비교하여 그 차이가 일정 수준 이상으로 크면, 이는 우연적 요인에 의한 것이라고 보기 어려우므로 모집단에 관한 가설이 잘못되었다는 결론을 내린다. 왜냐하면 이러한 표본은 이론적으로 가정한 모형에서 도출된 것으로 판단할 수 없기 때문이다.

요컨대 관측빈도와 기대빈도를 비교함으로써 표본증거가 모집단 분포를 지지하는지를 평가하는 것이 곧 카이제곱 적합도 검정의 기본 원리이다.

2.1.3 검정통계량

표본의 관측빈도와 이론적 기대빈도를 비교하는 방법으로서 카이제곱 적합도 검정에서는 다음과 같이 정의되는 카이제곱 통계량을 검정통계량으로 사용한다. 이는 이 통계량이 자유도 $c-1$인 χ^2 분포를 따르기 때문이다(단, c = 변수의 범주의 수).

$$\chi^2 = \sum_{i=1}^{c} \frac{(O_i - E_i)^2}{E_i}$$

2.2 분석 절차

이하에서는 SPSS를 이용하여 앞에서 예시된 사례 중 ③항의 사례에 대해 카이제곱 적합도 검정을 실시하기로 한다. 여기서 변수는 선호회사이고, 변수의 범주는 A, B, C이다. 각 회사를 가장 선호한다고 답한 응답자 수는 관측빈도가 된다. 검정해야 할 귀무가설과 대립가설은 다음과 같다.

- 귀무가설 H_0: $P_A = 30\%$, $P_B = 20\%$, $P_C = 50\%$ (세 회사의 점유율은 종전과 같다).
- 대립가설 H_1: 모집단 비율이 위와 같지는 않다 (세 회사 점유율은 종전과 같지는 않다).

2.2.1 데이터베이스 작성

① 각 범주의 변수 값 지정

A, B, C 세 회사에 대해 임의의 변수 값을 부여한다. 여기서는 편의상 1, 2, 3의 값을 부여하기로 한다. 〈표 13-5〉는 빈도표이다. 이 표에서는 H_0의 비율(귀무가설에서 설정된 각 회사의 점유율)을 이용하여 기대빈도를 구하고 이를 토대로 χ^2 값을 계산했다.

표 13-5 빈도표

범주	변수 값	관측빈도(O_i)	H_0의 비율	기대빈도(E_i)*	$\frac{(O_i - E_i)^2}{E_i}$
A	1	38	0.3	27	4.481
B	2	12	0.2	18	2.000
C	3	40	0.5	45	0.556
전체		90	χ^2 값		7.037

* $E(A) = 90 \times 0.3 = 27$, $E(B) = 90 \times 0.2 = 18$, $E(C) = 90 \times 0.5 = 45$

② 변수 및 데이터 입력

먼저 SPSS를 연다. PASW Statistics Data Editor 상에서 변수 보기(V)를 클릭하여 '선호회사'를 입력한 다음, 데이터 보기(D)를 클릭하여 데이터를 입력한다('1'을 38회, '2'를 12회, '3'을 40회 차례차례 입력한다).

2.2.2 분석 절차의 실행

① 카이제곱 검정 대화상자 열기

다음 절차를 실행함으로써 카이제곱 검정 대화상자를 연다(〈그림 13-7〉).

분석(A) → 비모수 검정(N) → 레거시 대화상자(L) → 카이제곱(C) ⋯

② 검정변수 선택

왼쪽 상단의 변수 창에서 '선호회사'를 선택하여 오른쪽 검정변수(T) 창으로 보낸다.

그림 13-7 카이제곱 검정 대화상자

③ 검정변수의 분석 대상 범주 지정

〈그림 13-7〉의 기대범위 상자에서 기본 설정된 '데이터로부터 얻기(G)'를 선택한다. 이는
데이터에 나타난 개별 값들이 모두 분석 대상 범주로 지정됨을 의미한다.

④ 기대값 목록 작성

〈그림 13-7〉의 기대값 상자에서 '값(V)'을 선택한다. 이는 기대값들을 입력한다는 뜻이
다. 여기서는 〈그림 13-8〉과 같이 값(V) 창에 〈표 13-5〉의 세 기대빈도들을 하나씩 입력
하고 추가(A)를 눌러가면서 기대값 목록을 작성한다. 만약 귀무가설에서 "세 모비율에 차
이가 없다"는 가설이 설정되어 있으면 '모든 범주가 동일(I)'을 선택해야 한다.

그림 13-8   기대값 목록 작성

- 〈그림 13-8〉에서 정확(X)을 클릭하고 '점근적 검정(A)'을 선택한다.
- 계속을 클릭하여 〈그림 13-8〉로 돌아가 옵션(O)을 클릭하여 옵션 대화상자를 연다. 결
  측값에서 기본 설정된 '검정별 결측값 제외(T)'를 선택한다.
- 확인을 클릭하고 분석 결과를 확인한다.

2.2.3 분석 결과 및 해석

① 빈도분석

〈표 13-6〉은 본 예에서 사용한 세 회사 중 가장 선호하는 회사에 대한 실제의 관측빈도
와 이론적 기대빈도를 비교하기 위한 표이다. 이 표를 보면 각 회사를 선호한다고 응답
한 관측빈도와 귀무가설에서 설정된 점유율을 가정하여 산출한 기대빈도에 상당한 차이
가 있음을 볼 수 있다.

표 13-6 빈도분석

범주	관측빈도*	기대빈도	잔차
1(A)	38	27.0	11.0
2(B)	12	18.0	-6.0
3(C)	40	45.0	-5.0
전체	90		

* 출력 창에는 빈도분석에서 관측 수라는 용어를 사용하고 있으나, 관측빈도가 좀 더 일반적인 용어이기 때문에 이 용어를 사용했다.

② 적합도 검정

〈표 13-7〉은 검정통계량의 값을 보여준다. 이 표를 보면 카이제곱 값은 7.037로서 유의
확률(P-value)이 0.03이다. 따라서 유의수준 $\alpha = 0.05$에서 귀무가설이 기각된다. 이는
신제품 개발의 결과로 종전의 시장점유율에 변화가 생겼으며, 특히 A 사의 점유율이 타
사에 비해 유의적으로 증가했음을 의미한다. 그러나 유의수준을 1%로 낮추면 귀무가설
은 기각되지 않는다.

표 13-7 검정통계량

변수	선호회사
카이제곱	7.037
자유도	2
근사 유의확률	0.03

Chapter 14 비모수통계 II: 기타 비모수통계

1 비모수통계적 상관분석

1.1 개요

일반적으로 자료가 등간척도나 비율척도일 경우는 Pearson의 상관계수를 이용하여 두 변수 간의 상관관계를 분석하는 모수통계의 방법을 쓴다. 그러나 자료가 명목척도나 서열척도로 측정되었을 때에는 문제가 달라진다. 이 장에서는 명목척도나 서열척도로 측정된 자료를 상대로 변수들 사이의 상관관계를 분석하는 데 이용되는 비모수통계적 기법을 소개하기로 한다.

명목척도 자료에 대한 상관분석에는 분할계수, ψ (phi), Cramer의 V, λ (Lambda) 등이 이용되고, 서열척도 자료에 대한 상관분석에는 Spearman의 서열상관계수, Kendall의 서열상관계수 등이 이용된다.

1.2 명목척도의 상관분석

명목척도로 측정된 변수들 사이의 상관관계를 평가해주는 주요 계수에는 일반적으로 분할계수, ϕ(phi), Cramer의 V, λ(Lambda)의 네 가지가 있다. 이들에 대한 설명을 위해 앞 장의 카이제곱 검정에서 예시한 바 있는 학력과 자녀 수에 관한 〈표 14-1〉의 자료를 재사용하기로 한다. 이 검정에서 $\chi^2 = 14.839$이고 유의확률은 0.022이었다(〈표 13-4〉).

표 14-1 학력과 자녀 수의 교차표

학력	자녀 수				합계
	0(1)	1명(2)	2명(3)	3명 이상(4)	
중졸 이하(1)	7	11	7	9	34
고졸(2)	5	14	10	9	38
대졸 이상(3)	6	5	25	12	48
합계	18	30	42	30	120

1.2.1 분할계수

분할계수(contingency coefficient)는 명목척도로 측정된 두 개의 변수 사이에 존재하는 상관관계의 정도를 나타내는 계수이다. 특히 카이제곱(χ^2) 독립성 검정에서 두 범주 변수들이 상호 독립적이지 않다는 검정 결과가 나왔을 경우, 이 두 변수 사이에 어느 정도의 상관관계가 존재하는지를 알고자 할 때 참고하는 것이 분할계수(CC)이다. 분할계수는 다음 공식에 의해 산출된다.

$$CC = \sqrt{\frac{\chi^2}{n + \chi^2}}$$

앞의 학력과 자녀 수에 관한 카이제곱 독립성 검정에서 〈표 14-1〉의 교차표에 대한 검정 결과 $\chi^2 = 14.839$이었으므로, 분할계수(CC)는 다음과 같이 0.332가 된다.

$$CC = \sqrt{\frac{14.839}{120 + 14.839}} = 0.332$$

분할계수의 문제점은 이 계수만으로 두 변수가 어느 정도의 상관관계를 갖는지 명확히 알 수 없다는 점이다. 물론 이 계수 값이 클수록 상관관계가 높고 작을수록 상관관계가 낮다. 그러나 이 계수는 Pearson의 상관계수와 달리 반드시 0과 1 사이의 값을 갖지는 않기 때문에 상관관계의 정도를 평가하는 데는 별도의 기준, 즉 이 계수의 상한과 하한을 알아야 한다. 분할계수의 하한은 0(변수 간 연관성이 0일 때)이며, 만약 행(r)과 열(c)의 수가 같다면 분할계수의 상한은 $\sqrt{(r-1)/r}$ 에 의해 계산된다.

1.2.2 ψ(phi)와 Cramer의 V

앞의 분할계수는 상관관계의 상한이 1이 아니고 변수가 취하는 범주에 따라 상한이 달라지므로 변수 간 상관관계의 정도를 객관적으로 평가하기가 어렵다는 문제점이 있다. 따라서 명목척도의 자료에 대해서도 일반적인 상관계수들처럼 0과 1 사이의 값을 갖는 상관계수를 필요로 한다. 이를 위해 개발된 상관계수가 ψ(phi)와 Cramer의 V이다.

ψ(phi)는 교차표가 2×2 행렬로 이루어진 경우의 두 명목변수 간 상관관계를 나타내는 계수이다. 즉, 두 변수가 취하는 범주가 두 개씩일 경우 사용할 수 있는 상관계수가 ψ이다. ψ의 산출 공식은 다음과 같다.

$$\psi = \sqrt{\frac{\chi^2}{n}}$$

Cramer의 V는 2×2 이외의 행렬로 이루어진 교차표에 대해 두 명목변수 간 상관관계를 나타내는 계수이다. V의 산출 공식은 다음과 같으며, L은 (행의 수−1)과 (열의 수−1) 중 작은 값을 의미한다.

$$V = \sqrt{\frac{\psi^2}{L}} = \sqrt{\frac{\chi^2/n}{L}}$$

여기서 앞의 χ^2 독립성 검정에서 사용된 〈표 14-1〉의 교차표(3×4 행렬)를 이용하여 Cramer의 V를 구해보자. 단, $\chi^2 = 14.839$, n = 120, L = 2이다.

$$\text{Cramer의 } V = \sqrt{\frac{14.839 \,/\, 120}{2}} = 0.249$$

1.2.3 λ (Lambda)

λ(Lambda)는 명목척도로 측정되는 두 변수에 있어 한 변수의 변화가 다른 변수의 변화를 얼마나 잘 예측할 수 있는지를 나타내는 연관성 계수이다. 보통 예측연관지수(index of predictive association)라고 부른다. 이 지수에 대한 설명을 위해 〈표 14-1〉의 학력과 자녀 수에 관한 자료를 살펴보자.

이 표에서 학력을 독립변수, 자녀 수를 종속변수라 하면 학력이라는 변수의 변화를 이용해서 자녀 수라는 변수의 변화를 예측해볼 수 있다. 한 변수를 예측할 때에는 일반적으로 예측오차를 줄이는 방향으로 그 변수를 예측한다. 우선 조사 대상의 학력에 관해 아무런 정보가 없다면 이 사람의 자녀 수가 2명이라고 예측하는 것이 가장 무난할 것이다. 자녀 수의 모든 범주 중에서 2명의 빈도가 총 120명 중 42명으로 가장 높기 때문이다. 이처럼 무작위로 선정된 한 조사 대상의 자녀 수가 2명이라고 예측했을 경우 정답에 대한 적중확률은 42 / 120, 즉 35%이고, 예측오차는 65%가 된다.

그러나 조사 대상의 학력을 알면 상황이 달라진다. 만약 학력이 중졸 이하라면 자녀 수가 11명이라고 예측할 것이다. 마찬가지로 학력이 고졸이라면 자녀 수가 14명이라고 예측할 것이며, 대졸 이상이라면 25명이라고 예측할 것이다. 따라서 학력의 범주를 구체적으로 알 경우 자녀 수에 대한 예측의 적중확률은 다음과 같이 41.7%이고 예측오차는 58.3%가 된다.

학력을 알 경우 자녀 수의 적중확률: (11 + 14 + 25) / 120 = 41.7%

학력에 관해 아무런 정보가 없을 경우 자녀 수에 대한 예측의 적중확률은 35%이고 예측오차는 65%였지만, 학력에 관한 구체적 범주를 알 경우 예측의 적중확률은 35%에서 41.7%로 증가하는 대신 예측오차는 65%에서 58.3%로 감소한다.

일반적으로 한 변수(독립변수)의 범주에 관한 정보가 있을 경우는 그렇지 않을 경우보다 다른 변수(종속변수)에 대한 예측오차가 줄어든다. 여기서 한 변수에 관한 정보가 없을 때의 예측오차보다 그 변수에 관한 정보가 있을 때의 예측오차가 얼마나 줄어드는가를 나타내는 지표가 곧 λ이다. 다시 말하면 λ는 한 변수의 변화에 의해 다른 변수의 변화를 얼마나 정확하게 예측할 수 있는가를 나타내는 변수 간 예측연관지수라 할 수 있다. 구체적으로 λ는 다음과 같이 산출할 수 있다. 단, X = 독립변수, Y = 종속변수이다.

$$\lambda_{X,Y} = \frac{X를 \ 알 \ 경우의 \ Y \ 예측오차 \ 감소분}{X를 \ 모를 \ 경우의 \ Y \ 예측오차}$$

본 예에서는 학력을 모를 경우의 자녀 수에 대한 예측오차는 65%이고, 학력을 알 경우의 예측오차는 58.3%이기 때문에, 학력을 앎으로써 자녀 수에 대한 예측오차를 6.7% 줄일 수 있게 된다. 따라서 학력과 자녀 수 사이의 예측연관지수 λ는 다음에서 보는 바와 같이 $\lambda_{학력, \ 자녀 수} = 0.103$이다.

$$\lambda_{학력, \ 자녀 수} = \frac{65\% - 58.3\%}{65\%} = 0.103$$

1.2.4 SPSS를 이용한 명목척도의 상관분석

이제 SPSS를 이용하여 명목척도로 측정되는 두 변수에 대한 상관분석을 실시해보기로 하자. 자료는 〈표 14-1〉의 교차표를 이용하기로 한다. 이 검정은 기본적으로 카이제곱 독립성 검정에서의 교차분석과 그 절차가 동일하다.

① 데이터베이스 작성

먼저 SPSS 창을 열고, PASW Statistics Data Editor 상에서 변수 보기(V)를 클릭하여 '학력'과 '자녀 수'의 변수명을 입력한 후, 데이터 보기(D)를 클릭하여 데이터를 입력한다.

② 교차분석의 실행

다음 절차를 실행함으로써 〈그림 14-1〉과 같은 교차분석 대화상자를 연 다음, 왼쪽 변수
창의 '학력'과 '자녀 수'를 차례로 선택하여 오른쪽 검정변수 창의 행(W)과 열(C)로 보낸다.

분석(A) → 기술통계량(E) → 교차분석(C) ⋯

그림 14-1 교차분석 대화상자

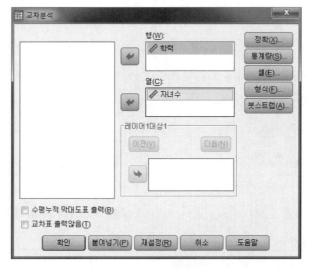

③ 상관계수의 선택

〈그림 14-1〉에서 오른쪽의 **통계량(S)**을
클릭하면 〈그림 14-2〉의 교차분석 통계
량 대화상자가 나타난다. 여기서 명목 데
이터에 제시된 상관관계 지수 중 '분할
계수(O)', '파이 및 크레이머의 V(P)', '람
다(L)'를 선택한다.

그림 14-2 상관계수의 선택

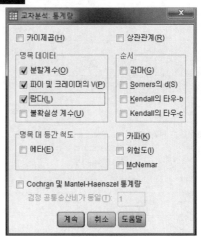

④ 분석 결과 및 해석

〈그림 14-2〉에서 계속을 클릭한 후 〈그림 14-1〉에서 확인을 클릭하면 출력 창에 〈표 14-2〉와 같은 분석 결과가 나타난다. 표에서 대칭적 측도는 두 변수를 독립변수와 종속 변수로 구분하지 않고 상호종속적 관계로 볼 경우의 상관관계 통계량을 말하고, 방향성 측도는 두 변수 중 한 변수를 독립변수, 다른 변수를 종속변수로 볼 경우의 상관관계 통계량을 말한다.

분석 결과를 보면 첫째, 학력과 자녀 수를 대칭적(상호종속적) 관계로 볼 경우의 람다(λ)는 0.120이고, 그에 대한 유의확률은 0.071로서 유의수준 $\alpha = 0.05$에서 유의성이 없다. 또한 학력을 독립변수, 자녀 수를 종속변수로 할 경우의 람다는 0.103, 유의확률은 0.214로서 유의성이 없다. 따라서 조사 대상자들의 학력을 이용하여 자녀 수를 예측하는 데는 무리가 있다고 할 수 있다.

둘째, 파이(ϕ)는 0.352로 나타나 있으나, 이는 2×2 행렬의 교차표에 적용되는 계수이므로 여기서는 의미가 없다.

셋째, Cramer의 V는 0.249, 분할계수는 0.332이고 이들에 대한 유의확률은 0.022로서, 유의수준 $\alpha = 0.05$에서 유의적이다. 따라서 학력과 자녀 수의 두 명목변수 사이에는 유의적 상관관계가 존재한다고 볼 수 있다.

표 14-2 명목척도 상관계수 검정 결과

			방향성 측도			
			값	점근 표준오차[a]	근사 T 값[b]	근사유의확률
명목척도 대 명목척도	람다	대칭적	.120	.063	1.806	.071
		학력 종속	.139	.073	1.791	.073
		자녀 수 종속	.103	.079	1.242	.214
	Goodman과 Kruskal 타우	학력 종속	.067	.031		.015[c]
		자녀 수 종속	.049	.024		.008[c]

a. 영가설을 가정하지 않음

b. 영가설을 가정하는 점근 표준오차 사용

c. 카이제곱 근사법을 기준으로

대칭적 측도

		값	근사유의확률
명목척도 대 명목척도	파이	.352	.022
	Cramer의 V	.249	.022
	분할계수	.332	.022
유효 케이스 수		120	

1.3 서열척도의 상관분석

서열척도로 측정된 자료에 대해 두 변수 사이의 상관관계를 나타내주는 상관계수에는 크게 두 가지가 있다. Spearman의 ρ (rho)와 Kendall의 τ (tau)가 그것이다. 이 두 상관계수를 설명하기 위해 예를 하나 들어보기로 한다.

어떤 제품에 대한 소비자들의 성취욕구와 구매의도 사이에 어느 정도의 관계가 있는지를 알아보기 위해 소비자 10명을 표본으로 선정하여 성취욕구의 강도와 구매의도의 강도를 서열 순서로 측정한 결과, 〈표 14-3〉과 같은 자료를 얻었다. 소비자들의 성취욕구와 구매의도는 높은 상관관계가 있을까?

표 14-3 성취욕구와 구매의도의 응답자들 간 순위

응답자	성취욕구	구매의도
1	4	6
2	2	1
3	7	9
4	6	3
5	10	7
6	1	2
7	3	4
8	5	5
9	8	10
10	9	8

1.3.1 Spearman의 서열상관계수

자료가 서열척도로 측정되었을 경우 두 변수 간 상관관계를 나타내는 대표적 서열상관계수가 Spearman의 서열상관계수(Spearman's rank correlation coefficient)이다. Spearman의 ρ(rho)라고도 한다. SPSS에서는 'Spearman 상관'으로 표현된다.

예를 들어 〈표 14-3〉에서 소비자들의 성취욕구를 X, 구매의도를 Y라고 하자. 또한 성취욕구 X의 관측치들끼리 비교했을 때 i 번째 관측치 X_i의 서열을 $R(X_i)$라 하고, 구매의도 Y의 관측치들끼리 비교했을 때 i 번째 관측치 Y_i의 서열을 $R(Y_i)$라 하자. 여기서 만약 두 변수 간의 상관관계가 높으면 성취욕구의 i 번째 서열 $R(X_i)$와 구매의도의 i 번째 서열 $R(Y_i)$는 서로 비슷해야 할 것이다. 따라서 n 쌍의 관측치가 있을 때 두 변수의 상관계수는 두 서열의 차이, 즉 $D_i = R(X_i) - R(Y_i)$를 이용하여 다음 식에 의해 산출된다. 이 상관계수를 Spearman의 ρ라 한다.

$$\text{Spearman의 } \rho = 1 - \frac{6\sum D_i^2}{n(n^2 - 1)}$$

표 14-4   성취욕구와 구매의도의 서열집합 비교

케이스	성취욕구 서열 $R(X_i)$	구매의도 서열 $R(Y_i)$	D_i	D_i^2
1	4	6	-2	4
2	2	1	1	1
3	7	9	-2	4
4	6	3	3	9
5	10	7	3	9
6	1	2	-1	1
7	3	4	-1	1
8	5	5	0	0
9	8	10	-2	4
10	9	8	1	1
			$\sum D_i^2$	34

〈표 14-4〉의 자료에서 $\Sigma D_i^2 = 34$이므로, Spearman의 ρ 는 다음과 같다.

$$\rho = 1 - \frac{6(34)}{10(10^2 - 1)} = 0.794$$

따라서 소비자들의 성취욕구와 이 제품 구매의도 사이에는 매우 높은 상관관계가 있음을 알 수 있다.

1.3.2 Kendall의 서열상관계수

Kendall의 서열상관계수(Kendall's rank correlation coefficient)는 Kendall의 tau(τ)라고도 한다. tau의 기본 아이디어는 Spearman의 rho(ρ)와 유사하다. 즉, 한 변수와 다른 변수의 상관관계가 높으면 각 케이스에 대한 두 변수의 서열이 별 차이가 없을 것이고 상관관계가 낮으면 각 케이스에 대한 두 변수의 서열이 차이가 클 것이라는 것이다. 그러나 두 변수의 서열을 비교하기 위한 접근 방법에서 Spearman의 rho와 차이가 있다.

표 14-5 새로 배열된 성취욕구 서열, 구매의도 서열 및 자연순위 점수

케이스	성취욕구 서열 $R(X_i)$	구매의도 서열 $R(Y_i)$	X 서열 기준 자연순위 재배열			자연 점수 NP_i
			$R(X_i)$	케이스	$R(Y_i)$	
1	4	6	1	6	2	7
2	2	1	2	2	1	8
3	7	9	3	7	4	5
4	6	3	4	1	6	2
5	10	7	5	8	5	3
6	1	2	6	4	3	4
7	3	4	7	3	9	-1
8	5	5	8	9	10	-2
9	8	10	9	10	8	-1
10	9	8	10	5	7	-
					ΣNP_i	25

Kendall의 tau를 구하는 과정은 Spearman의 rho에 비해 복잡하다. 편의상 앞에서 예를 든 〈표 14-4〉의 데이터를 그대로 사용하여 설명하기로 한다(〈표 14-5〉). 먼저 케이스의 순으로 배열된 원래의 데이터를 어느 한 변수의 서열을 기준으로 재배열한다. 본 예에서 X의 서열에 따라 각 케이스들을 자연순위(natural order)로, 즉 '1위, 2위, … 10위' 등의 순으로 재배열하면 〈표 14-5〉의 $R(X_i)$ 열과 같다. 이어서 케이스의 새로운 배열에 맞추어 다른 한 변수인 Y에 대한 각 케이스의 서열을 $R(Y_i)$ 열과 같이 정리한다.

다음, 각 케이스에 대한 자연순위 점수(natural order point)를 구한다. 이를 위해서 각 케이스의 Y 서열과 그 아래의 Y 서열들 중 하나로 이루어진 모든 서열 조합 '$R(X_i)$, $R(Y_i)$'를 만든다. 이때 각 서열조합이 자연순위로 배열되어 있으면 +1을, 역순위로 배열되어 있으면 −1을 부여한다. 이 수치들을 모두 합한 것이 각 케이스의 자연순위 점수(NP_i)가 된다.

구체적으로는 성취욕구(X)에서 서열 1위인 케이스 6의 경우 '새로 배열된 $R(Y_i)$열'에서 (2, 1) (2, 4) (2, 6) (2, 5) (2, 3) (2, 9) (2, 10) (2, 8) (2, 7)의 9개 조합이 산출되는데, 이 중 자연순위로 된 조합에는 +1, 역순위로 된 조합에는 -1을 부여한다. 이 수치들의 합이 곧 케이스 6의 자연순위 점수가 된다. 따라서 케이스 6의 자연순위 점수는 다음과 같이 7이다.

$$\text{서열 1위의 자연순위 점수:} \quad -1 + 1 + 1 + 1 + 1 + 1 + 1 + 1 + 1 = 7$$

성취욕구(X)에서 서열 2위인 케이스 1의 경우는 (1, 4) (1, 6) (1, 5) (1, 3) (1, 9) (1, 10) (1, 8) (1, 7)의 8개 조합이 산출되며, 이 케이스의 자연순위 점수는 다음과 같이 8이 된다. 같은 방법으로 서열 3위의 자연순위 점수는 5이다.

$$\text{서열 2위의 자연순위 점수:} \quad +1 + 1 + 1 + 1 + 1 + 1 + 1 + 1 = 8$$
$$\text{서열 3위의 자연순위 점수:} \quad +1 + 1 - 1 + 1 + 1 + 1 + 1 = 5$$

모든 케이스에 대한 자연순위 점수를 구하면 〈표 14-5〉의 마지막 열과 같다. Kendall의 τ에서는 이 자연순위 점수가 클수록 두 변수 간 서열상관이 높고 이 점수가 작을수록 서열상관이 낮다. τ 의 산출 공식은 다음과 같다. 이 식에서 분모는 자연순위 점수의 합에 대한 최대값으로서 $_nC_2 = n(n-1)/2$ 이고, 분자는 자연순위 점수의 합이다.

$$\tau = \frac{\sum NP_i}{n(n-1)/2}$$

이 예에서는 $\tau = 0.556$ 으로서, 성취욕구와 구매의도의 상관관계는 높은 편이다.

$$\tau = \frac{25}{10(10-1)/2} = 0.556$$

1.3.3 SPSS를 이용한 서열상관 분석

① 데이터베이스 작성

SPSS를 열고 PASW Statistics Data Editor 상에서 변수 보기(V)를 클릭하여 '성취욕구'와 '구매의도'를 입력한 후, 데이터 보기(D)를 클릭하여 데이터를 입력한다.

② SPSS 실행

다음 절차를 따라 비모수통계에 의한 서열상관분석을 실행한다.

분석(A) → 상관분석(C) → 이변량상관계수(B) …

- 검정 대상 변수 및 상관계수 선택: 다음 〈그림 14-3〉 이변량 상관계수 대화상자의 변수 창에서 '성취욕구'와 '구매의도'를 선택하여 오른쪽의 변수(V) 창으로 보낸다. 상관계수 에서 'Kendall의 타우'와 'Spearman'을 선택한다.

③ 분석 결과 및 해석

〈그림 14-3〉에서 확인을 클릭하면 〈표 14-6〉과 같은 검정 결과가 나타난다. 이 표를 보

면 Kendall의 tau는 0.556이고 유의확률은 0.025로서 유의수준 $\alpha = 0.05$에서 유의적이다. 또한 Spearman의 rho는 0.794이고 유의확률은 0.006으로서 역시 유의수준 $\alpha = 0.01$에서 유의적이다. 따라서 예제의 제품에 대한 소비자들의 성취욕구와 구매의도 사이에는 유의적 서열상관관계가 존재한다는 결론을 내린다.

그림 14-3 이변량 상관계수 대화상자

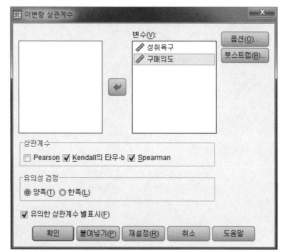

표 14-6 비모수상관 검정 결과

상관계수				
			성취욕구	구매의도
Kendall의 tau-b	성취욕구	상관계수	1.000	.556*
		유의확률(양측)		.025
		N	10	10
	구매의도	상관계수	.556*	1.000
		유의확률(양측)	.025	
		N	10	10
Spearman의 rho	성취욕구	상관계수	1.000	.794**
		유의확률(양측)		.006
		N	10	10
	구매의도	상관계수	.794**	1.000
		유의확률(양측)	.006	
		N	10	10

*. 상관 유의수준이 0.05입니다(양측).

**. 상관 유의수준이 0.01입니다(양측).

2 비모수통계적 검정기법

2.1 런 검정(이항변수 무작위성 검정)

2.1.1 개요

① 런의 의의

런(run)이란 어떤 변수에 대한 실험에서 연속적으로 발생한 동일 관측치의 집합을 의미한다. 가령 동전 던지기 실험에서 동전의 앞면을 H, 뒷면을 T라 했을 때 10회의 시행에서 다음과 같은 결과가 나왔다고 하자. 또 복권 당첨자들을 성별로 구분했을 때 10회의 시행에서 다음과 같은 결과가 나왔다고 하자. 이 경우에 런의 수는 각각 5와 7이 된다.

동전 던지기: H H T T T H T T H H

복권 당첨자: M M F M F F M F M M

② 런 검정의 의의

런 검정(runs test)이란 한 실험에서 변수가 취하는 두 범주의 관측치들이 무작위로 발생했는지의 여부를 검정하는 비모수통계 기법이다. 즉, 이항변수의 무작위성에 대한 검정 기법이다. 일반적으로 모집단의 모수에 대한 추정과 가설검정에서는 표본 추출의 무작위성을 가정한다. 또 회귀분석에서는 잔차 분포의 무작위성을 가정한다. 이러한 가정에 대한 타당성을 검증할 필요가 있을 때 실시하는 것이 런 검정이다.

런 검정은 남과 여, 성공과 실패, 양품과 불량 등 표본을 두 범주로 나누어 구분할 수 있을 때 가능하다. 이를 위해서는 자료가 발생 순서로 배열되어 있어 런의 수를 셀 수 있어야 한다. 자료가 계량적 자료인 경우 평균이나 중위수를 중심으로 그보다 큰 값을 갖는 그룹과 작은 값을 갖는 그룹으로 구분하여 런의 수를 센다.

일반적으로 런의 수가 매우 많거나 매우 적으면 앞의 관측치가 뒤의 관측치에 영향을 미칠 가능성이 높아져 관측치들 사이의 연관성은 커짐으로써 자료의 무작위성이 줄어들게 된다.

연구 문제

J 기업에서 실시한 신입사원 적성검사는 O / X 형식(True or False)의 20문항으로 이루어져 있으며, 그 정답은 다음과 같다고 한다. 이 정답들은 무작위로 배열되어 있다고 할 수 있을까?

$$F\ F\ F\ T\ T\ T\ F\ F\ F\ T\ T\ T\ T\ F\ F\ F\ T\ T\ T\ F$$

이 문제의 귀무가설과 대립가설은 다음과 같다.

- 귀무가설 H_0: T(옳은 문항)와 F(그른 문항)는 무작위로 배열되어 있다.
- 대립가설 H_1: T(옳은 문항)와 F(그른 문항)는 무작위로 배열되어 있지 않다.

2.1.2 SPSS를 이용한 런 검정

① 데이터베이스 작성

SPSS를 열고 초기 화면에서 변수 보기(V)를 클릭하여 변수명을 '정답'으로 지정한 후, 데이터 보기(D)를 클릭하여 데이터를 입력한다. 여기서는 〈그림 14-4〉와 같이 20개의 자료에 대해 T는 '1'을 입력하고 F는 '2'를 입력한다. 분석이 끝난 후에는 '런검정데이터.sav'로 저장해둔다.

② SPSS 실행

〈그림 14-4〉에서 다음 절차를 따라 SPSS를 실행한다.

분석(A) → 비모수검정(N) → 레거시 대화상자(L) → 런(R) …

그림 14-4 런 검정 데이터 입력

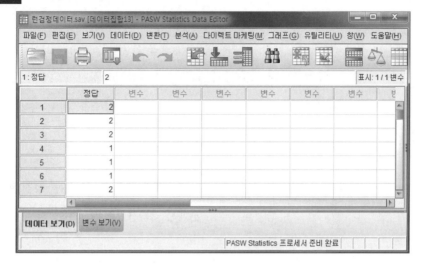

- 런 검정 대화상자: 런 검정 대화상자의 변수 창에서 '정답'을 선택하여 검정변수(T) 창
  으로 보낸다(〈그림 14-5〉). 절단점은 기본 설정된 '중위수(M)'를 그대로 둔다. 절단점이
  란 변수 값들 중 런의 수를 세는 데 이용하는 경계선을 의미한다. 중위수, 최빈값, 평
  균 중에서 선택할 수 있으며, 연구자가 임의로 절단점을 지정하고자 하면 '사용자 정의
  (C)'를 선택한다.

그림 14-5 런 검정 대화상자

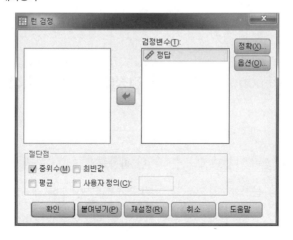

- 정확한 검정 대화상자: 〈그림 14-5〉에서 정확(X)을 클릭하면 정확한 검정 대화상자가 나타난다. 여기서는 기본 설정된 '점근적 검정(A)'을 그대로 둔다. 점근적 검정이란 검정통계량의 점근적 분포를 토대로 유의확률(P-value)을 산출함을 의미한다.
- 옵션 대화상자: 〈그림 14-5〉에서 옵션(O)을 클릭하면 옵션 대화상자가 나타난다. 여기서는 기본 설정된 대로 둔다.

③ 분석 결과 및 해석

〈그림 14-5〉에서 확인을 클릭하면 분석 결과가 출력된다. 〈표 14-7〉은 런 검정 결과이다. 유의확률이 0.108로서 $\alpha = 0.05$의 유의수준에서 귀무가설이 채택된다. 따라서 적성검사의 정답은 무작위로 배열되었다고 볼 수 있다.

표 14-7 런 검정 결과

변수	정답
검정값[a]	1.5
케이스 〈 검정값	10
케이스 ≥ 검정값	10
전체 케이스	20
런의 수	7
Z	-1.608
근사 유의확률(양쪽)	0.108

a. 중위수(1과 2의 중간값)

2.2 단일표본 Kolmogorov-Smirnov 검정(모집단 분포 검정)

2.2.1 개요

연구자들에게는 어느 변수나 모집단이 어떠한 확률분포를 따르는지가 중요한 경우가 많다. 정규분포, 포아송 분포, 균일분포 또는 지수분포(exponential distribution) 등이 그것이다. 특히 모집단이 정규분포인지 여부에 관심이 많다. 단일표본 Kolmogorov-Smirnov

(K-S) 검정은 어느 변수가 특정의 이론적 확률분포를 따르는지를 검정하는 기법이다. 이 검정에서는 관측치들의 누적분포와 이론적 누적분포를 비교하여 그 차이가 일정 수준보다 크지 않으면 이 변수는 가설화된 이론적 분포를 따르는 것으로 본다.

2.2.2 SPSS를 이용한 단일표본 K-S 검정

연구 문제

어느 운전면허시험에서 응시자들의 성적은 다음과 같다. 이 성적이 정규분포를 따른다고 볼 수 있을까?

표 14-8 운전면허시험 점수

응시번호	점수	응시번호	점수	응시번호	점수
1	95	11	82	21	78
2	88	12	87	22	86
3	87	13	82	23	84
4	92	14	93	24	86
5	93	15	86	25	85
6	86	16	85	26	89
7	85	17	84	27	94
8	89	18	87	28	83
9	91	19	80	29	82
10	94	20	90	30	79

먼저 이 문제의 귀무가설과 대립가설은 다음과 같다.

- 귀무가설 H_0: 응시자들의 면허시험 성적은 정규분포를 따른다.
- 대립가설 H_1: 응시자들의 면허시험 성적은 정규분포를 따르지 않는다.

① 데이터베이스 작성

SPSS를 열고 PASW Statistics Data Editor 상에서 변수 보기(V)를 클릭하여 변수에 '시험점수'를 입력한 후 데이터 보기(D)를 클릭하여 데이터를 입력한다.

② SPSS 실행

다음 절차를 따라 K-S 검정을 실행한다.

분석(A) → 비모수검정(N) → 레거시 대화상자(L) → 일표본 K-S(1) …

- 일표본 Kolmogorov-Smirnov 검정 대화상자: 〈그림 14-6〉 왼쪽의 변수 창에서 검정 대상 변수인 '시험점수'를 클릭하여 오른쪽의 검정변수(T) 창으로 보낸다.

그림 14-6　일표본 Kolmogorov-Smirnov 검정

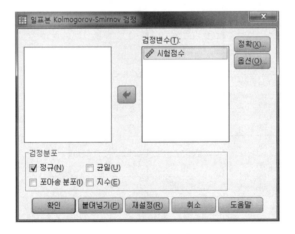

- 검정 대상 분포의 선정: 검정분포는 기본 설정된 '정규(N)'를 그대로 둔다. 본 예제에서는 시험점수가 정규분포인지 여부를 검정하고자 하기 때문이다.

③ 분석 결과 및 해석

〈그림 14-6〉에서 확인을 클릭하면 〈표 14-9〉와 같은 검정 결과가 산출된다. 본 예제의

경우 K-S의 Z 값 0.660에 대한 유의확률이 0.776으로서 귀무가설을 기각하지 못한다. 따라서 이 운전면허시험에 대한 응시자들의 시험성적은 정규분포를 따른다고 볼 수 있다.

표 14-9 일표본 Kolmogorov-Smirnov 검정 결과

		시험점수
N		30
정규 모수[a,b]	평균	86.3667
	표준편차	5.47397
최대극단차	절대값	.121
	양수	.087
	음수	-.121
Kolmogorov-Smirnov의 Z		.660
근사 유의확률(양측)		.776

a. 검정 분포가 정규입니다.
b. 데이터로부터 계산.

2.3 독립 두 표본 Mann-Whitney U 검정(두 모집단 분포 동일성 검정)

2.3.1 개요

① Mann-Whitney U 검정의 의의

Mann-Whitney U 검정은 독립적인 두 모집단에서 추출된 표본을 토대로 이 모집단의 분포가 동일한지를 검증하는 기법이다. 두 집단 분포의 동일성을 검정할 때 t-검정은 모집단이 정규분포를 이룬다는 가정이 성립할 때 가능하지만, Mann-Whitney U 검정은 모집단 분포의 정규성 여부에 관계없이 이용할 수 있다. 유사한 검정기법으로 Wilcoxon 순위합 검정(Wilcoxon rank-sum test)이 있는데, 이 둘은 동일한 결과를 산출한다.

② 기본 원리

Mann-Whitney U 검정의 원리는 다음과 같다. 두 표본이 평균이나 분산 등이 같은 동일

한 모집단에서 추출된 표본들이라고 가정하자. 그러면 두 표본을 하나의 집단으로 통합하여 모든 관측치를 크기순으로 나열했을 때 높은 순위 또는 낮은 순위의 관측치들이 두 표본에 골고루 분산되어 있어야 할 것이다. 둘 중 어느 한 표본에 높은 순위가 집중되어 있고 다른 표본에는 낮은 순위가 집중되어 있다면 두 모집단은 동일하다고 볼 수 없기 때문이다. 순위가 다른 관측치들이 두 표본에 골고루 분포되어 있다는 것은 두 표본 관측치들의 순위 합에 차이가 없음을 의미한다. 따라서 두 표본 관측치들의 순위 합을 구하고 이 순위 합에 차이가 있는지를 z-통계량으로 검정하는 것이 Mann-Whitney U 검정이다.

2.3.2 SPSS를 이용한 독립 두 표본 Mann-Whitney U 검정

연구 문제

어느 공장에서 남자와 여자의 생산성에 차이가 있는지를 알아보기 위해 남녀 15명씩 표본을 추출하여 조사한 결과, 각 집단의 1일 생산량은 다음 〈표 14-10〉과 같았다. 남녀 간 생산성에 차이가 있다고 볼 수 있을까?

표 14-10   Mann-Whitney U 검정 자료

남성	여성	남성	여성	남성	여성
35	37	40	38	35	31
37	32	36	33	37	35
33	36	35	34	34	37
36	34	39	37	36	37
37	34	38	32	39	34

이 검정의 귀무가설과 대립가설은 다음과 같다.

- 귀무가설 H_0: 남녀의 생산성은 차이가 없다.
- 대립가설 H_1: 남녀의 생산성은 차이가 있다.

① 데이터베이스 작성

SPSS를 열고 PASW Statistics Data Editor 상에서 변수 보기(V)를 클릭하여 변수명을 입력한 후 데이터 보기(D)를 클릭하여 데이터를 입력한다. 데이터는 원 데이터를 입력해도 되고 통합된 집단에서의 순위를 입력해도 된다. '성'에 대한 데이터 입력 시 남성 15명에 대해서는 '1'을 입력하고 여성 15명에 대해서는 '2'를 입력한다.

② SPSS 실행

다음 절차를 따라 Mann-Whitney 검정을 실행한다.

분석(A) → 비모수검정(N) → 레거시 대화상자(L) → 독립 2-표본(2) …

- 독립 2-표본 비모수검정 대화상자(〈그림 14-7〉) 왼쪽의 변수 창에서 '생산량'을 클릭하여 검정변수(T) 창으로 보내고 '성'을 클릭하여 집단변수(G) 창으로 보낸다.

그림 14-7 독립 2-표본 비모수검정 대화상자

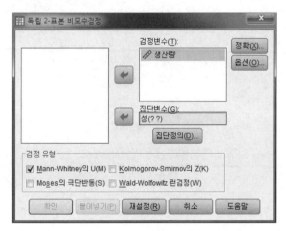

- 〈그림 14-7〉에서 집단변수(G)의 '성(? ?)'을 클릭하면 집단정의(D) 버튼이 활성화된다. 이 버튼을 클릭하면 다음 〈그림 14-8〉과 같은 집단정의 대화상자가 나타난다. 여기서 집단 1에는 '1'(남성)을, 집단 2에는 '2'(여성)를 입력한다.

- 〈그림 14-8〉에서 계속을 클릭하여 〈그림 14-7〉로 돌아가 〈그림 14-9〉와 같이 검정 유형에서 기본 설정된 Mann-Whitney의 U(M)을 그대로 둔다.

그림 14-8 집단정의 대화상자

③ 분석 결과 및 해석

〈그림 14-9〉에서 확인을 클릭하면 〈표 14-11〉과 같은 분석 결과가 나타난다. 여기서 남성과 여성의 생산성에 대한 순위 합은 280과 185이며, Z 값은 -1.993이다. 유의확률은 0.046으로서 0.05의 유의수준에서 귀무가설이 기각된다. 따라서 남성과 여성의 생산성에는 유의적인 차이가 있다고 볼 수 있다.

그림 14-9 검정 유형 선택

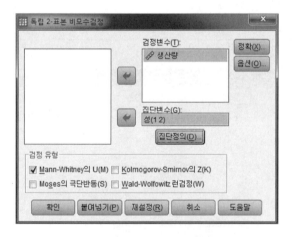

표 14-11 Man-Whitney 독립 두 표본 모집단 동일성 검정 결과

	성	N	평균 순위	순위 합
생산량	1.00	15	18.67	280.00
	2.00	15	12.33	185.00
	합계	30		

검정 통계량[b]	생산량
Mann-Whitney의 U	65.000
Wilcoxon의 W	185.000
Z	-1.993
근사 유의확률(양측)	.046
정확한 유의확률 [2·(단측 유의확률)]	.050[a]

a. 동률에 대해 수정된 사항이 없습니다.

b. 집단변수: 성

2.4 독립 K 표본 Kruskal-Wallis H 검정(독립 K 표본 비교 검정)

2.4.1 개요

① Kruskal-Wallis H 검정의 의의

셋 이상의 모집단에 대한 평균을 비교하기 위해서는 4장에서 다룬 분산분석(ANOVA)을 이용한다. 이 검정기법의 기본 가정은 모든 집단이 동일한 분산을 갖는 정규분포를 따른다는 것이다. 이 가정이 성립하지 않으면 ANOVA에 의한 F-검정을 할 수 없다.

이와 같이 기본 가정에 문제가 있어 분산분석을 할 수 없을 경우에 그 대안으로 사용할 수 있는 기법이 Kruskal-Wallis H 검정이다. 따라서 이는 앞에서 두 집단 분포의 동일성 여부를 검정하는 Mann-Whitney U 검정을 셋 이상 모집단의 경우로 연장시킨 검정기법이라 할 수 있다.

② 기본 원리

Kruskal-Wallis H 검정의 원리는 기본적으로 Mann-Whitney U 검정의 원리와 유사하다. 즉, 독립적인 각 표본들을 하나로 통합하여 모든 관측치들을 크기순으로 배열한다. 이어서 각 표본별로 해당 관측치들의 순위의 합을 구하여 이 순위 합을 서로 비교한다. 여기서 표본 간에 순위 합의 차이가 작을수록 이 표본들은 동질적인 모집단에서 추출된 표본들일 가능성이 크고, 반대로 순위 합의 차이가 클수록 동질적이지 않은 모집단에서 추출된 표본들일 가능성이 크다고 본다.

2.4.2 SPSS를 이용한 독립 K 표본 Kruskal-Wallis H 검정

연구 문제

어느 대기업에서 3개 지방 출신 중간관리자들의 경영성과에 차이가 있는지 검정하기 위해 조사한 결과, 다음 〈표 14-12〉와 같은 자료를 얻었다. 출신 지역별로 중간관리자들의 경영성과에 차이가 있다고 볼 수 있을까?

표 14-12 출신 지방별 중간관리자 경영성과

A 지방 출신	B 지방 출신	C 지방 출신
84	87	93
88	83	88
84	84	94
85	83	85
87	79	95
78	91	83
83	83	87
92	82	83

이 연구 문제의 귀무가설과 대립가설은 다음과 같다.

- 귀무가설 H_0: 세 지방 출신 중간관리자들의 경영성과는 모두 동일하다.
- 대립가설 H_1: 세 지방 출신 중간관리자들의 경영성과는 모두 동일하지는 않다.

① 데이터베이스 작성

SPSS를 열고 PASW Statistics Data Editor 상에서 변수 보기(V)를 클릭하여 '출신지방'과 '경영성과'를 입력한 후 데이터 보기(D)를 클릭하여 데이터를 입력한다. 데이터는 원 데이터를 입력할 수도 있고 통합된 집단 내에서의 순위를 입력할 수도 있다. A 지방 8명에 대해서는 '1', B 지방 8명에 대해서는 '2', C 지방 8명에 대해서는 '3'을 입력한다.

② SPSS 실행

다음 절차를 따라 Kruskal-Wallis H 검정을 실행한다.

분석(A) → 비모수검정(N) → 레거시 대화상자(L) → 독립 K-표본(K) …

- 검정변수 지정: 〈그림 14-10〉 독립 K-표본 비모수검정 대화상자의 왼쪽 변수 창에서 검정 대상 변수인 '경영성과'를 클릭하여 왼쪽의 검정변수(T) 창으로 보내고, 집단변수인 '출신지방'을 집단변수(G) 상자로 보낸다.

그림 14-10   독립 K-표본 비모수검정 대화상자

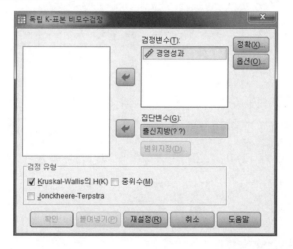

- 집단변수의 범위 지정: 〈그림 14-10〉에서 집단변수(G)의 '출신지방(? ?)'을 클릭하면 범위 지정(D) 버튼이 활성화된다. 이 버튼을 클릭하면 〈그림 14-11〉의 범위 지정 대화상자가 나타난다. 여기서 최소값(N)에 '1'(A 지방), 최대값(X)에 '3'(C 지방)을 입력한다.

그림 14-11   범위 지정 대화상자

- 검정 유형 선정: 〈그림 14-11〉에서 계속을 클릭하여 〈그림 14-10〉으로 돌아가 〈그림 14-12〉와 같이 검정 유형에서 기본 설정된 Kruskal-Wallis의 H(K)를 그대로 둔다.

그림 14-12 검정 유형 선정

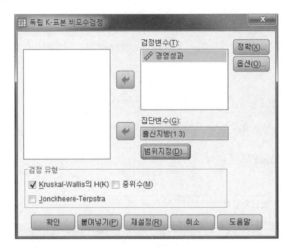

③ 분석 결과 및 해석

〈그림 14-12〉에서 확인을 클릭하면 〈표 14-13〉과 같은 검정 결과가 산출된다. 검정 결과는 출신 지방별 중간관리자들의 평균 순위에 약간의 차이가 있음을 보여준다. 그러나 카이제곱 값 4.372, 유의확률 0.112로서 귀무가설을 기각하지 못한다. 따라서 출신 지방별 중간관리자들의 경영성과에는 유의적 차이가 없다는 결론을 내린다.

표 14-13 독립 K-표본 Kruskal-Wallis H 검정 결과

	출신지방	N	평균 순위
경영성과	1.00	8	12.31
	2.00	8	8.94
	3.00	8	16.25
	합계	24	

검정 통계량[a, b]

	경영성과
카이제곱	4.372
자유도	2
근사 유의확률	.112

2.5 대응 두 표본 Wilcoxon 부호-순위 검정(대응 두 표본 동일성 검정)

2.5.1 개요

① Wilcoxon 부호-순위 검정의 의의

Wilcoxon 부호-순위 검정(Wilcoxon signed-rank test)은 짝을 이루는 두 표본이 동질적인 모집단에서 추출된 것인지를 비모수통계적 방법으로 검정하는 기법이다. 즉, 모수통계의 대응표본 t-검정(paired t-test)에 해당하는 비모수통계기법이다. 대응표본 t-검정은 대응(짝)을 이루는 관측치 차이의 모집단이 정규분포를 이룬다는 가정을 필요로 하는데, 이 조건을 필요로 하지 않는 검정기법이 곧 Wilcoxon 부호-순위 검정이다.

② 기본 원리

Wilcoxon 부호-순위 검정을 일반적인 부호 검정(sign test)과 비교하면 이해하기 쉽다. 부호 검정은 짝지은 표본 관측치들의 크기를 비교해 '+' 또는 '−'의 부호만을 사용함으로써 두 모집단의 동질성을 여부를 검정한다(이 책에서는 부호 검정을 다루지 않는다). 그에 반해 이 검정은 짝을 이룬 두 관측치들의 차이에 대한 부호와 함께 차이의 크기(순위)까지 고려하여 짝을 이루는 두 표본의 모집단이 동질적인지 여부를 검정한다. 따라서 부호 검정보다 더 강력한 검정기법이라 할 수 있다.

2.5.2 SPSS를 이용한 Wilcoxon 부호-순위 검정

연구 문제

어느 제조 공장에서는 지금까지 일본에서 수입한 기계를 사용하여 제품을 생산해왔으나, 이번에 이 기계를 국내에서 개발된 기계로 대체했다. 두 기계의 성능에 차이가 있는지 알아보기 위해 작업자 12명을 상대로 종전의 1일 생산량과 현재의 1일 생산량을 조사하여 〈표 14-14〉와 같은 자료를 얻었다. 이 자료를 토대로 할 때 일제기계와 국산기계의 성능에 차이가 있다고 할 수 있을까?

표 14-14 일제기계와 국산기계의 1일 생산량 비교

작업자	① 일제기계	② 국산기계	d = ② - ①	|d|의 순위*	음의 순위	양의 순위
1	13	19	+6	9		9
2	15	12	-3	4	4	
3	11	18	+7	10		10
4	13	16	+3	4		4
5	14	13	-1	1	1	
6	12	17	+5	7.5		7.5
7	17	15	-2	2	2	
8	10	15	+5	7.5		7.5
9	14	22	+8	11		11
10	16	25	+9	12		12
11	18	15	-3	4	4	
12	15	19	+4	6		6

* 순위가 동률일 경우 순위의 중앙값을 해당 순위로 부여한다. 예를 들어 작업자 2, 4, 11의 경우 |d| 값이 2로 동일하기 때문에 3위, 4위, 5위의 중간인 4위를 부여하고 작업자 6과 8의 경우 |d| 값이 5로 동일하기 때문에 7위와 8위의 중간인 7.5위를 부여한다.

먼저 이 연구 문제의 귀무가설과 대립가설은 다음과 같다.

- 귀무가설 H_0: 일제기계와 국산기계의 성능은 동일하다.
- 대립가설 H_1: 일제기계와 국산기계의 성능은 동일하지 않다.

① 데이터베이스 작성

SPSS를 열고 PASW Statistics Data Editor 상에서 변수 보기(V)를 클릭하여 '작업자', '일제기계', '국산기계'를 입력한 후, 데이터 보기(D)를 클릭하여 데이터를 입력한다.

② SPSS 실행

다음 절차를 따라 Wilcoxon 부호-순위 검정을 실행한다.

분석(A) → 비모수검정(N) → 레거시 대화상자(L) → 대응 2-표본(L) …

- 검정 대상 변수 지정: 〈그림 14-13〉 대응 2-표본 비모수검정 대화상자의 왼쪽 변수 창에서 검정 대상 대응변수인 '일제기계'와 '국산기계'를 클릭하여 검정 쌍(T) 창으로 보낸다.

그림 14-13 대응 2-표본 비모수검정 대화상자

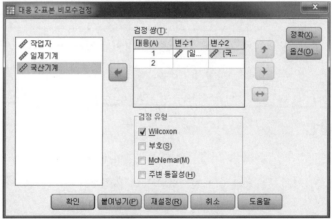

- 검정 유형 선택: 〈그림 14-13〉의 검정 유형에서 기본 설정된 'Wilcoxon'을 그대로 둔다.

③ 분석 결과 및 해석

〈그림 14-13〉에서 확인을 클릭하면 〈표 14-15〉와 〈표 14-16〉에 제시된 검정 결과가 산출된다.

| 표 14-15 | 작업자들의 생산량에 의한 성능 차이의 순위 요약 |

		N	평균 순위	순위 합
국산기계 - 일제기계	음의 순위	4[a]	2.75	11.00
	양의 순위	8[b]	8.38	67.00
	동률	0[c]		
	합계	12		

a. 국산기계 〈 일제기계
b. 국산기계 〉 일제기계
c. 국산기계 = 일제기계

| 표 14-16 | Wilcoxon 부호-순위 검정 결과 |

검정 통계량[b]	
	국산기계 - 일제기계
Z	-2.201[a]
근사 유의확률(양측)	.028

a. 음의 순위를 기준으로
b. Wilcoxon 부호순위 검정

〈표 14-15〉에 의하면 국산기계에 의한 1일 생산량이 일제기계에 의한 1일 생산량보다 못한 작업자가 4명이고 더 나은 작업자가 8명임을 알 수 있다. 평균 순위와 순위 합에서 양의 순위가 음의 순위보다 훨씬 크다는 것은 그만큼 국산기계가 일제기계의 성능보다 우수함을 뜻한다.

또한 〈표 14-16〉을 보면 유의확률이 0.028로서 5%의 유의수준에서 귀무가설이 기각된다. 따라서 국산기계의 성능은 일제기계의 성능과 유의적인 차이가 있다고 볼 수 있다.

2.6 대응 K 표본 Friedman 검정(대응 K 표본 동일성 검정)

2.6.1 개요

Friedman 검정은 모수통계의 무작위 블록화 디자인(RBD: Randomized Blocked Design)에 의한 ANOVA 검정에 상응하는 비모수통계 기법이다. RBD-ANOVA는 대응표본 t-검정 (paired difference t-test)을 셋 이상의 집단에 확장시킨 기법으로서 짝을 이루는 관측치들의 모집단이 정규분포여야 한다는 가정을 필요로 했으나, Friedman 검정은 이러한 가정을 필요로 하지 않는다. 따라서 짝을 이루는 셋 이상의 표본이 동일한 모집단에서 추출된 것인지의 여부를 비모수적으로 검정하는 기법이 곧 Friedman 검정이라 할 수 있다.

이 검정은 주로 서열척도로 측정된 자료를 분석하는 데 이용되지만, 등간척도나 비율척도로 측정된 자료에 대해서도 적용할 수 있다. 자료가 등간척도나 비율척도일 경우 SPSS가 서열척도로 변환시켜 분석한다.

2.6.2 SPSS를 이용한 대응 K 표본 Friedman 검정

연구 문제

어느 전자제품 제조회사는 이번에 새로 개발한 TV 신제품을 광고하기 위해 A, B, C, D 네 개의 일간지 중 하나를 선택하고자 한다. 이 기업 홍보실장은 한국광고학회에 네 일간지에 대한 선호도를 평가하도록 의뢰했다. 〈표 14-17〉은 이 학회 소속 광고 전문가 7인이 네 일간지에 대해 1, 2, 3, 4의 순서로 평가한 결과이다. 이 자료를 토대로 할 때 각 일간지에 대한 광고 전문가들의 선호도에 차이가 있다고 할 수 있을까?

이 연구 문제에 대한 귀무가설과 대립가설은 다음과 같다.

- 귀무가설 H_0: 각 일간지에 대한 광고 전문가들의 선호도는 동일하다.
- 대립가설 H_1: 각 일간지에 대한 광고 전문가들의 선호도가 모두 동일하지는 않다.

표 14-17 네 일간지에 대한 전문가들의 선호도

전문가	일간지 A	일간지 B	일간지 C	일간지 D
1	3	2	1	4
2	1	4	2	3
3	2	4	1	3
4	2	4	1	3
5	1	3	2	4
6	1	4	3	2
7	3	2	1	4

① 데이터베이스 작성

SPSS를 열고 PASW Statistics Data Editor 상에서 변수 보기(V)를 클릭하여 '일간지 A', '일간지 B', '일간지 C', '일간지 D'를 입력한 후 데이터 보기(D)를 클릭하여 데이터를 입력한다.

② SPSS 실행

다음 절차를 따라 Friedman 검정을 실행한다.

분석(A) → 비모수검정(N) → 레거시 대화상자(L) → 대응 K-표본(S) …

- 검정변수 지정: 〈그림 14-14〉의 왼쪽 변수 창에서 검정 대상 변수인 '일간지 A', '일간지 B', '일간지 C', '일간지 D'를 선택하여 오른쪽 검정변수(T) 창으로 보낸다.
- 검정 유형 선택: 〈그림 14-14〉의 검정 유형에서 기본 설정된 'Friedman(F)'을 그대로 두되, 이 예제와 관련된 또 다른 검정 유형 중 하나인 'Kendall의 W(K)'를 선택한다 (Kendall의 W 검정에 대해서는 후술함).

그림 14-14 대응 K-표본 비모수검정

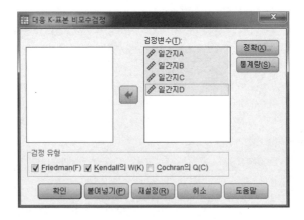

③ 분석 결과 및 해석

〈그림 14-14〉에서 확인을 클릭하면 〈표 14-18〉과 같은 Friedman 검정 결과가 출력된다.

이 표를 보면 네 일간지에 대한 광고 전문가들의 평균 순위(선호도)가 나타나 있다. 일간지 C에 대한 평균 순위가 1.57로 가장 높으며, 일간지 B와 D는 3.29로 가장 낮다. 일간지에 대한 전문가들의 선호도에 비교적 큰 차이가 있음을 알 수 있다. Friedman 검정통계량인 카이제곱(χ^2) 값은 10.543이고 그에 대한 유의확률은 0.014로서 $\alpha = 0.05$의 유의수준에서 귀무가설이 기각된다. 따라서 각 일간지에 대한 광고 전문가들의 선호도가 모두 동일하지는 않다는 결론을 내린다.

- Kendall W 검정: 본 예제를 이용해 검정할 수 있는 또 다른 기법이 Kendall W 검정이다. 이는 평가자들(광고 전문가) 사이에 조사 대상(네 일간지)에 대한 평가가 일치하는지 여부를 평가해주는 검정기법이다. 귀무가설은 "조사 대상에 대한 평가자들의 서열 평가는 일치하지 않는다"이다. 이 기법에 대해서는 뒤이어 상술한다. 다만 〈표 14-18〉의 두 검정통계량에 나타난 유의확률을 비교하면 알 수 있듯이, 기본적으로 Friedman 검정과 Kendall W 검정은 그 결과가 동일하다는 점에 유의하기 바란다.

표 14-18   Friedman 검정 결과

	평균 순위
일간지 A	1.86
일간지 B	3.29
일간지 C	1.57
일간지 D	3.29

검정 통계량[a]	
N	7
카이제곱	10.543
자유도	3
근사 유의확률	.014

a. Friedman 검정

검정 통계량

N	7
Kendall의 W[a]	,502
카이제곱	10,543
자유도	3
근사 유의확률	,014

a. Kendall의 일치계수

2.7 Kendall W 검정(대응 K 표본 일치성 검정)

2.7.1 개요

Kendall W 검정은 표본으로 선정된 조사 대상들을 일련의 평가자들이 서열척도로 평가할 때 평가자들 사이에 평가의 일치성이 있는지 여부를 검정하는 데 이용되는 비모수통계 기법이다. 이 검정에서 산출하는 주요 계수가 'Kendall의 일치계수(Kendall's coefficient of concordance) W'이다.

앞에서 다룬 Spearman의 서열상관계수나 Kendall의 서열상관계수는 n개의 표본 구성인자들에 대한 두 개의 서열 조합 사이에 존재하는 상관관계의 정도를 나타내는 지수이다. 반면에 Kendall의 일치계수 W는 n개의 표본 구성원에 대한 k개의 서열 조합이 평가자들 사이에 얼마나 일치하는지를 나타내는 계수이다. 평가자들의 평가가 일치할수록 이 계수는 1에 가까워지며, 일치하지 않을수록 이 계수는 0에 가까워진다. 이 검정의 검정통계량은 카이제곱(χ^2)이다.

2.7.2 SPSS를 이용한 Kendall W 검정

연구 문제

어느 기업 홍보실에서 신입사원 1명을 채용하려 하는데 총 8명이 지원했다. 이들을 상대로 영업부장, 홍보실장, 총무부장이 심층면접을 실시하여 선호도에 대한 서열평가를 실시한 결과, 〈표 14-19〉와 같은 자료를 얻었다. 이 자료를 토대로 응시자들에 대한 면접관들의 서열평가가 일치한다고 할 수 있을까?

표 14-19 응시자들에 대한 면접관들의 서열평가

응시자	면접관		
	영업부장	홍보실장	총무부장
1	8	6	6
2	7	7	8
3	4	4	4
4	1	1	2
5	5	5	5
6	2	3	3
7	6	8	7
8	3	2	1

이 연구 문제의 귀무가설과 대립가설은 다음과 같다.

- 귀무가설 H_0: 응시자들에 대한 면접관들의 서열평가는 일치하지 않는다.
- 대립가설 H_1: 응시자들에 대한 면접관들의 서열평가는 일치한다.

그림 14-15 Kendall W 검정 데이터 입력

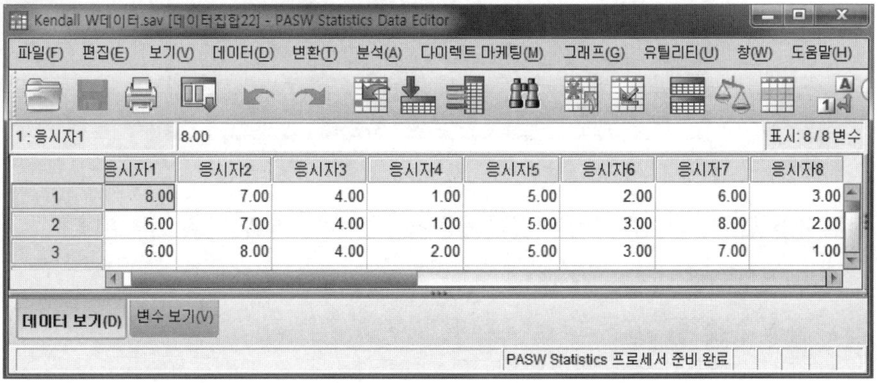

① 데이터베이스 작성

SPSS를 연 다음, PASW Statistics Data Editor 상에서 변수 보기(V)를 클릭하여 '응시자 1'에서 '응시자 8'까지 모두 입력한 후 데이터 보기(D)를 클릭하여 면접관들이 평가한 서열 데이터를 입력한다(〈그림 14-15〉). 분석이 끝난 후에는 'Kendall W데이터.sav'로 저장해 둔다.

② SPSS 실행

다음 절차를 따라 Kendall W 검정을 실행한다.

분석(A) → 비모수검정(N) → 레거시 대화상자(L) → 대응 K-표본(S) …

- 검정변수 지정: 〈그림 14-16〉의 왼쪽 변수 창에서 검정 대상 변수인 '응시자 1'에서 '응시자 8'까지 모두 선택하여 검정변수(T) 창으로 보낸다.

그림 14-16 대응 K-표본 비모수검정 대화상자

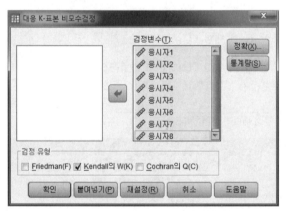

- 검정 유형 선정: 〈그림 14-16〉의 검정 유형에서 'Kendall의 W(K)'를 선택한다.

③ 분석 결과 및 해석

〈그림 14-16〉에서 확인을 클릭하면 〈표 14-20〉과 같은 검정 결과가 산출된다. 검정 결과

를 보면 응시자 4가 면접관들에게서 가장 높은 서열을 부여받고 있고 응시자 2는 가장 낮은 서열을 부여받고 있다. 검정통계량인 Kendall의 W는 0.931로서, 면접관들 사이의 서열평가에 일치성이 높음을 알 수 있다. 카이제곱 값은 19.556이고 그에 대한 유의확률이 0.007로서 $\alpha = 0.05$의 유의수준에서 귀무가설이 기각된다. 따라서 응시자들에 대한 면접관들의 서열평가는 일치한다는 결론을 내리게 된다.

표 14-20 대응 K-표본 Kendall W 검정 결과

	평균 순위
응시자 1	6.67
응시자 2	7.33
응시자 3	4.00
응시자 4	1.33
응시자 5	5.00
응시자 6	2.67
응시자 7	7.00
응시자 8	2.00

검정 통계량	
N	3
Kendall의 W[a]	.931
카이제곱	19.556
자유도	7
근사 유의확률	.007

a. Kendall의 일치계수

부록 I: SPSS 통계분석의 예

입력 데이터

응답자	심미성1	심미성2	심미성3	유희성1	유희성2	유희성3	유희성4	접근성1	접근성2	접근성3	접근성4	이미지1	이미지2	이미지3	이미지4	이용의도1	이용의도2	이용의도3	성별	교육수준	거주지
1	6	7	6	6	6	6	7	6	7	7	7	7	7	7	6	7	6	7	2	3	1
2	4	5	3	3	4	3	5	5	4	2	2	2	4	4	4	5	4	7	2	2	2
3	6	7	7	5	7	7	6	7	7	7	6	5	7	7	7	7	7	7	1	3	1
4	6	6	6	6	6	4	3	7	6	6	5	6	6	6	6	4	4	5	2	3	2
5	6	6	6	5	5	5	7	4	7	5	5	5	7	7	7	7	3	6	1	1	2
6	4	6	6	7	7	7	7	7	7	7	7	7	7	7	7	6	7	7	2	2	2
7	7	7	7	7	6	6	5	5	7	6	7	7	6	7	5	6	5	7	1	3	1
8	4	4	4	6	6	5	6	4	6	3	5	6	6	4	5	4	4	4	1	1	1
9	4	7	7	4	4	3	3	4	7	7	4	6	6	4	3	4	4	4	1	3	2
10	7	6	6	5	4	4	4	7	7	7	5	4	6	6	6	7	6	7	2	3	1
11	1	1	1	2	2	4	4	4	4	7	4	1	4	4	4	2	2	3	1	1	1
12	7	7	7	4	6	4	6	7	6	6	7	7	7	7	6	7	4	4	1	2	2
13	7	7	7	5	5	7	5	7	7	6	6	7	7	7	6	7	4	5	1	3	2
14	5	5	5	7	5	3	4	7	6	5	6	5	5	6	5	5	5	6	1	2	1
15	7	7	7	6	6	5	5	7	7	7	7	6	7	7	7	6	5	7	2	3	1
16	5	6	7	2	3	4	3	7	6	6	5	4	6	6	6	4	6	1	1	2	2
17	7	4	4	3	4	5	4	5	6	4	6	5	6	7	6	4	4	5	1	1	2
18	6	6	6	4	3	5	2	5	6	5	2	2	3	5	4	2	4	5	2	3	2
19	6	6	5	4	3	5	4	5	4	7	3	5	6	6	6	5	3	4	2	2	2
20	6	4	5	4	3	4	2	7	6	6	4	5	3	4	5	3	5	6	1	3	1
21	4	6	3	6	3	3	4	6	6	6	3	6	3	6	6	3	3	4	1	1	2
22	2	5	4	7	2	4	2	6	6	6	6	5	5	6	6	2	4	4	1	1	2
23	4	5	5	6	6	6	6	7	7	7	4	3	5	6	4	6	6	7	1	2	2
24	6	6	6	5	4	6	6	2	2	5	2	5	6	3	3	3	4	5	2	2	2
25	6	6	4	5	5	5	5	6	6	6	4	4	5	5	5	4	6	6	2	3	2
26	7	6	6	4	2	3	3	6	6	6	5	5	5	5	5	3	5	6	2	3	2
27	5	6	6	5	5	3	4	5	4	6	6	6	4	4	4	6	4	7	1	2	1
28	6	6	6	4	1	3	2	5	6	5	5	5	6	6	6	3	4	5	2	3	2
29	3	5	1	3	4	2	5	5	5	3	3	4	5	4	4	4	4	3	2	1	1
30	4	6	2	2	4	6	4	6	6	6	7	4	4	4	5	3	4	6	1	3	1
31	6	7	3	2	3	5	2	7	6	5	5	5	6	6	5	4	6	2	2	2	2
32	5	7	5	4	3	3	3	6	6	6	5	5	5	7	7	2	2	3	1	2	2
33	6	6	3	5	3	3	3	6	7	7	4	5	7	6	7	5	4	6	2	3	1
34	6	7	6	6	4	3	6	5	6	6	6	6	7	7	5	3	4	5	1	1	2

35	6	6	4	3	4	6	4	6	6	6	2	5	4	6	4	2	4	4	1	2	2
36	5	6	3	6	3	3	4	6	7	5	6	5	5	5	6	3	5	3	1	2	2
37	4	7	4	2	6	6	5	6	5	7	4	7	7	7	7	1	3	3	1	1	1
38	4	6	4	4	2	3	2	5	6	6	5	4	6	6	6	2	4	6	2	2	1
39	3	5	5	5	3	6	5	5	6	6	5	6	6	6	6	4	5	6	1	3	1
40	6	6	3	6	5	4	3	6	4	6	6	2	2	2	2	2	2	2	2	2	2
41	6	5	4	6	3	4	4	4	5	6	6	2	4	5	6	2	4	5	1	2	2
42	7	6	6	7	7	7	7	6	6	6	4	6	6	6	5	4	4	4	2	3	2
43	4	6	5	4	2	1	1	6	7	7	5	5	5	6	6	5	4	7	1	2	1
44	7	6	5	5	5	6	4	5	6	6	6	5	5	5	6	6	4	5	2	3	1
45	4	7	6	7	7	6	6	6	6	7	5	6	5	6	7	6	5	7	1	3	1
46	5	7	6	7	6	6	6	6	6	6	6	5	6	7	6	6	6	5	7	2	1	2
47	6	7	6	6	6	6	7	6	7	7	7	7	7	7	6	7	6	7	2	2	1
48	4	5	3	3	4	3	5	5	4	2	2	2	4	4	4	5	4	7	1	2	2
49	6	7	7	5	7	7	6	7	7	7	6	5	7	7	7	7	7	7	2	2	1
50	6	6	6	6	6	4	3	7	6	6	5	6	6	6	6	4	4	5	2	3	2
51	6	6	6	5	5	5	7	4	7	5	5	5	7	7	7	7	3	6	1	3	1
52	4	6	6	7	7	7	7	7	7	7	7	7	7	7	7	7	6	7	7	1	3	2
53	7	7	7	6	6	5	5	7	6	7	7	6	7	5	6	6	5	7	2	2	1
54	4	4	4	6	6	5	6	4	6	3	5	6	6	4	5	4	4	4	1	2	1
55	4	7	7	4	4	3	3	4	7	7	4	6	6	4	3	4	4	4	1	3	2
56	7	6	6	5	4	4	4	7	7	7	5	4	6	6	6	7	6	7	2	3	1
57	1	1	1	2	2	4	4	4	4	7	4	1	4	4	4	2	2	3	1	3	1
58	7	7	7	4	6	4	6	7	6	6	7	7	7	6	7	4	4	7	2	2	2
59	7	7	7	7	5	5	5	7	7	6	6	7	7	6	7	4	5	5	2	3	2
60	5	5	4	7	5	3	4	7	6	5	6	5	5	6	5	5	5	6	1	1	1
61	7	7	7	6	6	5	5	7	7	7	7	6	7	7	7	6	5	7	2	3	1
62	5	6	7	2	3	4	3	7	6	6	6	5	4	6	6	6	4	6	1	3	1
63	7	4	4	3	4	5	4	5	6	4	6	5	6	7	6	4	4	5	1	3	1
64	6	6	6	4	3	5	2	5	6	5	2	2	3	5	4	2	4	5	2	2	2
65	6	6	5	4	3	5	4	5	4	7	3	5	6	6	6	5	3	4	1	3	2
66	6	4	5	4	3	4	2	7	6	6	4	5	3	4	5	3	5	6	1	2	1
67	4	6	3	6	3	3	4	6	6	6	3	6	3	6	6	3	3	4	1	3	1
68	2	5	4	7	2	4	2	6	6	6	6	5	5	6	6	2	4	4	1	1	1
69	4	5	5	6	6	6	6	7	7	7	4	3	5	6	4	6	6	7	1	3	2
70	6	6	6	5	4	6	6	2	2	5	2	5	6	3	3	3	4	5	2	2	2
71	6	6	4	5	5	5	5	6	6	6	4	4	5	5	5	4	3	5	2	3	2
72	7	6	6	4	2	3	3	6	6	6	5	5	5	5	5	3	5	6	2	2	1
73	5	7	4	5	4	5	3	5	4	5	4	6	6	6	4	4	4	7	2	3	1
74	6	6	6	4	1	3	2	5	6	5	5	5	6	6	6	3	4	5	2	1	2
75	3	5	1	3	4	2	5	5	5	3	3	4	5	4	4	4	4	3	1	1	1
76	4	6	2	2	4	6	4	6	6	6	7	4	4	4	5	3	4	6	1	2	1
77	6	7	3	2	3	5	2	7	6	5	5	5	5	6	6	5	4	6	2	2	1

78	5	7	5	4	3	3	3	6	6	6	5	5	5	7	7	2	2	3	1	1	2
79	6	6	3	5	3	3	3	6	7	7	4	5	7	6	7	5	4	6	2	2	1
80	6	7	6	6	4	3	6	5	6	6	6	6	7	7	5	3	4	5	2	2	2
81	6	6	4	3	4	6	4	6	6	6	2	5	4	6	4	2	4	4	2	2	2
82	5	6	3	6	3	3	4	6	7	5	6	5	5	5	6	3	5	3	1	3	1
83	4	7	4	2	6	6	5	6	5	7	4	7	7	7	7	1	3	3	1	2	2
84	4	6	4	4	2	3	2	5	6	6	5	4	6	6	6	2	4	6	1	3	1
85	3	5	5	5	3	6	5	6	6	6	5	6	6	6	6	4	5	6	1	3	1
86	6	6	3	6	5	4	3	6	4	6	6	2	2	2	2	2	2	2	2	3	2
87	6	5	4	6	3	4	4		4	5	6	2	4	5	6	2	4	5	1	2	1
88	7	6	6	7	7	7	7	6	6	6	4	6	6	6	5	4	4	4	2	2	2
89	4	6	5	4	2	1	1	6	7	7	5	5	5	6	6	5	4	7	1	3	1
90	7	6	5	5	6	4	5	6	6	6	5	5	5	6	6	4	5	2		1	2
91	4	7	6	7	7	6	6	6	6	7	5	6	5	6	7	6	5	7	1	3	1
92	5	7	6	7	6	6	6	6	6	6	5	6	7	6	6	6	5	7	2	2	1
93	6	7	6	6	6	6	7	6	7	7	7	7	7	7	6	7	6	7	2	3	1
94	4	5	3	3	4	3	5	5	4	2	2	2	4	4	4	5	4	7	1	1	2
95	6	7	7	5	7	7	6	7	7	7	6	5	7	7	7	7	7	7	2	3	1
96	6	6	6	6	6	4	3	7	6	6	5	6	6	6	6	4	4	5	2	3	2
97	6	6	6	5	5	5	7	4	7	5	5	5	7	7	7	7	3	6	1	2	1
98	4	6	6	7	7	7	7	7	7	7	7	7	7	7	7	7	6	7	1	1	2
99	7	7	7	6	6	5	5	7	6	7	7	6	7	5	6	6	5	7	2	3	1
100	4	4	4	6	6	5	6	4	6	3	5	6	6	4	5	4	4	4	1	2	1

연구 문제

여기서는 SPSS를 이용하여 여러 가지 통계분석을 수행하는 간단한 예를 소개하고자 한다. 특히 호텔 이용에 관한 소비자 행동의 연구를 목적으로, 호텔에 대해 소비자가 지각하는 심미성, 유희성, 접근성이 호텔의 이미지에 영향을 미치고 이 이미지가 소비자의 이용의도에 영향을 미친다는 것을 기본적 연구 모형으로 설정하고자 한다. 위의 입력 데이터는 100명의 표본에 대해 설문조사를 실시하고 그 응답 결과를 코딩한 것이다.

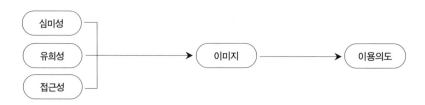

1 요인분석

기본 절차: 분석 → 차원 감소 → 요인분석

본 예에서는 연구의 편의상 모든 측정변수들을 독립변수군과 종속변수군으로 나누어 요인분석을 실시하고자 한다. 요인분석을 위해 베리멕스법에 의한 요인회전을 실시했으며, 아이겐 값 1 이상을 요인추출의 기준으로 사용했다. 분석 과정에서 요인점수를 산출하여 추후 분석(판별분석, 다중회귀분석)에 입력 자료로 사용하기로 한다. 연구 모형의 성격을 감안하여 독립변수, 매개변수, 종속변수의 측정변수들을 세 그룹으로 따로 분리하여 요인분석을 실시했다.

분석 결과, 독립변수로서 3개 요인(성분)이 추출되어 각각 심미성, 유희성, 접근성으로 명명했다. 또한 매개변수와 종속변수의 측정변수들도 각각 하나의 요인으로 수렴되어 이미지 및 이용의도로 명명했다.

회전된 성분행렬[a]

	성분		
	1	2	3
심미성 1	.062	.055	**.848**
심미성 2	.108	.261	**.772**
심미성 3	.295	.314	**.726**
유희성 1	**.533**	.360	.100
유희성 2	**.865**	.208	.194
유희성 3	**.781**	.032	.153
유희성 4	**.915**	-.056	.020
접근성 1	-.006	**.764**	.190
접근성 2	.071	**.792**	.120
접근성 3	.065	**.635**	.227
접근성 4	.225	**.732**	.073

요인추출 방법: 주성분 분석.
회전 방법: Kaiser 정규화가 있는 베리멕스.
a. 5 반복계산에서 요인회전이 수렴되었습니다.

성분행렬[a]		성분행렬[a]	
	성분		성분
	1		1
이미지 1	.806	이용의도 1	.869
이미지 2	.838	이용의도 2	.852
이미지 3	.859	이용의도 3	.903
이미지 4	.850		

요인추출 방법: 주성분 분석.

a. 추출된 1 성분.

요인추출 방법: 주성분 분석.

a. 추출된 1 성분.

2 신뢰성 분석

기본 절차: 분석 → 척도 → 신뢰도 분석

요인	측정변수	Cronbach's α
심미성	심미성 1	0.761
	심미성 2	
	심미성 3	
유희성	유의성 1	0.814
	유희성 2	
	유의성 3	
	유희성 4	
접근성	접근성 1	0.747
	접근성 2	
	접근성 3	
	접근성 4	
이미지	이미지 1	0.837
	이미지 2	
	이미지 3	
이용의도	이용의도 1	0.835
	이용의도 2	
	이용의도 3	

측정항목들의 내적 일관성을 검증하기 위해 'Cronbach's α'를 이용한 신뢰성 분석을 실시했다. 분석 결과, 모든 요인들의 Cronbach's α 값들이 0.7 이상이기 때문에 측정항목들의 내적 일관성이 존재하는 것으로 볼 수 있다.

3 두 집단 간 평균 차이 검정 및 집단 간 분산의 동일성 검정

기본 절차: 분석 → 평균비교 → 독립표본 T 검정

두 집단의 평균 차이에 유의성이 있는지를 검증하기 위해서는 t 검정을 실시한다. 귀무가설은 "두 집단의 평균은 차이가 없다"이다. 여기서는 성별, 즉 남녀 두 집단 사이에 '심미성 3'에 차이가 있는지 검증하는 예를 들어보기로 한다. 두 집단 분포의 분산이 동일한지의 여부에 대한 검정은 'Levene의 등분산 검정'을 이용하면 된다. 이 검정의 귀무가설은 "두 모집단의 분산은 동일하다"이다.

분석 결과, 아래의 '독립표본 검정' 표에서 볼 수 있는 바와 같이 Levene 통계량이 F = 0.156이고, 유의확률(P-value)이 0.694이므로 5%의 유의수준에서 "남녀 두 집단의 분산은 동일하다"는 가설이 채택된다(P-value 〉 0.05).

또한 평균의 동일성 검정에서 t = -2.360이고 유의확률(P-value)은 0.020으로서 5%의 유의수준에서 귀무가설이 기각된다(P-value 〈 0.05). 따라서 '심미성 3'에서 남녀 두 집단의 평균 사이에 유의적 차이가 존재하는 것으로 볼 수 있다.

독립표본 검정

| | | Levene의 등분산 검정 | | 평균의 동일성에 대한 t-검정 | | | | | 차이의 95% 신뢰구간 | |
		F	유의확률	t	자유도	유의확률 (양쪽)	평균차	차이의 표준오차	하한	상한
심미성 3	등분산이 가정됨	.156	.694	-2.360	98	.020	-.733	.311	-1.350	-.117
	등분산이 가정되지 않음			-2.376	97.426	.019	-.733	.309	-1.346	-.121

4 변수 간 상관분석

기본 절차: 분석 → 상관분석 → 이변량 상관계수

변수들 간 상관분석의 예를 들기 위해 심미성 1과 유희성 2 사이의 관계에 관한 Pearson 상관분석을 실시했다. 분석 결과, 두 변수 사이의 상관계수는 0.235로서 상관관계가 매우 높지는 않으나, 유의확률(P-value) = 0.019로서 5%의 유의수준에서 두 변수 간 상관관계는 유의성이 있음을 알 수 있다.

상관계수

		심미성 1	유희성 2
심미성 1	Pearson 상관계수	1	.235*
	유의확률(양쪽)		.019
	N	100	100
유희성 2	Pearson 상관계수	.235*	1
	유의확률(양쪽)	.019	
	N	100	100

* 상관계수는 0.05 수준(양쪽)에서 유의합니다.

5 두 범주 변수 간 χ^2 독립성 검정

기본 절차: 분석 → 기술통계량 → 교차분석

두 범주 변수 사이의 상호 독립성 여부를 검증하기 위해 χ^2(카이제곱) 독립성 검정을 실시했다. 이를 위해서는 '통계량' 중 '카이제곱'을 선택한다. 여기서는 성별과 교육수준 사이의 상호 독립성 여부에 대한 검정의 예를 들고자 한다. χ^2 독립성 검정의 결과는 다음의 표와 같다. 이 표를 보면 카이제곱 값은 5.053이고, 유의확률(P-value)은 0.080로서 5%의 유의수준에서 "성별과 교육수준은 상호 독립이다"라는 귀무가설이 채택된다(유의확률 〉 0.05).

	값	자유도	점근 유의확률(양측검정)
Pearson 카이제곱	5.053[a]	2	.080
우도비	5.349	2	.069
선형 대 선형결합	2.632	1	.105
유효 케이스 수	100		

a. 0 셀(.0%)은 5보다 작은 기대빈도를 가지는 셀입니다. 최소 기대빈도는 8.28입니다.

6 세 집단 간 평균 차이 검정(ANOVA)

기본 절차: 분석 → 평균 비교 → 일원배치 분산분석

셋 이상의 집단에 대한 평균 차이를 검증하는 데는 분산분석(ANOVA)을 이용한다. 여기서는 분산분석의 예로서 교육수준별로 세 집단에서 심미성 2에 차이가 있는지 분석했다. 분석 결과는 다음 표와 같다.

분산의 동질성 검정

심미성 2

Levene 통계량	df1	df2	유의확률
1.989	2	97	.142

분산분석

심미성 2

	제곱합	df	평균제곱	F	유의확률
집단 간	6.287	2	3.143	2.604	.079
집단 내	117.073	97	1.207		
합계	123.360	99			

먼저 Levene 통계량이 1.989이고 유의확률(P-value) = 0.142로서, 교육수준별 세 집단의 분산은 동일하다는 가설이 채택된다(유의확률 > 0.05). 또 분산분석 표에서 나타난 바와 같이 유의확률(P-value) = 0.079로서, 5%의 유의수준에서 "교육수준별로 심미성 2에 차이가 없다"는 귀무가설이 채택된다. 따라서 교육수준은 심미성 2에 유의적 영향을 미치지 않는다는 것을 알 수 있다.

7 판별분석

기본 절차: 분석 → 분류분석 → 판별분석

계량척도의 변수들을 이용하여 관측 대상들을 비계량척도의 일정한 차원으로 분류하는 기법이 곧 판별분석이다. 여기서는 심미성, 유희성, 접근성(독립변수)을 이용하여 남녀(집단변수)의 두 집단으로 판별하는 방법을 예로 들고자 한다.

분석 결과, Wilks의 람다 = 0.758, 카이제곱 = 26.677이고 유의확률(P-value) = 0.000으로서 모형의 전반적 유의성이 매우 크다. 표준화된 계수를 이용한 정준판별함수는 다음과 같다. 여기서 X_1은 심미성, X_2는 유희성, X_3은 접근성이다.

$$Z = 0.993X_1 + 0.104X_2 - 0.119X_3$$

Wilks의 람다

함수의 검정		Wilks의 람다	카이제곱	자유도	유의확률
dimension 0	1	.758	26.677	3	.000

표준화 정준판별함수 계수

	함수
	1
심미성	.993
유희성	.104
접근성	-.119

또한 남성 응답자 54명 중 실제로 남성으로 예측한 사람이 35명, 여성 응답자 46명 중 실제로 여성으로 예측한 사람이 38명으로, 총 적중률(hit ratio)은 73 / 100 = 73%이다.

분류 결과[a]

		성별	예측 소속집단		전체
			남성	여성	
원래 값	빈도	남성	35	19	54
		여성	8	38	46
	%	남성	64.8	35.2	100.0
		여성	17.4	82.6	100.0

a. 원래의 집단 케이스 중 73.0%가 올바로 분류되었습니다.

8 다중회귀분석

기본 절차: 분석 → 회귀분석 → 선형

8.1 기본적 모형

본 예에서는 다음과 같은 연구 모형을 토대로 심미성, 유희성, 접근성이 이용의도에 유의적인 영향을 미치는지 다중회귀분석을 통해 검증하고자 한다. 단, Y = 이용의도, X_1 = 심미성, X_2 = 유희성, X_3 = 접근성이다.

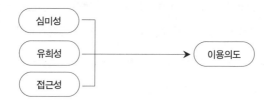

회귀모형: $Y = \alpha + \beta_1 X_1 + \beta_2 X_2 + \beta_3 X_3 + \varepsilon$

분석 결과, 결정계수(R 제곱)는 0.402로서 종속변수의 변동에 대한 회귀모형의 설명력은 양호하다. 또한 분산분석에서 F = 21.545, 유의확률(P-value) = 0.000으로서 5%의 수준에서 독립변수들의 동시적 유의성이 존재한다. 따라서 이 회귀모델의 적합도(fitness)는 높다고 볼 수 있다.

모형 요약

모형	R	R 제곱	수정된 R 제곱	추정값의 표준오차	통계량 변화량				
					R 제곱 변화량	F 변화량	df1	df2	유의확률 F 변화량
1	.634[a]	.402	.384	.78504962	.402	21.545	3	96	.000

a. 예측값: (상수), 접근성, 유희성, 심미성

분산분석[b]

모형		제곱합	자유도	평균 제곱	F	유의확률
1	회귀모형	39.835	3	13.278	21.545	.000[a]
	잔차	59.165	96	.616		
	합계	99.000	99			

a. 예측값: (상수), 접근성, 유희성, 심미성
b. 종속변수: 이용의도

다음으로, 각 독립변수 계수들의 유의확률(P-value)은 모두 0.05 이하로서 5%의 유의수준에서 모든 독립변수들이 종속변수에 유의적인 영향을 미친다. 다중공선성(multi-collinearity)의 척도인 VIF(분산팽창요인)는 모두 1로서 아무런 문제가 없다(보통 VIF가 10 이하이면 문제가 없는 것으로 본다). 이러한 결과가 발생하는 이유는 요인점수를 이용하여 회귀분석을 할 경우 기본적으로 독립변수들 사이의 상관계수가 0이 되기 때문이다.

추정된 회귀함수는 다음과 같다. 따라서 종속변수(이용의도)에 가장 중요한 영향을 미치는 변수는 X_3(접근성)임을 알 수 있다.

$$Y = -4.796E-17 + 0.256X_1 + 0.406X_2 + 0.415X_3 + e$$

계수^a

모형		비표준화 계수		표준화 계수	t	유의확률	공선성 통계량	
		B	표준오차	베타			공차	VIF
1	(상수)	-4.796E-17	.079		.000	1.000		
	심미성	.256	.079	.256	3.248	.002	1.000	1.000
	유희성	.406	.079	.406	5.139	.000	1.000	1.000
	접근성	.415	.079	.415	5.261	.000	1.000	1.000

a. 종속변수: 이용의도

8.2 연구 모형에 매개변수를 도입하는 경우

독립변수와 종속변수 사이에 매개변수(mediating variable)를 도입할 경우에는 이 매개변수의 매개효과(mediating effect) 유무를 검증해야 한다. 여기서는 다음 그림과 같이 이미지라는 매개변수를 도입했을 경우의 매개효과 검증의 예를 들고자 한다.

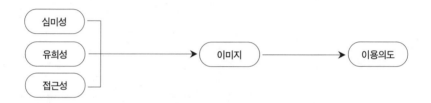

① 독립변수 → 매개변수의 관계

심미성, 유희성, 접근성을 독립변수로 놓고 위 모형의 매개변수인 이미지를 종속변수로 놓아 회귀분석을 실시한 결과, 독립변수와 매개변수 간의 관계는 대부분 유의적이다(단, 심미성은 유의성이 없음).

모형 요약

모형	R	R 제곱	수정된 R 제곱	추정값의 표준오차	통계량 변화량				
					R 제곱 변화량	F 변화량	df1	df2	유의확률 F 변화량
1	.481^a	.231	.207	1.32964	.231	9.621	3	96	.000

a. 예측값: (상수), 접근성, 유희성, 심미성

계수[a]

모형		비표준화 계수		표준화 계수	t	유의확률
		B	표준오차	베타		
1	(상수)	3.850	.133		28.955	.000
	심미성	-.021	.134	-.014	-.155	.877
	유희성	.622	.134	.417	4.655	.000
	접근성	.358	.134	.240	2.677	.009

a. 종속변수: 이미지

② 독립변수 → 종속변수의 관계

독립변수(심미성, 유희성, 접근성)와 종속변수(이용의도)만을 포함시켜 회귀분석을 실시한 결과, 독립변수와 종속변수의 관계는 유의적이다.

모형 요약

모형	R	R 제곱	수정된 R 제곱	추정값의 표준오차	통계량 변화량				
					R 제곱 변화량	F 변화량	df1	df2	유의확률 F 변화량
1	.634[a]	.402	.384	.78504962	.402	21.545	3	96	.000

a. 예측값: (상수), 접근성, 유희성, 심미성

계수[a]

모형		비표준화 계수		표준화 계수	t	유의확률
		B	표준오차	베타		
1	(상수)	-4.796E-17	.079		.000	1.000
	심미성	.256	.079	.256	3.248	.002
	유희성	.406	.079	.406	5.139	.000
	접근성	.415	.079	.415	5.261	.000

a. 종속변수: 이용의도

③ (독립변수 + 매개변수) → 종속변수의 관계

독립변수(심미성, 유희성, 접근성)와 매개변수(이미지)를 독립변수 항에 포함시켜 이들과 종속변수(이용의도)의 관계를 분석한 결과, 매개변수와 종속변수의 관계가 유의적이기 때문에, 일단 이미지 변수의 매개효과는 존재하는 것으로 본다. 그러나 독립변수들과 종속변수의 관계 또한 모두 유의적임을 알 수 있다. 따라서 이미지 변수는 완전매개의 효과는 없고, 부분매개의 효과가 있는 것으로 결론을 내린다.

계수[a]

모형		비표준화 계수		표준화 계수	t	유의확률	공선성 통계량	
		B	표준오차	베타			공차	VIF
1	(상수)	-1.514	.184		-8.239	.000		
	심미성	.264	.059	.264	4.467	.000	1.000	1.000
	유희성	.161	.066	.161	2.457	.016	.816	1.226
	접근성	.274	.061	.274	4.473	.000	.931	1.075
	이미지	.393	.045	.587	8.698	.000	.769	1.301

a. 종속변수: 이용의도

8.3 연구 모형에 조절변수를 도입하는 경우

본 예에서는 다음과 같이 연구 모형에 거주지를 조절변수로 도입하고, 2단계 회귀분석을 통해 조절효과의 유무를 검증하는 예를 들고자 한다. 여기서 Y = 이용의도, X_1 = 심미성, X_2 = 유희성, X_3 = 접근성, M = 거주지이다.

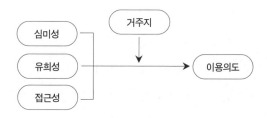

연구 모형에 조절변수를 도입하여 SPSS를 통해 조절효과의 유무를 검증하고자 할 때에는 다음과 같은 절차를 거친다.

① 먼저 2개의 회귀모형을 구성한다. 모형 1에서는 원래의 독립변수들과 조절변수를 독립변

수 항에 집어넣고, 모형 2에서는 모형 1에 상호작용항(독립변수와 조절변수의 곱)을 추가하여 독립변수 항에 집어넣는다.

모형 1: $Y = \alpha + \beta_1 X_1 + \beta_2 X_2 + \beta_3 X_3 + \beta_4 M + u$

모형 2: $Y = \alpha + \beta_1 X_1 + \beta_2 X_2 + \beta_3 X_3 + \beta_4 M + \beta_5 X_1 M + \beta_6 X_2 M + \beta_7 X_3 M + u$

② 상호작용항에 대해 새로운 변수 값을 계산해놓는다. 이를 위해 '메뉴'에서 '변환'을 선택하고 다음과 같이 '변수계산'을 수행한다.

대상 변수	숫자표현식
$X_1 M$	심미성 × 거주지
$X_2 M$	유희성 × 거주지
$X_3 M$	접근성 × 거주지

③ 회귀분석 대화창을 열고 변수 상자에서 먼저 종속변수(이미지)를 선택하여 종속변수 상자로 보내고, 독립변수(심미성, 유희성, 접근성)와 조절변수(거주지)를 선택하여 독립변수 상자로 보낸다(모형 1).

④ '다음' 버튼을 클릭한 후 변수 상자에서 상호작용항($X_1 M$, $X_2 M$, $X_3 M$)을 선택하여 독립변수 상자로 보낸다(모형 2).

⑤ '통계량' 버튼을 클릭하여 '모형 적합'과 'R 제곱 변화량'을 선택한 후 '확인' 버튼을 클릭한다.

⑥ 출력 결과의 모형 요약표에서 F 변화량의 유의확률('유의확률 F 변화량')을 확인하고, 계수표에서 상호작용항($X_1 M$, $X_2 M$, $X_3 M$)과 조절변수 항(M)의 유의확률을 확인한다.

분석 결과, 모형 요약표에서 F 변화량의 유의확률은 0.002로서 '거주지'라는 변수의 조절효과에 유의성이 존재한다. 또 계수표에서 거주지의 유의확률은 0.327로서 이 변수의 독립변수로서의 유의성은 없음을 알 수 있다. 반면에 상호작용항 $X_1 M$과 $X_3 M$의 유의확률이 각각 0.002와 0.066으로서, 심미성(X_1)이 이용의도에 미치는 영향에 대해 거주지(M)

가 5%의 유의수준에서 조절효과를 갖는 반면, 접근성 X_3에 대해서는 거주지가 10%의 유의수준에서만 조절효과를 갖는다. 그러나 X_2M의 유의확률은 0.258로서 유희성(X_2)이 이용의도에 미치는 영향에 있어서는 거주지가 조절효과를 갖지 않는다. 여기서 본 예제의 경우와 달리 만약 조절변수인 거주지가 독립변수로서도 유의성이 있다면, '거주지'라는 변수는 순수 조절변수(pure moderator)가 아닌 준조절변수(quasi-moderator)의 역할을 수행하는 것으로 간주된다.

모형 요약

모형	R	R 제곱	수정된 R 제곱	추정값의 표준오차	통계량 변화량				
					R 제곱 변화량	F 변화량	df1	df2	유의확률 F 변화량
1	.496[a]	.246	.215	1.32339	.246	7.761	4	95	.000
2	.595[b]	.355	.306	1.24442	.108	5.147	3	92	.002

a. 예측값: (상수), 거주지, 유희성, 접근성, 심미성
b. 예측값: (상수), 거주지, 유희성, 접근성, 심미성, X_2M, X_1M, X_3M

계수[a]

모형		비표준화 계수		표준화 계수	t	유의확률
		B	표준오차	베타		
1	(상수)	4.424	.436		10.149	.000
	심미성	.023	.137	.015	.165	.869
	유희성	.623	.133	.417	4.685	.000
	접근성	.315	.136	.211	2.311	.023
	거주지	-.385	.279	-.130	-1.382	.170
2	(상수)	4.288	.426		10.069	.000
	심미성	1.167	.426	.782	2.740	.007
	유희성	1.003	.396	.672	2.533	.013
	접근성	1.136	.540	.761	2.105	.038
	거주지	-.263	.267	-.089	-.985	.327
	X_1M	-.961	.301	-.901	-3.194	.002
	X_2M	-.292	.257	-.302	-1.139	.258
	X_3M	-.566	.304	-.660	-1.861	.066

a. 종속변수: 이미지

부록 II: 통계표

표준정규분포표

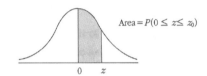

Area = $P(0 \leq z \leq z_0)$

z_0	.00	.01	.02	.03	.04	.05	.06	.07	.08	.09
0.0	.0000	.0040	.0080	.1200	.0160	.0199	.0239	.0279	.0319	.0359
0.1	.0398	.0438	.0478	.0517	.0557	.0596	.0636	.0675	.0714	.0753
0.2	.0793	.0832	.0871	.0910	.0948	.0987	.1026	.1064	.1103	.1141
0.3	.1179	.1217	.1255	.1293	.1331	.1368	.1406	.1443	.1480	.1517
0.4	.1554	.1591	.1628	.1664	.1700	.1736	.1772	.1808	.1844	.1879
0.5	.1915	.1950	.1985	.2019	.2054	.2088	.2123	.2157	.2190	.2224
0.6	.2257	.2291	.2324	.2357	.2389	.2422	.2454	.2486	.2517	.2549
0.7	.2580	.2611	.2642	.2673	.2704	.2734	.2764	.2794	.2823	.2852
0.8	.2881	.2910	.2939	.2967	.2995	.3023	.3051	.3078	.3106	.3133
0.9	.3159	.3186	.3212	.3238	.3264	.3289	.3315	.3340	.3365	.3389
1.0	.3413	.3438	.3461	.3485	.3508	.3531	.3554	.3577	.3599	.3621
1.1	.3643	.3665	.3686	.3708	.3729	.3749	.3770	.3790	.3810	.3830
1.2	.3849	.3869	.3888	.3907	.3925	.3944	.3962	.3980	.3997	.4015
1.3	.4032	.4049	.4066	.4082	.4099	.4115	.4131	.4147	.4162	.4177
1.4	.4192	.4207	.4222	.4236	.4251	.4265	.4279	.4292	.4306	.4319
1.5	.4332	.4345	.4357	.4370	.4382	.4394	.4406	.4418	.4429	.4441
1.6	.4452	.4463	.4474	.4484	.4495	.4505	.4515	.4525	.4535	.4545
1.7	.4554	.4564	.4573	.4582	.4591	.4599	.4608	.4616	.4625	.4633
1.8	.4641	.4649	.4656	.4664	.4671	.4678	.4686	.4693	.4699	.4706
1.9	.4713	.4719	.4726	.4732	.4738	.4744	.4750	.4756	.4761	.4767
2.0	.4772	.4778	.4783	.4788	.4793	.4798	.4803	.4808	.4812	.4817
2.1	.4821	.4826	.4830	.4834	.4838	.4842	.4846	.4850	.4854	.4857
2.2	.4861	.4864	.4868	.4871	.4875	.4878	.4881	.4884	.4887	.4890
2.3	.4893	.4896	.4898	.4901	.4904	.4906	.4909	.4911	.4913	.4916
2.4	.4918	.4920	.4922	.4925	.4927	.4929	.4931	.4932	.4934	.4936
2.5	.4938	.4940	.4941	.4943	.4945	.4946	.4948	.4949	.4951	.4952
2.6	.4953	.4955	.4956	.4957	.4959	.4960	.4961	.4962	.4963	.4964
2.7	.4965	.4966	.4967	.4968	.4969	.4970	.4971	.4972	.4973	.4974
2.8	.4974	.4975	.4976	.4977	.4977	.4978	.4979	.4979	.4980	.4981
2.9	.4981	.4982	.4982	.4983	.4984	.4984	.4985	.4985	.4986	.4986
3.0	.4987	.4987	.4987	.4988	.4988	.4989	.4989	.4989	.4990	.4990

표 2 t-분포표

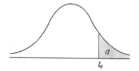

d.f.	t_{100}	t_{050}	t_{025}	t_{010}	t_{005}	d.f.
1	3.078	6.314	12.706	31.821	63.657	1
2	1.886	2.920	4.303	6.965	9.925	2
3	1.638	2.353	3.182	4.541	5.841	3
4	1.533	2.132	2.776	3.747	4.604	4
5	1.476	2.015	2.571	3.365	4.032	5
6	1.440	1.943	2.447	3.143	3.707	6
7	1.415	1.895	2.365	2.998	3.499	7
8	1.397	1.860	2.306	2.896	3.355	8
9	1.383	1.833	2.262	2.821	3.250	9
10	1.372	1.812	2.228	2.764	3.169	10
11	1.363	1.796	2.201	2.718	3.106	11
12	1.356	1.782	2.179	2.681	3.055	12
13	1.350	1.771	2.160	2.650	3.012	13
14	1.345	1.761	2.145	2.624	2.977	14
15	1.341	1.753	2.131	2.602	2.947	15
16	1.337	1.746	2.120	2.583	2.921	16
17	1.333	1.740	2.110	2.567	2.898	17
18	1.330	1.734	2.101	2.552	2.878	18
19	1.328	1.729	2.093	2.539	2.861	19
20	1.325	1.725	2.086	2.528	2.845	20
21	1.323	1.721	2.080	2.518	2.831	21
22	1.321	1.717	2.074	2.508	2.819	22
23	1.319	1.714	2.069	2.500	2.807	23
24	1.318	1.711	2.064	2.492	2.797	24
25	1.316	1.708	2.060	2.485	2.787	25
26	1.315	1.706	2.056	2.479	2.779	26
27	1.314	1.703	2.052	2.473	2.771	27
28	1.313	1.701	2.048	2.467	2.763	28
29	1.311	1.699	2.045	2.462	2.756	29
30	1.310	1.697	2.042	2.457	2.750	30
40	1.303	1.684	2.021	2.423	2.704	40
60	1.296	1.671	2.000	2.390	2.660	60
inf.	1.282	1.645	1.960	2.326	2.576	inf.

표 3　χ² 분포표

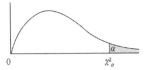

d.f.	$\chi^2_{0.995}$	$\chi^2_{0.990}$	$\chi^2_{0.975}$	$\chi^2_{0.950}$	$\chi^2_{0.900}$
1	0.0000393	0.0001571	0.0009821	0.0039321	0.0157908
2	0.0100251	0.0201007	0.506356	0.102587	0.210720
3	0.0717212	0.114832	0.215795	0.351846	0.584375
4	0.206990	0.297110	0.484419	0.710721	1.063623
5	0.411740	0.554300	0.831211	1.145476	1.61031
6	0.675727	0.872085	1.237347	1.63539	2.20413
7	0.989265	1.239043	1.68987	2.16735	2.83311
8	1.344419	1.646482	2.17973	2.73264	3.48954
9	1.734926	2.087912	2.70039	3.32511	4.16816
10	2.15585	2.55821	3.24697	3.94030	4.86518
11	2.60321	3.05347	3.81575	4.57481	5.57779
12	3.07382	3.57056	4.40379	5.22603	6.30380
13	3.56503	4.10691	5.00874	5.89186	7.04150
14	4.07468	4.66043	5.62872	6.57063	7.78953
15	4.60094	5.22935	6.26214	7.26094	8.54675
16	5.14224	5.81221	6.90766	7.96164	9.31223
17	5.69724	6.40776	7.56418	8.67176	10.0852
18	6.26481	7.01491	8.23075	9.39046	10.8649
19	6.84398	7.63273	8.90655	10.1170	11.6509
20	7.43386	8.26040	9.59083	10.8508	12.4426
21	8.03366	8.89720	10.28293	11.5913	13.2396
22	8.64272	9.54249	10.9823	12.3380	14.0415
23	9.26042	10.19567	11.6885	13.0905	14.8479
24	9.88623	10.8564	12.4011	13.8484	15.6587
25	10.5179	11.5240	13.1197	14.6114	16.4734
26	11.1603	12.1981	13.8439	15.3791	17.2919
27	11.8076	12.8786	14.5733	16.1513	18.1138
28	12.4613	13.5648	15.3079	16.9279	18.9392
29	13.1211	14.2565	16.0471	17.7083	19.7677
30	13.7867	14.9535	16.7908	18.4926	20.5992
40	20.7065	22.1643	24.4331	26.5093	29.0505
50	27.9907	29.7067	32.3574	34.7642	37.6886
60	35.5346	37.4848	40.4817	43.1879	46.4589
70	43.2752	45.4418	48.7576	51.7393	55.3290
80	51.1720	53.5400	57.1532	60.3915	64.2778
90	59.1963	61.7541	65.6466	69.1260	73.2912
100	67.3276	70.0648	74.2219	77.9295	82.3581

d.f.	$\chi^2_{0.100}$	$\chi^2_{0.050}$	$\chi^2_{0.025}$	$\chi^2_{0.010}$	$\chi^2_{0.005}$
1	2.70554	3.84146	5.02389	6.63490	7.87944
2	4.60517	5.99147	7.37776	9.21034	10.5966
3	6.25139	7.81473	9.34840	11.3449	12.8381
4	7.77944	9.48773	11.1433	13.2767	14.8602
5	9.23635	11.0705	12.8325	15.0863	16.7496
6	10.6446	12.5916	14.4494	16.8119	18.5476
7	12.0170	14.0671	16.0128	18.4753	20.2777
8	13.3616	15.5073	17.5346	20.0902	21.9550
9	14.6837	16.9190	19.0228	21.6660	23.5893
10	15.9871	18.3070	20.4831	23.2093	25.1882
11	17.2750	19.6751	21.9200	24.7250	26.7569
12	18.5494	21.0261	23.3367	26.2170	28.2995
13	19.8119	22.3621	24.7356	27.6883	29.8194
14	21.0642	23.6848	26.1190	29.1413	31.3193
15	22.3072	24.9958	27.4884	30.5779	32.8013
16	23.5418	26.2962	28.8454	31.9999	34.2672
17	24.7690	27.5871	30.1910	33.4087	35.7185
18	25.9894	28.8693	31.5264	34.8053	37.1564
19	27.2036	30.1435	32.8523	36.1908	38.5822
20	28.4120	31.4104	34.1696	37.5662	39.9968
21	29.6151	32.6705	35.4789	38.9321	41.4010
22	30.8133	33.9244	36.7807	40.2894	42.7956
23	32.0069	35.1725	38.0757	41.6384	44.1813
24	33.1963	36.4151	39.3641	42.9798	45.5585
25	34.3816	37.6525	40.6465	44.3141	46.9278
26	35.5631	38.8852	41.9232	45.6417	48.2899
27	36.7412	40.1133	43.1944	46.9630	49.6449
28	37.9159	41.3372	44.4607	48.2782	50.9933
29	39.0875	42.5569	45.7222	49.5879	52.3356
30	40.2560	43.7729	46.9792	50.8922	53.6720
40	51.8050	55.7585	59.3417	63.6907	66.7659
50	63.1671	67.5048	71.4202	76.1539	79.4900
60	74.3970	79.0819	83.2976	88.3794	91.9517
70	85.5271	90.5312	95.0231	100.425	104.215
80	96.5782	101.879	106.629	112.329	116.321
90	107.565	113.145	118.136	124.116	128.299
100	118.498	124.342	129.561	135.807	140.169

표 4   F 분포표

ν_2 \ ν_1	α	1	2	3	4	5	6	7	8	9
1	.100	39.86	49.50	53.59	55.83	57.24	58.20	58.91	59.44	59.86
	.050	161.4	199.5	215.7	224.6	230.2	234.0	236.8	238.9	240.5
	.010	4052	4999.5	5403	5625	5764	5859	5928	5982	6022
2	.100	8.53	9.00	9.16	9.24	9.29	9.33	9.35	9.37	9.38
	.050	18.51	19.00	19.16	19.25	19.30	19.33	19.35	19.37	19.38
	.010	98.50	99.00	99.17	99.25	99.30	99.33	99.36	99.37	99.39
3	.100	5.54	5.46	5.39	5.34	5.31	5.28	5.27	5.25	5.24
	.050	10.13	9.55	9.28	9.12	9.01	8.94	8.89	8.85	8.81
	.010	34.12	30.82	29.46	28.71	28.24	27.91	27.67	27.49	27.35
4	.100	4.54	4.32	4.19	4.11	4.05	4.01	3.98	3.95	3.94
	.050	7.71	6.94	6.59	6.39	6.26	6.16	6.09	6.04	6.00
	.010	21.20	18.00	16.69	15.98	15.52	15.21	14.98	14.80	14.66
5	.100	4.06	3.78	3.62	3.52	3.45	3.40	3.37	3.34	3.32
	.050	6.61	5.79	5.41	5.19	5.05	4.95	4.88	4.82	4.77
	.010	16.26	13.27	12.06	11.39	10.97	10.67	10.46	10.29	10.16
6	.100	3.78	3.46	3.29	3.18	3.11	3.05	3.01	2.98	2.96
	.050	5.99	5.14	4.76	4.53	4.39	4.28	4.21	4.15	4.10
	.010	13.75	10.92	9.78	9.15	8.75	8.47	8.26	8.10	7.98
7	.100	3.59	3.26	3.07	2.96	2.88	2.83	2.78	2.75	2.72
	.050	5.59	4.74	4.35	4.12	3.97	3.87	3.79	3.73	3.68
	.010	12.25	9.55	8.45	7.85	7.46	7.19	6.99	6.84	6.72
8	.100	3.46	3.11	2.92	2.81	2.73	2.67	2.62	2.59	2.56
	.050	5.32	4.46	4.07	3.84	3.69	3.58	3.50	3.44	3.39
	.010	11.26	8.65	7.59	7.01	6.63	6.37	6.18	6.03	5.91
9	.100	3.36	3.01	2.81	2.69	2.61	2.55	2.51	2.47	2.44
	.050	5.12	4.26	3.86	3.63	3.48	3.37	3.29	3.23	3.18
	.010	10.56	8.02	6.99	6.42	6.06	5.80	5.61	5.47	5.35
10	.100	3.29	2.92	2.73	2.61	2.52	2.46	2.41	2.38	2.35
	.050	4.96	4.10	3.71	3.48	3.33	3.22	3.14	3.07	3.02
	.010	10.04	7.56	6.55	5.99	5.64	5.39	5.20	5.06	4.94
11	.100	3.23	2.86	2.66	2.54	2.45	2.39	2.34	2.30	2.27
	.050	4.84	3.98	3.59	3.36	3.20	3.09	3.01	2.95	2.90
	.010	9.65	7.21	6.22	5.67	5.32	5.07	4.89	4.74	4.63
12	.100	3.18	2.81	2.61	2.48	2.39	2.33	2.28	2.24	2.21
	.050	4.75	3.89	3.49	3.26	3.11	3.00	2.91	2.85	2.80
	.010	9.33	6.93	5.95	5.41	5.06	4.82	4.64	4.50	4.39

ν_2 \ ν_1	α	10	12	15	20	24	30	40	60	120	∞
1	.100	60.19	60.71	60.22	61.74	62.00	62.26	62.53	62.79	63.06	63.33
	.050	241.9	243.9	245.9	248.0	249.1	250.1	251.2	252.2	253.3	254.3
	.010	6056	6106	6157	6209	6235	6261	6287	6313	6339	6366
2	.100	9.39	9.41	9.42	9.44	9.45	9.46	9.47	9.47	9.48	9.49
	.050	19.40	19.41	19.43	19.45	19.45	19.46	19.47	19.48	19.49	19.50
	.010	99.40	99.42	99.43	99.45	99.46	99.47	99.47	99.48	99.49	99.50
3	.100	5.23	5.22	5.20	5.18	5.18	5.17	5.16	5.15	5.14	5.13
	.050	8.79	8.74	8.70	8.66	8.64	8.62	8.59	8.57	8.55	8.53
	.010	27.23	27.05	26.87	26.69	26.60	26.50	26.41	26.32	26.22	26.13
4	.100	3.92	3.90	3.87	3.84	3.83	3.82	3.80	3.79	3.78	3.76
	.050	5.96	5.91	5.86	5.80	5.77	5.75	5.72	5.69	5.66	5.63
	.010	14.55	14.37	14.20	14.02	13.93	13.84	13.75	13.65	13.56	13.46
5	.100	3.30	3.27	3.24	3.21	3.19	3.17	3.16	3.14	3.12	3.10
	.050	4.74	4.68	4.62	4.56	4.53	4.50	4.46	4.43	4.40	4.36
	.010	10.05	9.89	9.72	9.55	9.47	9.38	9.29	9.20	9.11	9.02
6	.100	2.94	2.90	2.87	2.84	2.82	2.80	2.78	2.76	2.74	2.72
	.050	4.06	4.00	3.94	3.87	3.84	3.81	3.77	3.74	3.70	3.67
	.010	7.87	7.72	7.56	7.40	7.31	7.23	7.14	7.06	6.97	6.88
7	.100	2.70	2.67	2.63	2.59	2.58	2.56	2.54	2.51	2.49	2.47
	.050	3.64	3.57	3.51	3.44	3.41	3.38	3.34	3.30	3.27	3.23
	.010	6.62	6.47	6.31	6.16	6.07	5.99	5.91	5.82	5.74	5.65
8	.100	2.54	2.50	2.46	2.42	2.40	2.38	2.36	2.34	2.32	2.29
	.050	3.35	3.28	3.22	3.15	3.12	3.08	3.04	3.01	2.97	2.93
	.010	5.81	5.67	5.52	5.36	5.28	5.20	5.12	5.03	4.95	4.86
9	.100	2.42	2.38	2.34	2.30	2.28	2.25	2.23	2.21	2.18	2.16
	.050	3.14	3.07	3.01	2.94	2.90	2.86	2.83	2.79	2.75	2.71
	.010	5.26	5.11	4.96	4.81	4.73	4.65	4.57	4.48	4.40	4.31
10	.100	2.32	2.28	2.24	2.20	2.18	2.16	2.13	2.11	2.08	2.06
	.050	2.98	2.91	2.85	2.77	2.74	2.70	2.66	2.62	2.58	2.54
	.010	4.85	4.71	4.56	4.41	4.33	4.25	4.17	4.08	4.00	3.91
11	.100	2.25	2.21	2.17	2.12	2.10	2.08	2.05	2.03	2.00	1.97
	.050	2.85	2.79	2.72	2.65	2.61	2.57	2.53	2.49	2.45	2.40
	.010	4.54	4.40	4.25	4.10	4.02	3.94	3.86	3.78	3.69	3.60
12	.100	2.19	2.15	2.10	2.06	2.04	2.01	1.99	1.96	1.93	1.90
	.050	2.75	2.69	2.62	2.54	2.51	2.47	2.43	2.38	2.34	2.30
	.010	4.30	4.16	4.01	3.86	3.78	3.70	3.62	3.54	3.45	3.36

v_2 \ v_1	α	1	2	3	4	5	6	7	8	9
13	.100	3.14	2.76	2.56	2.43	2.35	2.28	2.23	2.20	2.16
	.050	4.67	3.81	3.41	3.18	3.03	2.92	2.83	2.77	2.71
	.010	9.07	6.70	5.74	5.21	4.86	4.62	4.44	4.30	4.19
14	.100	3.10	2.73	2.52	2.39	2.31	2.24	2.19	2.15	2.12
	.050	4.60	3.74	3.34	3.11	2.96	2.85	2.76	2.70	2.65
	.010	8.86	6.51	5.56	5.04	4.69	4.46	4.28	4.14	4.03
15	.100	3.07	2.70	2.49	2.36	2.27	2.21	2.16	2.12	2.09
	.050	4.54	3.68	3.29	3.06	2.90	2.79	2.71	2.64	2.59
	.010	8.68	6.36	5.42	4.89	4.56	4.32	4.14	4.00	3.89
16	.100	3.05	2.67	2.46	2.33	2.24	2.18	2.13	2.09	2.06
	.050	4.49	3.36	3.24	3.01	2.85	2.74	2.66	2.59	2.54
	.010	8.53	6.23	5.29	4.77	4.44	4.20	4.03	3.89	3.78
17	.100	3.03	2.64	2.44	2.31	2.22	2.15	2.10	2.06	2.03
	.050	4.45	3.59	3.20	2.96	2.81	2.70	2.61	2.55	2.49
	.010	8.40	6.11	5.18	4.67	4.31	4.10	3.93	3.79	3.68
18	.100	3.01	2.62	2.42	2.29	2.20	2.13	2.08	2.04	2.00
	.050	4.41	3.55	3.16	2.93	2.77	2.66	2.58	2.51	2.46
	.010	8.29	6.01	5.09	4.58	4.25	4.01	3.84	3.71	3.60
19	.100	2.99	2.61	2.40	2.27	2.18	2.11	2.06	2.02	1.98
	.050	4.38	3.52	3.13	2.90	2.74	2.63	2.54	2.48	2.42
	.010	8.18	5.93	5.01	4.50	4.17	3.94	3.77	3.63	3.52
20	.100	2.97	2.59	2.38	2.25	2.16	2.09	2.04	2.00	1.96
	.050	4.35	3.49	3.10	2.87	2.71	2.60	2.51	2.45	2.39
	.010	8.10	5.85	4.94	4.43	4.10	3.87	3.70	3.56	3.46
21	.100	2.96	2.57	2.36	2.23	2.14	2.08	2.02	1.98	1.95
	.050	4.32	3.47	3.07	2.84	2.68	2.57	2.49	2.42	2.37
	.010	8.02	5.78	4.87	4.37	4.04	3.81	3.64	3.51	3.40
22	.100	2.95	2.56	2.35	2.22	2.13	2.06	2.01	1.97	1.93
	.050	4.30	3.44	3.05	2.82	2.66	2.55	2.46	2.40	2.34
	.010	7.95	5.72	4.82	4.31	3.99	3.76	3.59	3.45	3.35
23	.100	2.94	2.55	2.34	2.21	2.11	2.05	1.99	1.95	1.92
	.050	4.28	3.42	3.03	2.80	2.64	2.53	2.44	2.37	2.32
	.010	7.88	5.66	4.76	4.26	3.94	3.71	3.54	3.41	3.30
24	.100	2.93	2.54	2.33	2.19	2.10	2.04	1.98	1.94	1.91
	.050	4.26	3.40	3.01	2.78	2.62	2.51	2.42	2.36	2.30
	.010	7.82	5.61	4.72	4.22	3.90	3.67	3.50	3.36	3.26
25	.100	2.92	2.53	2.32	2.18	2.09	2.02	1.97	1.93	1.89
	.050	4.24	3.39	2.99	2.76	2.60	2.49	2.40	2.34	2.28
	.010	7.77	5.57	4.68	4.18	3.85	3.63	3.46	3.32	3.22
26	.100	2.91	2.52	2.31	2.17	2.08	2.01	1.96	1.92	1.88
	.050	4.23	3.37	2.98	2.74	2.59	2.47	2.39	2.32	2.27
	.010	7.72	5.53	4.61	4.14	3.82	3.59	3.42	3.29	3.18
27	.100	2.90	2.51	2.30	2.17	2.07	2.00	1.95	1.91	1.87
	.050	4.21	3.35	2.96	2.73	2.57	2.46	2.37	2.31	2.25
	.010	7.68	5.49	4.60	4.11	3.78	3.56	3.39	3.26	3.15

ν_2 \ ν_1	α	10	12	15	20	24	30	40	60	120	∞
13	.100	2.14	2.10	2.05	2.01	1.98	1.96	1.93	1.90	1.88	1.85
	.050	2.67	2.60	2.53	2.46	2.42	2.38	2.34	2.30	2.25	2.21
	.010	4.10	3.96	3.82	3.66	3.59	3.51	3.43	3.34	3.25	3.17
14	.100	2.10	2.05	2.01	1.96	1.94	1.91	1.89	1.86	1.83	1.80
	.050	2.60	2.53	2.46	2.39	2.35	2.31	2.27	2.22	2.18	2.13
	.010	3.94	3.80	3.66	3.51	3.43	3.35	3.27	3.18	3.09	3.00
15	.100	2.06	2.02	1.97	1.92	1.90	1.87	1.85	1.82	1.79	1.76
	.050	2.54	2.48	2.40	2.33	2.29	2.25	2.20	2.16	2.11	2.07
	.010	3.80	3.67	3.52	3.37	3.29	3.21	3.13	3.05	2.96	2.87
16	.100	2.03	1.99	1.94	1.89	1.87	1.84	1.81	1.78	1.75	1.72
	.050	2.49	2.42	2.35	2.28	2.24	2.19	2.15	2.11	2.06	2.01
	.010	3.69	3.55	3.41	3.26	3.18	3.10	3.02	2.93	2.84	2.75
17	.100	2.00	1.96	1.91	1.86	1.84	1.81	1.78	1.75	1.72	1.69
	.050	2.45	2.38	2.31	2.23	2.19	2.15	2.10	2.06	2.01	1.96
	.010	3.59	3.46	3.31	3.16	3.08	3.00	2.92	2.83	2.75	2.65
18	.100	1.98	1.93	1.89	1.87	1.81	1.78	1.75	1.72	1.69	1.66
	.050	2.41	2.34	2.27	2.19	2.15	2.11	2.06	2.02	1.97	1.92
	.010	3.51	3.37	3.23	3.08	3.00	2.92	2.84	2.75	2.66	2.57
19	.100	1.96	1.91	1.86	1.81	1.79	1.76	1.73	1.70	1.67	1.63
	.050	2.38	2.31	2.23	2.16	2.11	2.07	2.03	1.98	1.93	1.88
	.010	3.43	3.30	3.15	3.00	2.92	2.84	2.76	2.67	2.58	2.49
20	.100	1.94	1.89	1.84	1.79	1.77	1.74	1.71	1.68	1.64	1.61
	.050	2.35	2.28	2.20	2.12	2.08	2.04	1.99	1.95	1.90	1.84
	.010	3.37	3.23	3.09	2.94	2.86	2.78	2.69	2.61	2.52	2.42
21	.100	1.92	1.87	1.83	1.78	1.75	1.72	1.69	1.66	1.62	1.59
	.050	2.32	2.25	2.18	2.10	2.05	2.01	1.96	1.92	1.87	1.81
	.010	3.31	3.17	3.03	2.88	2.80	2.72	2.64	2.55	2.46	2.36
22	.100	1.90	1.86	1.81	1.76	1.73	1.70	1.67	1.64	1.60	1.57
	.050	2.30	2.23	2.15	2.07	2.03	1.98	1.94	1.89	1.84	1.78
	.010	3.26	3.12	2.98	2.83	2.75	2.67	2.58	2.50	2.40	2.31
23	.100	1.89	1.84	1.80	1.74	1.72	1.69	1.66	1.62	1.59	1.55
	.050	2.27	2.20	2.13	2.05	2.01	1.96	1.91	1.86	1.81	1.76
	.010	3.21	3.07	2.93	2.78	2.70	2.62	2.54	2.45	2.35	2.26
24	.100	1.88	1.83	1.78	1.73	1.70	1.67	1.64	1.61	1.57	1.53
	.050	2.25	2.18	2.11	2.03	1.98	1.94	1.89	1.84	1.79	1.73
	.010	3.17	3.03	2.89	2.74	2.66	2.58	2.49	2.40	2.31	2.21
25	.100	1.87	1.82	1.77	1.72	1.69	1.66	1.63	1.59	1.56	1.52
	.050	2.24	2.16	2.09	2.01	1.96	1.92	1.87	1.82	1.77	1.71
	.010	3.13	2.99	2.85	2.70	2.62	2.54	2.45	2.36	2.27	2.17
26	.100	1.86	1.81	1.76	1.71	1.68	1.65	1.61	1.58	1.54	1.50
	.050	2.22	2.15	2.07	1.99	1.95	1.90	1.85	1.80	1.75	1.69
	.010	3.09	2.96	2.81	2.66	2.58	2.50	2.42	2.33	2.23	2.13
27	.100	1.85	1.80	1.75	1.70	1.67	1.64	1.60	1.57	1.53	1.49
	.050	2.20	2.13	2.06	1.97	1.93	1.88	1.84	1.79	1.73	1.67
	.010	3.06	2.93	2.78	2.63	2.55	2.47	2.38	2.29	2.20	2.10

ν_2	α	1	2	3	4	5	6	7	8	9
28	.100	2.89	2.50	2.29	2.16	2.06	2.00	1.94	1.90	1.87
	.050	4.20	3.34	2.95	2.71	2.56	2.45	2.36	2.29	2.24
	.010	7.64	5.45	4.57	4.07	3.75	3.53	3.36	3.23	3.12
29	.100	2.89	2.50	2.28	2.15	2.06	1.99	1.93	1.89	1.86
	.050	4.18	3.33	2.93	2.70	2.55	2.43	2.35	2.28	2.22
	.010	7.60	5.42	4.54	4.04	3.73	3.50	3.33	3.20	3.09
30	.100	2.88	2.49	2.28	2.14	2.05	1.98	1.93	1.88	1.85
	.050	4.17	3.32	2.92	2.69	2.53	2.42	2.33	2.27	2.21
	.010	7.56	5.39	4.51	4.02	3.70	3.47	3.30	3.17	3.07
40	.100	2.84	2.44	2.23	2.09	2.00	1.93	1.87	1.83	1.79
	.050	4.08	3.23	2.84	2.61	2.45	2.34	2.25	2.18	2.12
	.010	7.31	5.18	4.31	3.83	3.51	3.29	3.12	2.99	2.89
60	.100	2.79	2.39	2.18	2.04	1.95	1.87	1.82	1.77	1.74
	.050	4.00	3.15	2.76	2.53	2.37	2.25	2.17	2.10	2.04
	.010	7.08	4.98	4.13	3.65	3.34	3.12	2.95	2.82	2.72
120	.100	2.75	2.35	2.13	1.99	1.90	1.82	1.77	1.72	1.68
	.050	3.92	3.07	2.68	2.45	2.29	2.17	2.09	2.02	1.96
	.010	6.85	4.79	3.95	3.48	3.17	2.96	2.79	2.66	2.56
∞	.100	2.71	2.30	2.08	1.94	1.85	1.77	1.72	1.67	1.63
	.050	3.84	3.00	2.60	2.37	2.21	2.10	2.01	1.94	1.63
	.010	6.63	4.61	3.78	3.32	3.02	2.80	2.64	2.51	2.41

ν_2 \ ν_1	α	10	12	15	20	24	30	40	60	120	∞
28	.100	1.84	1.79	1.74	1.69	1.66	1.63	1.59	1.56	1.52	1.48
	.050	2.19	2.12	2.04	1.96	1.91	1.87	1.82	1.77	1.71	1.65
	.010	3.03	2.90	2.75	2.60	2.52	2.44	2.35	2.26	2.17	2.06
29	.100	1.83	1.78	1.73	1.68	1.65	1.62	1.58	1.55	1.51	1.47
	.050	2.18	2.10	2.03	1.94	1.90	1.85	1.81	1.75	1.70	1.64
	.010	3.00	2.87	2.73	2.57	2.49	2.41	2.33	2.23	2.14	2.03
30	.100	1.82	1.77	1.72	1.67	1.64	1.61	1.57	1.54	1.50	1.46
	.050	2.16	2.09	2.01	1.93	1.89	1.84	1.79	1.74	1.68	1.62
	.010	2.98	2.84	2.70	2.55	2.47	2.39	2.30	2.21	2.11	2.01
40	.100	1.76	1.71	1.66	1.61	1.57	1.54	1.51	1.47	1.42	1.38
	.050	2.08	2.00	1.92	1.84	1.79	1.74	1.69	1.64	1.58	1.51
	.010	2.80	2.66	2.52	2.37	2.29	2.20	2.11	2.02	1.92	1.80
60	.100	1.71	1.66	1.60	1.54	1.51	1.48	1.44	1.40	1.35	1.29
	.050	1.99	1.92	1.84	1.75	1.70	1.65	1.59	1.53	1.47	1.39
	.010	2.63	2.50	2.35	2.20	2.12	2.03	1.94	1.84	1.73	1.60
120	.100	1.65	1.60	1.55	1.48	1.45	1.41	1.37	1.32	1.26	1.19
	.050	1.91	1.83	1.75	1.66	1.61	1.55	1.50	1.43	1.35	1.25
	.010	2.47	2.34	2.19	2.03	1.95	1.86	1.76	1.66	1.53	1.38
∞	.100	1.60	1.55	1.49	1.42	1.38	1.34	1.30	1.24	1.17	1.00
	.050	1.83	1.75	1.67	1.57	1.52	1.46	1.39	1.32	1.22	1.00
	.010	2.32	2.18	2.04	1.88	1.79	1.70	1.59	1.47	1.32	1.00

표5 Spearman 서열상관계수표

(단측검증)

n	$\alpha=.05$	$\alpha=.025$	$\alpha=.01$	$\alpha=.005$
5	0.900	—	—	—
6	0.829	0.886	0.943	—
7	0.714	0.786	0.893	—
8	0.643	0.738	0.833	0.881
9	0.600	0.683	0.783	0.833
10	0.564	0.648	0.745	0.794
11	0.523	0.623	0.736	0.818
12	0.497	0.591	0.703	0.780
13	0.475	0.566	0.673	0.745
14	0.457	0.545	0.646	0.716
15	0.441	0.525	0.623	0.689
16	0.425	0.507	0.601	0.666
17	0.412	0.490	0.582	0.645
18	0.399	0.476	0.564	0.625
19	0.388	0.462	0.549	0.608
20	0.377	0.450	0.534	0.591
21	0.368	0.438	0.521	0.576
22	0.359	0.428	0.508	0.562
23	0.351	0.418	0.496	0.549
24	0.343	0.409	0.485	0.537
25	0.336	0.400	0.475	0.526
26	0.329	0.392	0.465	0.515
27	0.323	0.385	0.456	0.505
28	0.317	0.377	0.448	0.496
29	0.311	0.370	0.440	0.487
30	0.305	0.364	0.432	0.478

찾아보기

| 지은이 |

이상만

서울대학교 경영대학을 졸업하고, 서울대학교 대학원에서 경영학 석사 학위 및 경영학 박사 학위를 취득했다. 미국 일리노이 대학교에서 교환교수로 근무한 바 있다. 주요 저서로는 『경제통계학 강의』, 『현대 경영학』, 『경영과학』 등이 있다.

김원식

서울대학교 경영대학 경영학과를 졸업했다. 미국 유타대학교 대학원에서 사회학 석사 학위를 받았으며, 동 대학교에서 사회학 박사과정을 수료했다. 귀국 후 성공회대(외래교수)에서 강의를 하며, 집단 정체성 형성과 사회운동의 연구를 계속하고 있다. 현재 도서출판 데모스의 대표로 재직 중이다.

김주안

전북대학교에서 경영학 박사 학위를 취득하고, 현재 아산 서남대학교 경영학과 교수, 중국 연변과학기술대학교 상경학부 객원교수로 재직하고 있다. 주요 저서로는 『e비즈니스론』, 『통계조사방법』, 『병원경영학』, 『경영과학』 등이 있다.

한울아카데미 1827

SPSS를 활용한 사회과학 통계분석

ⓒ 이상만·김원식·김주안, 2015

지은이 ｜ 이상만·김원식·김주안
펴낸이 ｜ 김종수
펴낸곳 ｜ 도서출판 한울
편   집 ｜ 이수동

초판 1쇄 인쇄 ｜ 2015년 10월 5일
초판 1쇄 발행 ｜ 2015년 10월 15일

주소 ｜ 10881 경기도 파주시 광인사길 153 한울시소빌딩 3층
전화 ｜ 031-955-0655
팩스 ｜ 031-955-0656
홈페이지 ｜ www.hanulbooks.co.kr
등록번호 ｜ 제406-2003-000051호

Printed in Korea.
ISBN 978-89-460-5827-9 93300 (양장)
         978-89-460-6064-7 93300 (학생판)

* 책값은 겉표지에 표시되어 있습니다.
* 이 책은 강의를 위한 학생판 교재를 따로 준비했습니다.
   강의 교재로 사용하실 때에는 본사로 연락해주십시오.